제2판

노인복지론

WELFARE
FOR THE ELDERLY

노인복지론 제2판

노병일 저

dm 동문사

일러두기

이 책의 독자분께 참고가 될까 해서, 몇 가지를 미리 일러두고자 한다.

1. 이 책에서는 우리나라에서 실시하고 있는 노인복지 프로그램의 현황을 자세히 제시하지 않았다. 왜냐하면 관련된 법이나 제도가 자주 바뀌고 있기 때문이다.
   따라서 최근 현황을 알고 싶으신 독자분께서는 해당 기관이나 부서의 홈페이지를 자주 방문해서, 노인복지와 관련된 신선한 자료를 만나 보시기를 바란다.

2. 이 책에서 제시한 모든 국내 문헌과 외국 문헌은 본인이 '원본'을 직접 읽고 정리한 것이다. 본인이 직접 보지 않고 인용한 것은 '재인용'이라고 표시하였다.
   독자분께서 이 책의 일부를 인용할 경우, 이 책을 출처로 제시해 주시기를 바란다. 특히 독자분께서 이 책에서 제시한 외국 학자의 주장 내용을 인용할 경우, 이 책에서 '재인용'하였음을 표시해 주시기를 부탁드린다.

3. 독자분께서 본문에 주목하게 하기 위해, 이 책에서는 인용한 문헌의 페이지를 제시하지 않았다. 그리고 보기 편하게 하기 위해, 참고한 문헌의 저자가 2~3명일 경우에는 모든 사람의 이름을 표시하였다.

머리말

세계에서 노인의 수가 빠르게 증가하고 있고, 전체 인구에서 노인이 차지하는 비율이 높아지고 있다. 이런 현상은 우리나라에서도 예외가 아니다. 그러나 노년기는 건강 영역을 포함한 여러 영역에서 매우 취약할 가능성이 큰 시기이다. 이런 탓에, 노인은 다양한 형태의 어려움을 겪는 경우가 많다. 그러므로 선진국과 우리나라에서 노인의 복리에 대한 관심이 커지고 있다.

이런 상황에서 노인에 대해 더 잘 이해하고 또한 노인복지와 관련된 여러 가지 문제를 더 잘 이해하는 데 도움을 주기 위해서, 몇 년 전에 『노인복지론』을 세상에 처음 선보인 바 있다. 감사하게도 많은 독자분께서 그 책을 사랑해 주셔서 이번에 개정판(제2판)을 새로 선보이게 되었다.

이 책(제2판)에서는 4부로 나누어서 노인과 노인복지에 대한 여러 내용을 다루고 있다.

제1부에서는 노인과 노인복지의 기본적 측면에 대해서 다루고 있다. 구체적으로 제1부에서는 노인·노년기의 정의와 특징, 노화의 정의와 노화 이론, 노인복지와 노인복지정책, 노인과 권리에 대해 자세히 설명하고 있다.

제2부에서는 노인과 관련된 문제 영역에 대해서 다루고 있다. 구체적으로 제2부에서는 노인과 빈곤, 노인과 정신건강, 노인과 학대, 노인과 자살, 노인과 치매에 대해 자세히 설명하고 있다.

제3부에서는 노인의 활동과 노동과 주거에 대해서 다루고 있다. 구체적으로 제3부에서는 노인과 활동, 노인과 노동, 노인과 주거에 대해 자세히 설명하고 있다.

제4부에서는 노인과 관련된 폭넓은 측면에 대해서 다루고 있다. 구

체적으로 제4부에서는 노인과 관련된 공적 복지제도에 대해 자세히 설명하고 있다.

이 책에서는 최신 자료를 추가하였고, 제1판의 일부 내용은 삭제하거나 보완하였다. 그러나 이 책의 마지막 점을 찍으니, 아쉬움이 많이 몰려온다. 부족한 부분은 나중에 개정판을 낼 때 보완하겠다고 다짐하며 아쉬움을 달래본다.

이 책이 세상의 빛을 보기까지는 여러 사람의 도움이 있었다. 먼저, 이 책을 출판해 주신 이중수 동문사 사장님에게 감사드린다. 더불어 이 책이 세상에 나오는 데 다리를 놓아주시고 예쁘게 편집해주신 임직원 여러분께도 감사드린다.

또한 노인과 관련해 좋은 사진을 제공해 주시거나 노인복지시설을 안내해 주신 심희숙·김연서·김소영·이재연·간순옥·유호석·윤석연·장혜숙·조현철·홍정미·윤종선·조원휘·최난희·조재현·유재진 박사님과 장철수·노대겸·감윤경 님에게 감사의 말씀을 전한다.

그리고 곁에서 평생 동안 나를 보살펴준 아내 전영신에게 사랑의 풍선을 전한다. 화가인 아내는 이 책을 위해서 노인과 관련된 그림도 손수 그려 주었고 사진도 제공해 주었다. 이제 아내와 나는 노년기를 향해 가고 있기에, 이 책은 특히 남다른 감회를 주고 있다. 더불어, 나에게 활력을 넣어주는 노대겸·감윤경 부부와 건후에게도 사랑의 초콜릿을 전한다.

마지막으로 나의 부모님께 깊은 고마움을 표한다. 나의 부모님은 오늘의 내가 있게 해주신 분들이다. 나 자신이 이제 노년기로 들어가는 입구가 저 멀리 보이는 나이가 되니, 하늘나라에 계신 부모님이 자주 떠올려진다. 두 분은 살아계실 때 자식에게 아낌없는 사랑을 베

풀어 주셨다. 노인복지에 대한 책을 작업하다 보니, 평생을 착하게 사셨던 부모님이 더욱더 그리워진다.

그러므로 이 책은 오늘의 나를 만들어주신 부모님과 아내에게 바친다.

2025년 2월에

유섭(儒燮) 노병일

차 례

Part

01

노인과 노인복지의 기본적 측면

Chapter 01

노인·노년기의 정의와 특징

차례

1. 노인의 정의

오늘날에 인간의 수명이 늘어나고 출산율이 낮아지면서, 전체 인구에서 노인이 차지하는 비율이 높아지고 있다.[1] 따라서 이전에 비해서 오늘날에는 주위에서 노인을 더 자주 볼 수 있다. 그 결과, 이전에 비해서 노인에 대한 관심이 훨씬 더 커지고 있다.

이런 상황에서, 노인과 관련해서 가장 먼저 등장하는 문제는 노인에 대해 정의하는 것이다. 노인에 대해 정의하는 방법에는 나이에 따라 정의하는 방법과 특성에 따라 정의하는 방법이 있다.

1) 나이에 따른 정의

일반적으로 노인은 나이가 든 사람을 말한다. 따라서 노인이 누구

1) 이런 현상을 '인구 고령화'라고 부르고 있다. 인구 고령화에 대해서는 노인복지의 필요성을 다루는 장(제3장)에서 자세히 설명한다.

인지에 대해서는 나이로 정하는 경우가 많다. 이때 노인을 구분하는 나이는 65세로 정하는 경우가 많다(노병일, 2017b). 이런 예를 몇 가지 제시하면 다음과 같다(국가법령정보센터, 2024; Barker, 2003; World Health Organization, 2022a).

① 미국 전국사회복지사협회(NASW)에서 발간한 사전에 따르면, 노인은 65세가 넘는 사람을 일컫는 경우가 많다.

② 대부분의 선진국에서는 노인을 구분하는 기준을 65세로 정하고 있다.

③ 우리나라에서는 노인을 65세 이상의 사람으로 보는 경향이 있다. 예를 들어, 우리나라 「노인장기요양보험법」에 따르면, 노인은 65세 이상의 사람을 말한다.

정리하건대, 노인은 65세 이상의 사람이라고 볼 수 있다(노병일, 2022b). 하지만 이때 65세는 임의로 정한 측면이 있다. 실제로, 인간이 노화하는 나이에 대해서는 세계적으로 의견이 일치하고 있지 않다(World Health Organization, 2022a; Matthias, 2024). 예를 들어, 아주 오래전인 2005년에 어느 학자는 인간의 뇌가 과거보다 더 젊어짐에 따라서, 노년기는 생물학적으로 그리고 심리적으로 80세에 시작한다고 주장한 바도 있다. 또한 우리나라의 경우, 노인에 대해 기준으로 삼는 나이는 법에 따라서 차이가 나고 있다(국가법령정보센터, 2024; Radford, 2005).

노인이 오래 사는 지역으로 유명한 시칠리아의 노인들: 일부 국가에서는 노인에 해당하는 나이를 높였거나 높이려 한다. [출처: 이탈리아에서 저자 촬영ⓒ]

그리고 오늘날에 노인의 수가 많아짐에 따라서, 일부 국가에서는 노인에 해당하는 나이를 높였거나 높이려 하고 있다(노병일, 2022b).

2) 특성에 따른 정의

노인에 대해서 노인의 특성에 주목하며 정의하는 경우도 있다. 이런 예를 구체적으로 제시하면 다음과 같다(박석돈·박순미·이경희, 2013: 11-12).

① 브린(Breen)의 경우, 노인은 "생리적·생물학적인 면에서 쇠퇴기에 있는 사람, 심리적인 면에서 정신기능과 성격이 변화되고 있는 사람, 사회적인 면에서 지위와 역할이 상실되어 가는 사람"이라고 본다.

② 박석돈과 박순미와 이경희의 경우, 노인은 "노화, 즉 늙어감이 상당히 진행된 사람"이라고 본다.

정리하건대, 노인은 노화가 진행됨에 따라서 생물학적으로 제 역할을 하는 정도가 줄어들고 있고, 심리적으로 변하고 있고, 사회적 역할과 지위가 낮아지고 있는 상태에 있는 사람이라고 볼 수 있다.

Point

- 나이에 주목할 경우, 일반적으로 노인은 65세 이상의 사람이다. 그러나 이때 65세는 임의로 정한 측면이 있다.
- 특성에 주목할 경우, 노인은 노화가 진행됨에 따라서 생물학적으로 제 역할을 하는 정도가 줄고, 심리적으로 변하고, 사회적 역할·지위가 낮아지는 상태에 있는 사람이다.

2. 노년기의 정의와 노인의 구분

1) 노년기의 정의

노인과 관련해 자주 등장하는 용어는 노년기이다. 일반적으로 노년기는 인간의 삶에서 마지막 단계에 있는 시기를 말한다(노병일, 2022b).

그러나 노년기에 대한 정의는 학문 분야와 활동 영역에 따라 차이가 나고 있다. 예를 들어, 노년기에 해당하는 나이는 생물학과 인구학과 사회학에서 서로 차이가 날 수 있고, 고용 영역과 퇴직 영역에서 서로 차이가 날 수 있다(Matthias, 2024).

2) 노년기의 구분

인간의 수명이 길어짐에 따라서 노년기가 길어지고 있다. 따라서 노년기를 구분하는 것이 유용할 수 있다. 그러나 노년기를 구분하는 것은 쉬운 일이 아니다.

노년기를 구분하는 방법으로 나이에 따라 구분하는 방법과 퇴직에 근거해 구분하는 방법이 있다.

(1) 나이에 따른 구분

노년기를 구분하는 한 가지 방법은, 노년기를 나이에 따라 구분하는 것이다. 이 경우, 한 가지 이상의 특정한 나이를 기준으로 정한 후에 노년기를 구분할 수 있다. 예를 들어, 75세를 기준으로 해서 노년기를 구분할 수 있다. 이렇게 할 경우, 75세 이전까지의 시기를 '전기' 노년기라고 부르고, 75세부터의 시기를 '후기' 노년기라고 부를 수 있다.

노인 집단의 구분

노년기를 나이에 따라 구분할 경우, 이에 근거해 노인 집단을 구분할 수도 있다. 예를 들어, 노인을 나이에 따라서 다음과 같이 구분할 수 있다(The Wisdom Years, 2017).

① 고령 초기(young old) 노인이 있다. 고령 초기 노인은 65세에서 74세까지의 노인을 말한다.
② 고령 중기(old old) 노인이 있다. 고령 중기 노인은 75세에서 84세까지의 노인을 말한다.
③ 고령 말기(oldest old) 노인이 있다. 고령 말기 노인은 85세 이상의 노인을 말한다.

(2) 퇴직에 근거한 구분

노년기를 구분하는 또 한 가지 방법은, 노년기를 퇴직한 시기에 따라 구분하는 것이다. 물론 퇴직한 시점이 노인을 구분하는 시점과 항상 일치하는 것은 아니다. 그러나 퇴직은 노년기로 들어가는 길목에 있으므로, 퇴직하는 시기는 노년기와 크게 관련되고 있다(노병일, 2022b).

이와 관련해 어느 학자는 인간이 퇴직한 이후의 시기를 세 번째 시기(third age)와 네 번째 시기(fourth age)로 구분한 바 있다.[2] 이때, 세 번째 시기는 인간이 퇴직한 후에 자신을 대부분 관리할 수 있는 시기를 말한다. 그리고 네 번째 시기는 인간의 삶에서 마지막 시기를 말한다. 네 번째 시기는 인간이 일상생활을 하는 데 있어 질병과 장애 때문에 다른 사람의 도움에 의지하는 시기이다. 그러나 네 번째 시기가 언제 시작하는지를 분명하게 제시하기는 어렵다(Jonsson, 2018). 왜냐하면 사람마다 차이가 크게 나기 때문이다.

2) 이 경우, 첫 번째 시기는 아동기와 청소년기를 말하고, 두 번째 시기는 가족을 형성하고 일자리에서 일하는 시기를 말한다.

퇴직한 후에 가족과 시간을 보내는 노인: 퇴직하는 시기는 노년기와 크게 관련된다. [출처: 저자 촬영ⓒ]

Point

- 노년기는 인간의 삶에서 마지막 단계에 있는 시기이다.
- 노년기는 나이에 따라 구분할 수도 있고, 퇴직한 시기에 따라 구분할 수도 있다.

3. 노년기의 특징

인간은 나이가 듦에 따라서 여러 가지 변화를 경험하게 되는데, 이런 변화는 인간의 모든 생활 영역에 영향을 미치고 있다. 특히 노년기에 경험하는 여러 가지 변화 때문에, 노인이 젊은 시절에 해왔던 역할이 변하게 된다(Cox & Pardasani, 2017).

이에 따라서 노년기에는 나름의 여러 가지 특징이 나타나고 있다. 노년기에 나타나는 주요한 특징으로 노년기의 상실과 관련된 특징, 발달과 관련된 특징이 있다.

1) 상실과 관련된 특징

(1) 노년기의 상실

노년기에는 여러 가지 상실(loss)을[3] 경험하게 된다. 말할 것도 없이, 모든 사람은 생활하면서 상실을 경험하고 있다. 하지만 노년기에는 상실을 더 많이 경험하고 있다. 따라서 노인에게서 보이는 특징은 상실 때문에 나타나는 경우가 많다(노병일, 2017b; 노병일·노대겸, 2015).

노년기에 겪는 상실을 몇 가지 제시하면 다음과 같다(노병일·오영선, 2005; Cox & Pardasani, 2017; Matthias, 2024; Chen & Zhang, 2022; Ma & Shen, 2023; World Health Organization, 2023).

① 생리적 상실이 있다. 이것은 듣는 능력, 머리카락, 근육, 목소리와 같은 것의 상태가 더 좋지 않게 되는 것을 말한다.[4] 나이가 듦에 따라서 생리적 상실은 훨씬 더 심각해진다.

소설(보울러의 <리버보이>) 속에 나타난 노년기 상실

노년기에 노화가 진행되면 신체적 힘이 약해진다. 신체적 영역에서의 이런 상실은 제스의[5] 할아버지에게서도 자주 나타난다. 예를 들어, 할아버지가 제스에게 손을 잡아달라고 해서, 제스는 손을 내밀어 할아버지의 손을 꼭 붙잡는다. 그러나 "전과는 다르게 너무도 야위고 마른 손이었다. 예전에는 두 팔로 자신을 안아 번쩍 들어올리곤 하셨는데, 이제 그 손은 오히려 그녀의 마음을 아프게 했다"(39쪽). 할아버지가 근육의 힘이 약해진 것을 여실하게 보여주는 대목이다.

그리고 신체적 영역에서의 상실은 거동이 불편한 데에서도 나타난다. 예를 들어, 제스는 할아버지와 함께 별장 주위를 걸은 적이 있었는데, "할아버지는 체중을 지팡이에 실어 힘겹게 땅을 찍어 누르면서 무거운 발걸음을 옮겼다"(58쪽).

또한 노인이 자주 겪는 상실 중의 하나는 청력의 상실이다. 그런 탓에 "[제스] 아빠의 목소리는 평소보다 몇 배는 높고 컸다. […] 할아버지가 심장발작을 일으킨 후로 아빠는 할아버지에게 말할 때마다 계속 목청을 높였다. 마치 할아버지가 건강뿐 아니라 청력도 점점 잃어가고 있다는 듯이"(19쪽).

[출처: 노병일·노대겸(2015: 107)] [원문 그대로 인용]

---

3) 문자 그대로, 상실은 이전에 있던 어떤 것이 없어지는 것을 말한다(노병일, 2022b).

4) 이런 상실에 대해서는 아래에서 자세히 설명한다.

휠체어에 의존하는 노인: 노년기에는 활동할 수 있는 능력과 힘이 줄어든다. [출처: 전영신 님 그림ⓒ]

② 배우자나 친구나 관계의 상실이 있다. 이것은 배우자나 친구가 사망하거나, 다른 사람과 교류하지 못하게 되는 것을 말한다.

③ 활력과 일자리와 지위의 상실이 있다. 이것은 활동할 수 있는 능력과 힘이 줄어들고, 일자리를 그만두고, 사회적 지위가 없어지는 것을 말한다.

④ 경제적 상실이 있다. 이것은 경제적 능력이 없어지는 것을 말한다.

⑤ 기능의 상실이 있다. 이것은 제 역할을 제대로 하지 못하게 되는 것을 말한다.

(2) 노년기 상실과 관련해 고려할 점

나이가 더 많아질수록, 노인이 여러 가지 상실을 동시에 겪을 가능성은 더 커지게 된다(World Health Organization, 2023).

그리고 언뜻 보기에, 노년기에는 지적 영역에서도 상실을 경험하는 것으로 보일 수 있다. 그러나 나이가 들수록 지능이 더 낮아진다는 결정적인 증거는 없다. 오히려 지능은 교육 및 생활수준과 더 밀접하게 관련되는 것으로 알려져 있다.

또한 성적(sexual) 활동은 나이가 들수록 줄어드는 경향이 있다. 그러나 개인이 건강하다면, 성적 활동을 계속하는 데 나이 제한은 없다(Matthias, 2024).

2) 발달과 관련된 특징

성숙하는 과정은 노년기까지 계속되고 있다. 그러나 노년기에는 발

5) '제스'는 이 소설의 주인공 청소년이다.

달과 관련해 나름의 어려움을 경험하고 있다. 노년기에 겪는 어려움은 노인의 생활에 큰 영향을 미치고 있다. 또한 노년기에 겪는 어려움은 노인의 신체적 건강과 정신건강에 큰 영향을 미치고 있다(Rogers, Simic & Guarente, 2024; Nabili, 2016).

이와 관련해, 에릭슨(Erikson)은 노년기에 겪는 어려움을 인간 발달과 관련해 설명하고 있다. 에릭슨에 따르면, 인간이 노년기에 겪는 심리적·사회적 위기는 자아를 고결하게[6] 유지하느냐 또는 절망감을 갖느냐와 관련되고 있다. 노인이 자기 삶에 대해 만족하면 고결하게 되고, 자기 삶에 대해 만족하지 못하면 절망감을 느끼게 된다(노병일, 2017b; Lange & Grossman, 2018).

이런 상황과 관련해, 에릭슨은 노년기의 중요한 특징을 다음과 같이 제시하고 있다(노병일, 2017b).

① 과거를 뒤돌아보는 것에 주로 관심을 가진다.

② 거의 마지막의 인생 시기에서 자신이 차지하는 위치에 대해 관심을 가지고, 자신과 다른 사람과의 관계에 대해 관심을 가진다.

프랑스의 유명한 시인(아폴리네르)이 애인과 이루지 못한 사랑을 생각하며 자주 걸었던 미라보(Mirabeau) 다리: 노년기에는 과거를 뒤돌아보는 것에 주로 관심을 가진다. [출처: 프랑스에서 저자 촬영ⓒ]

6) 고결은 성품이 고상하고 깨끗한 것을 말한다(국립국어원 표준국어대사전, 2024).

Point

- 노년기의 특징은 상실 때문에 나타나는 경우가 많다.
- 에릭슨에 따르면, 노년기의 심리적·사회적 위기는 자아를 고결하게 유지하느냐 또는 절망감을 갖느냐와 관련된다.

4. 노년기의 건강

1) 노년기의 일반적 건강

노년기에는 여러 가지 신체적 변화가 나타나고 있다. 사실, 노화가 진행됨에 따라서, 인간의 신체에 있는 거의 모든 기관에서 신체적 변화가 나타날 수 있다. 노년기에 나타나는 이런 신체적 변화는 노인의 일반적 건강에 영향을 미치고 있다(Nabili, 2016; Age In Place, 2024).

(1) 일반적 건강과 관련된 구체적 변화

노년기에는 신체의 다양한 영역에서 구체적으로 변화가 나타나고 있다.

(가) 피부와 얼굴 영역

노년기에는 피부와 관련해 다음과 같은 변화가 나타나고 있다(Nabili, 2016).

① 피부가 덜 유연해지고, 더 얇아지고, 덜 탱탱해진다.
② 피부에 쉽게 상처가 난다.
③ 피부에 주름살과 검버섯이[7] 더 분명하게 생길 수 있다.
④ 피부가 더 건조해지고 가려울 수 있다.

7) 검버섯은 “주로 노인의 살갗에 생기는 거무스름한 얼룩”을 말한다(국립국어원 표준국어대사전, 2024).

그리고 노년기에는 얼굴과 관련해 다음과 같은 변화가 나타나고 있다(Nabili, 2016).

① 얼굴에 주름살과 검버섯이 나타난다.

② 얼굴의 피부가 덜 탱탱할 수 있다.

③ 얼굴이 수그러지고, 아래 부분이 무거워진다.

(나) 눈 영역

노년기에는 눈이 더 건조해질 수 있고, 수정체가 덜 정확해질 수 있다. 이에 따라서 노년기에는 눈이 흐릿해지고 초점을 맞추기 어려울 수 있다(Nabili, 2016; Age In Place, 2024; World Health Organization, 2022).

노인 체험 센터에서 노년기의 눈 상태가 변하는 것을 체험하는 모습: 노년기에는 눈이 흐릿해지고 초점을 맞추기 어려울 수 있다. [출처: 일본에서 지지 촬영©]

(다) 치아와 침 영역

노년기에는 치아 및 침과 관련해 다음과 같은 변화가 나타나고 있다(Nabili, 2016).

① 이는 더 약해지고, 금이 가기 쉽고, 건조할 수 있다.
② 잇몸이 이에서 떨어질 수 있다.
③ 침샘에서 내보내는 침의 양이 줄어든다.

(라) 귀와 코와 혀 영역

노년기에는 귀와 코 및 혀와 관련해 다음과 같은 변화가 나타나고 있다(Nabili, 2016; Age In Place, 2024; World Health Organization, 2022).

① 듣는 것과 관련된 신경과 귀의 구조가 변함에 따라서, 듣는 것이 어려워질 수 있다.
② 냄새를 맡는 능력이 줄어든다.
③ 때에 따라서는 맛을 느끼는 능력이 줄어든다.

(마) 뼈와 관절과 근육 영역

노년기에는 뼈와 관절 및 근육과 관련해 다음과 같은 변화가 나타나고 있다(Nabili, 2016; Age In Place, 2024; World Health Organization, 2022).

① 뼈가 덜 촘촘해지고, 뼈의 크기가 더 작아지는 경우가 많다. 이에 따라서 뼈가 부러질 가능성이 더 커진다.
② 관절을 그동안 일상적으로 사용한 탓에, 관절이 좋지 않을 수 있다. 이렇게 되면 관절에 염증이 생기고, 관절에서 통증을 느끼고, 관절이 덜 유연해진다.
③ 근육은 덜 촘촘해지고, 더 약해진다.

그리고 노년기에는 뼈와 관절 및 근육과 관련된 문제를 겪고 또한 신경체계가 변화하기 때문에, 균형을 유지하기 어려운 경우가 많다. 노년기에 낙상을 겪어서 타박상을 입고 뼈가 부러질 경우, 신체적으로 더 어려움을 경험할 수 있다(Nabili, 2016; Age In Place, 2024; National Institute on Aging, 2024b).

튼튼한 뼈와 관절과 근육을 가진 곰(상설 야외전시장에 설치된 유리 작품)과 작가: 노년기에는 뼈·관절·근육과 관련된 문제 때문에, 균형을 유지하기 어려운 경우가 많다. [출처: 공주 연미산에서 저자 촬영ⓒ]

노년기의 신체 모습

노년기에는 신체의 모습이 변하게 된다. 노년기의 신체 모습은 뼈 및 근육과 관련되는 경우가 많다.

노년기의 신체 모습을 구체적으로 제시하면 다음과 같다(Nabili, 2016).

① 노화와 더불어 뼈가 변하기 때문에, 키가 더 작아지고, 등뼈의 곡선이 변할 수 있다.
② 근육이 더 줄어들 수 있다.
③ 지방이 배 부분과 엉덩이 부분으로 몰릴 수 있다.
④ 이상적인 체중을 유지하는 것이 더 어려워진다.

(바) 머리카락과 손발톱 영역

노년기에는 머리카락과 손톱 및 발톱과 관련해 다음과 같은 변화가 나타나고 있다(Nabili, 2016).

① 머리카락이 더 얇아지고 더 약해질 수 있다. 그리고 머리카락이 건조해질 수 있고, 이에 따라 머리 부분이 간지럽고 불편할 수 있다.

② 손톱이 깨질 수 있고, 손톱의 모양이 보기 흉할 수 있다. 그리고 손톱이 건조해질 수 있다. 이와 더불어, 손톱이 균에 자주 감염될 수 있다.

③ 발톱이 두꺼워지는 경우가 많다.

(사) 소화와 배설 영역

노년기에는 소화 및 배설과 관련해 다음과 같은 변화가 나타나고 있다(Nabili, 2016).

① 요실금[8] 문제를 겪을 수 있다.

② 장이나 방광과[9] 관련된 습관이 변할 수 있다.

③ 변비가 나타나는 경우가 많다.

(아) 호르몬 영역

노년기에는 호르몬과 관련해 다음과 같은 변화가 나타나고 있다(Nabili, 2016).

① 갑상샘(갑상선)이[10] 역할을 제대로 하지 못하는 경우가 많고, 비만 및 콜레스테롤과 관련된 문제가 나타나는 경우가 많다.

② 성 호르몬이 줄어든다. 이에 따라서 남성은 발기하는 데 어려움을 겪을 수 있고, 여성은 질이 건조해질 수 있다.

---

8) 요실금은 "오줌이 뜻하지 아니하게 저절로 나오는 증상"을 말한다(국립국어원 표준국어대사전, 2024).

9) 방광은 "콩팥에서 흘러나오는 오줌을 저장하였다가 일정한 양이 되면 […] 배출시키는 주머니 모양의 기관"을 말한다(국립국어원 표준국어대사전, 2024).

10) 갑상샘(갑상선)은 목 앞쪽에 호르몬을 내보내는 세포들이 얽혀 있는 부분을 말한다(국립국어원 표준국어대사전, 2024).

(자) 면역체계[11] 영역

노년기에는 면역체계와 관련해 다음과 같은 변화가 나타나고 있다(Nabili, 2016).

① 신체의 면역체계가 더 약해질 수 있다.

② 백혈구가[12] 균에 대해 이전만큼 효과적으로 싸우지 못한다. 그 결과, 병에 더 자주 걸리게 된다.

(차) 잠자기 영역

노년기에는 잠자기(수면)와 관련해 다음과 같은 변화가 나타나고 있다(Nabili, 2016).

① 잠자는 습관이 크게 변할 수 있다.

② 밤에 자주 깨는 경우가 많다.

노인의 신체적 활동과 관련된 상황

노인은 나이가 듦에 따라서 신체적 활동을 적게 할 수 있다. 그러나 신체적 활동을 적게 할 경우, 노인은 다음과 같은 상황을 더 겪을 수 있다(Aging in Place, 2023a).

① 심장에 문제가 생긴다.

② 뼈가 약해진다.

③ 관절에 통증을 느낀다.

④ 살이 찐다.

⑤ 기타 여러 가지 건강문제로 어려움을 겪는다.

(2) 고려할 점

앞에서 제시한 변화는 노인에 따라 차이가 나고 있다. 예를 들어,

---

11) 면역은 "몸속에 들어온 [균에] 대항하는 항체를 생산하여 […] 다음에는 그 병에 걸리지 않도록 된 상태"를 말한다(국립국어원 표준국어대사전, 2024).

12) 백혈구는 신체가 전염병이나 기타 질병과 싸우는 것을 도와주는 역할을 하고 있다(National Cancer Institute, 2024).

어떤 노인은 특정한 영역에서 다른 노인보다 변화를 더 경험할 수 있다. 그 결과, 노인들은 해당 영역의 특징에서 서로 차이가 날 수 있다. 또한 나이가 많아질수록, 노인은 여러 가지 건강문제를 동시에 겪을 가능성이 더 커지게 된다(Nabili, 2016; World Health Organization, 2022).

그리고 앞에서 제시한 신체적 변화가 나타난다고 해서, 노인이 반드시 질병에 걸린 것은 아니다. 그러나 신체에 나타나는 이런 변화는 노인에게 스트레스를 유발할 수 있다(Nabili, 2016).

한편 그동안의 연구에 따르면, 인간이 좋은 건강 상태에서 사는 기간은 대체로 일정하다. 따라서 수명이 더 늘어남에 따라 추가로 생기는 기간에는 건강 상태가 좋지 않을 가능성이 크다. 수명이 더 늘어남에 따라 추가로 생기는 시기에 건강이 좋지 않을 경우, 더 늘어난 수명은 노인과 사회에 더 부정적인 영향을 미칠 가능성이 크다(World Health Organization, 2022).

노인 체험 센터에서 노년기의 신체적 변화를 체험하는 모습: 노년기에 나타나는 신체적 변화는 노인에게 스트레스를 유발할 수 있다. [출처: 일본에서 저자 촬영©]

노년기 증후군

노년기에는 여러 가지 복잡한 건강문제가 나타나게 된다. 일반적으로 이것을 '노년기 증후군(geriatric syndrome)'이라고 부르고 있다. 노년기 증후군은 여러 가지 주요한 요인 때문에 나타나는 경우가 많다(World Health Organization, 2022).

2) 노년기의 정신건강

노년기에는 정신건강이 좋지 않은 경우가 많다.[13)] 이에 따라 노인은 정신건강 영역에서 여러 가지 어려움을 경험하고 있다. 노년기에 가장 일반적으로 겪는 정신건강문제는 우울과 불안인 것으로 알려져 있다(World Health Organization, 2023).

한편 노년기에는 인지적 능력이 낮아지는 경우가 많다. 노년기에 인지하는 데 어려움을 겪는 것은 노인의 정신건강에 부정적인 영향을 미치고 있다(Fernandez, Oliver, Sanso & Tomas, 2023).

Point

- 노년기에는 여러 영역에서 여러 신체적 변화가 나타나고, 이런 신체적 변화는 노인의 일반적 건강에 영향을 미친다.
- 노년기에는 정신건강이 좋지 않은 경우가 많다.

5. 노인에 대한 관심의 필요성과 노인의 복지 관련 위치

1) 노인에 대한 관심의 필요성

오늘날의 사회에서 사회적·경제적 상황이 변함에 따라서, 노인의

13) 노년기의 정신건강에 대해서는 노인의 정신건강을 다루는 장(제6장)에서 자세히 설명한다.

지위도 변하고 있다. 오늘날에는 사회가 기술에 더 주목하는 방향으로 나아감에 따라서, 노인의 지위는 낮아지는 경향이 있다(Matthias, 2024).

그러나 노인은 국가와 사회가 관심을 가져야 하는 존재이다. 무엇보다도, 노인은 매우 취약한 존재이고, 가족과 사회의 형성에 이바지한 존재이고, 풍부한 경험과 지혜를 가진 존재이기 때문에, 노인에 대해 관심을 가질 필요가 있다.

(1) 매우 취약한 존재

노인은 인간의 긴 생애에서 마지막 단계를 보내고 있다. 이에 따라 노인은 여러 가지 영역에서 취약한 상태에 있는 경우가 많다(노병일, 2018).[14] 더구나 노년기에는 노인을 가까이에서 지지해주던 사람과 노인이 편하게 의지할 수 있는 사람의 수가 빠르게 줄어들고 있다. 이런 탓에, 노인이 심리적으로 더욱더 취약한 상태에 놓일 가능성은 커지고 있다. 그리고 오늘날에 인간의 수명이 더 길어짐에 따라서 노년기가 더 길어지고 있다. 그 결과, 노인이 취약한 상태에서 생활하는 기간이 더 길어지고 있다.

물론 노인 이외의 집단도 취약한 상태에 있을 수 있다. 그러나 아동·청소년이나 일반 성인이 겪는 어려움에 비해서, 노인이 겪는 어려움은 쉽게 회복될 수 없는 경우가 많다. 따라서 노인은 다른 연령층에 비해서 더 취약한 상태에 있는 경우가 많다.

그러므로 노인은 여러 영역에서 매우 취약한 존재이기 때문에, 국가와 사회는 노인에 대해 관심을 가질 필요가 있다. 이 경우에는 노인의 '복리'에 대해 특히 관심을 가질 필요가 있다.[15]

---

14) 여기에 대해서는 앞에서 노년기의 특징과 노인의 건강을 다루면서 이미 설명한 바 있다.

15) 당연하게도, 노인은 취약하기 때문에 노인복지가 필요하다. 이 점에 대해서는 노인복지를 다루는 장(제3장)에서 자세히 설명한다.

(2) 가족과 사회의 형성에 이바지한 존재

모든 노인은 자신이 그동안 살아오면서 한 일에 상관없이, 젊은 시기에 가족과 사회를 위해 크게 이바지해 왔다. 이에 따라 노인은 현재의 가족과 사회가 현재의 모습을 갖추는 데 크게 이바지해 왔다. 오늘날에도 노인은 가족구성원과 지역사회 주민으로서 사회에 이바지하고 있다.

우리나라 「노인복지법」에서도 노인은 "후손의 양육과 국가 및 사회의 발전에 기여하여 온 [사람]"이라고 밝히고 있다(국가법령정보센터, 2024). 그러므로 노인은 오늘날의 가족과 사회를 유지하는 데 크게 이바지한 존재이기 때문에, 국가와 사회는 노인에 대해 관심을 가질 필요가 있다.

그러나 오늘날의 사회에서는 노인이 가족과 사회를 위해 이룬 업적과 성과를 제대로 인정하지 않는 경우가 많아지고 있다. 그 결과, 오늘날의 사회에서는 노인을 무시하고 부정적으로 인식하는 경우도 많아지고 있다. 이런 상황에서, 국가와 사회는 노인이 자신의 가치를 인정받으며 안정된 상태에서 남은 생애를 보내도록 해주는 데 특히 더 관심을 가질 필요가 있다.

(3) 풍부한 경험과 지혜를 가진 존재

노인은 그동안 살아오면서 여러 가지 경험을 해왔다. 어떤 노인은 유급 일자리에서 한 가지 형태의 일만 하면서 생활해 왔을 수 있다. 또한 어떤 노인은 유급 일자리에서 여러 가지 형태의 일을 하면서 생활해 왔을 수 있다. 그리고 어떤 노인은 유급 일자리에서 일하지는 않았지만, 가정이나 기타 영역에서 일을 해왔을 수 있다. 예를 들어, 어떤 여성노인은 가정에서 집안일을 꾸려나가고 자녀를 양육하고 손자·손녀를 돌보며 지내왔을 수 있다. 따라서 노인은 여러 가지 상황에서 다양한 경험을 해왔다.

그리고 노인은 살아오는 과정에서 여러 가지 지혜를 쌓아왔다(노병일, 2018). 인간은 지식을 빠른 시간에 걸쳐서 얻을 수도 있다. 하지만 지혜는 세월이 걸려야 얻을 수 있다. 즉, 지혜는 빠른 시간에 걸쳐 얻을 수 있는 것이 아니다. 따라서 노인은 젊은 층에게 없는 지혜를 가지고 있는 경우가 많다. 그러므로 노인은 풍부한 경험과 지혜를 가진 존재이기 때문에, 국가와 사회는 노인에 대해 관심을 가질 필요가 있다.

손자에게 자신의 경험을 이야기하는 노인을 그린 벽화(뭉크(Munch)의 작품): 노인은 경험과 지혜를 가진 존재이다. [출처: 노르웨이에서 저자 촬영©]

특히, 노인이 가진 경험과 지혜는 노인 자신뿐만 아니라 다음 세대와 사회를 위해서 쓸모 있게 사용할 수 있는 자원이 되고 있다. 예를 들어, 노인은 자원봉사 활동을 통해서 자신이 가진 경험과 지혜를 아동이나 청소년의 복리 수준을 높이는 데 쓸모 있게 사용할 수 있다. 그러므로 국가와 사회는 노인의 경험과 지혜를 쓸모 있게 사용하는 데 관심을 가질 필요가 있다.

2) 노인의 복지 관련 위치

사회에서 생활하고 있는 모든 사람은 복지 영역과 여러 가지 방식으로 관련되고 있다. 이 경우, 모든 사회구성원의 위치를 복지 자원을 받는 사람, 복지 자원을 제공하는 사람, 복지와 관련된 것에 영향을 미치는 사람으로 구분할 수 있다(노병일, 2022b).

이런 위치는 노인에게도 그대로 해당하고 있다.

(1) 복지 자원을 받는 사람으로서의 노인

노인은 국가와 사회에서 제공하는 복지 자원을 받을 수 있다. 즉, 노인은 복지 자원의 대상자가 될 수 있다. 예를 들어 모든 노인의 경우, 국가와 사회에서 제공하는 복지 자원을 받을 수 있다. 모든 노인에게 제공하는 복지 자원의 예로 노인이 지하철과 같은 교통수단을 무료로 이용하는 것이 있다.

그리고 일부 노인의 경우, 국가와 사회에서 특정한 노인집단에게 제공하는 복지 자원을 받을 수 있다. 예를 들어 빈곤한 노인의 경우, 국가나 복지기관이 경제적으로 어려운 노인에게 제공하는 복지 자원을 받을 수 있다.

(2) 복지 자원을 제공하는 사람으로서의 노인

노인은 사회에서 복지 자원을 제공할 수 있다. 즉, 노인은 복지 자원의 제공자가 될 수 있다. 이것은 노인이 복지 자원을 제공하는 존재로 사회에 참여하는 것을 의미하고 있다. 예를 들어, 노인은 빈곤한 아동이나 청소년을 물질적으로 도와줄 수 있다. 또한 노인은 지역사회에 있는 초·중·고등학교나 아동·청소년 복지시설과 교류하면서, 아동이나 청소년을 정서적으로 지지해 줄 수 있다.

노인은 상실을 겪지만 교류하고 활동하면서 사회에 참여한다는 점을 주제로 한 사진전: 노인은 복지 자원을 제공하는 존재로 사회에 참여한다. [출처: 저자 촬영ⓒ]

(3) 복지 영역에 영향을 미치는 사람으로서의 노인

노인은 집단이나 조직을 만들어서 노인복지나 일반 사회복지와 관련된 정책이나 제도에 영향을 미칠 수 있다. 예를 들어, 노인은 집단이나 조직을 만들어서, 노인의 복리 수준을 높이는 정책이나 프로그램을 개선하거나 실시해 달라고 국가에 요구할 수 있다.

특히 노인은 투표할 수 있는 권리를 가지고 있다. 따라서 노인은 이런 권리를 사용해서 국가에 정치적으로 강한 압력을 넣을 수도 있다. 앞으로 노인의 수가 더 늘어나고 있는 상황에서는, 노인은 노인의 복리와 관련해 더 큰 영향을 미치는 세력이 될 수밖에 없다.

노년학

노년기와 노화를 전문적으로 연구하는 학문 분야를 노년학(gerontology)이라고 부르고 있다. 일반적으로 노년학에서는 노화에 대해 과학적으로 연구하고 있다. 구체적으로 노년학의 경우, 노년기 및 노화와 관련된 생물학적 요인, 심리학적 요인, 사회학적 요인에 대해 주목하고 있다.

노년학에서는 여러 분야의 전문가가 노화와 관련된 문제를 연구하고 있다. 노년학에서 계속 연구함에 따라서, 노화 과정에 대한 잘못된 인식이 드러나는 경우가 많아지고 있다(Brossoie, 2015; Matthias, 2024).

그리고 노인의 복리를 다루는 분야도 노년학의 한 영역에 속하고 있다.

Point

- 노인은 여러 영역에서 매우 취약한 존재이고, 오늘날의 가족·사회를 유지하는 데 크게 이바지한 존재이고, 풍부한 경험과 지혜를 가진 존재이다. 따라서 국가·사회는 노인에 대해 관심을 가질 필요가 있다.
- 복지와 관련해, 노인의 위치를 복지 자원의 대상자, 복지 자원의 제공자, 복지 영역에 영향을 미치는 사람으로 구분할 수 있다.
- 노년기·노화를 전문적으로 연구하는 분야를 노년학이라고 부른다.

Chapter 02

노화와 노화 이론

차례

1. 노년기와 노화

노인이나 노년기와 관련해 자주 등장하는 용어는 '노화(aging 또는 ageing)'이다. 단어만 놓고 볼 때, 노화는 나이가 들어간다는 의미를 지니고 있다.[1]

그러나 인간은 태어나는 순간부터 나이가 들어가고 있다. 따라서 노화 과정은 인간이 태어나는 순간부터 진행되고 있다. 이런 식으로 볼 경우, 노화는 인간이 발달하는 모든 단계와 관련되어 있다.

하지만 노화는 노년기에 가장 빠르게 진행되고 있다. 따라서 노년기에는 신체적·정신적 상태가 이전 시기보다 더 좋지 않게 될 가능성이 크다. 이런 탓에, 노인은 신체적 능력과 정신적 능력이 서서히 줄어들게 된다. 또한 노화가 계속 진행되면, 질병에 걸릴 가능성이

1) 노화의 구체적 의미에 대해서는 뒤에서 자세히 설명한다.

점점 커지게 되고, 결국에 가서는 죽음을 맞이하게 된다(World Health Organization, 2022).

그리고 인간이 노년기에 겪는 여러 가지 상황은 노화 때문에 발생하는 경우가 많다. 결국, 노화에 따라 나타나는 변화는 노년기의 생활에 영향을 미치고 있다. 그러므로 노화는 노년기와 특히 관련되고 있다.[2)]

Point

- 노화는 노년기에 가장 빠르게 진행되고, 노화에 따른 변화는 노년기의 생활에 영향을 미친다. 따라서 노화는 노년기와 특히 관련된다.

2. 노화의 정의와 특징 및 영향 요인

1) 노화의 정의

여러 사전과 기관과 학자는 노화에 대해 정의해 왔다. 그동안 노화에 대해 정의한 것을 몇 가지 제시하면 다음과 같다(노용균, 2007; Cambridge Dictionary, 2024; Shiel, 2020).

① 외국의 유명한 사전에 따르면, 노화는 신체적·정신적으로 성숙하기도 하고 성숙하지 못하기도 하는 것을 말한다.

② 노용균에 따르면, 노화는 탄생에서 늙음에 이르는 과정 전체를 말한다.

③ 쉬엘(Shiel)에 따르면, 노화는 나이가 더 들어가는 과정을 말한다.

정리하건대, 노화는 나이가 들어가면서 신체적·정신적으로 변하는

2) 우리나라에서 aging을 '노화(老化)'라고 번역하는데, 이를 통해서도 노화는 노년기와 크게 관련됨을 알 수 있다.

과정이라고 볼 수 있다.

손자 · 손녀의 모습을 보며 즐거워하는 노인 부부: 노화는 나이가 들어가면서 신체적 · 정신적으로 변하는 과정이다. [출처: 저자 촬영©]

2) 노화의 특징

노화는 시간이 지남에 따라서 신체기관이나 생명체 전체에서 나타나고 있다. 그리고 노화는 생명체가 존재하는 모든 기간에 걸쳐 진행되고 있다(Rogers, Simic & Guarente, 2024). 따라서 노화는 생애 전체에 걸쳐서 계속 이루어지고 있다.[3)]

3) 노화에 영향을 미치는 요인

여러 요인이 노화에 영향을 미치고 있다. 물론, 유전적 요인은 노화에 영향을 미치고 있다. 그러나 신체적 요인과 사회적 요인은 유전적 요인보다 노화에 더 큰 영향을 미치는 경우가 많다. 신체적 요인과 사회적 요인의 예로 개인적 특성(예컨대, 성별, 경제적 수준), 가정 상황, 이웃 상황, 지역사회 상황이 있다. 특히, 인간이 어릴 때 살아온 환경과 개인적 특성은 인간이 노화하는 방식에 오랫동안 영향을 미

3) 이에 대해서는 앞에서 이미 설명한 바 있다.

치고 있다(World Health Organization, 2022).

Point

- 노화는 나이가 들어가면서 신체적·정신적으로 변하는 과정이다.
- 노화는 생애 전체에 걸쳐 계속 이루어진다.
- 여러 요인이 노화에 영향을 미친다.

3. 노화에 대한 인식과 바람직한 노화

1) 노화에 대한 인식

노화는 모든 사람이 반드시 겪어야 하는 과정이다. 그러나 오늘날의 사회에서는 노화에 대해 부정적으로 인식하기도 하고 긍정적으로 인식하기도 한다(Chen, 2001). 그러므로 노화에 대한 인식을 부정적 인식과 긍정적 인식으로 크게 구분할 수 있다.

(1) 노화에 대한 부정적 인식

노년기는 여러 가지로 어려움을 겪는 시기이다.[4] 따라서 노인이나 기타 사회구성원은 노화에 대해 부정적으로 인식할 수 있다.

노화에 대해 부정적으로 인식하는 예로 다음과 같이 인식하는 것이 있다(Chen, 2001).

① 나이가 드는 것은 더 많이 아프게 되는 것이다.

② 노인에게는 새로운 기술을 가르칠 수 없다.

(2) 노화에 대한 긍정적 인식

노년기는 새로운 환경을 맞이하고 이에 따라 새로운 기회를 맞이

4) 노인이 겪는 어려움에 대해서는 뒤에 나오는 여러 장에서 자세히 설명한다.

하는 시기이다. 따라서 노인이나 기타 사회구성원은 노화에 대해 긍정적으로 인식할 수 있다.

노화에 대해 긍정적으로 인식하는 예로, 나이가 드는 것은 자유를 누리고 지혜를 쌓고 삶을 즐기는 것이라고 인식하는 것이 있다(Chen, 2001).

2) 바람직한 노화

대부분 사람은 노화와 관련해 긍정적 측면보다는 부정적 측면을 떠올리는 경우가 많다. 따라서 모든 사람은 노화를 잘하는 데 관심을 가지고 있다. 이 경우, 많은 사람이 원하는 노화는 바람직한 노화이다.

강아지와 즐겁게 산책하는 노인: 모든 사람은 바람직한 노화를 원한다. [출처: 저자 촬영ⓒ]

그러므로 그동안 바람직한 노화와 관련해 여러 가지 용어를 사용해 왔다. 바람직한 노화와 관련해 가장 일반적으로 사용하고 있는 용어는 '성공적 노화(successful aging)'이다. 그러나 최근 들어서 '건강한 노화(healthy aging)'라는 용어도 자주 사용하고 있다.

(1) 성공적 노화

(가) 성공적 노화 용어의 등장과 진전

1987년에 로웨(Rowe)와 칸(Kahn)은 『성공적 노화(Successful Aging)』라는 책을 발간하였는데, 이것이 계기가 되어 '성공적 노화'라는 용어는 유명해지게 되었다. 성공적 노화는 활동 이론과[5] 관련된다고 볼 수 있다.

그 후 학자들은 로웨와 칸이 성공적 노화와 관련해 주장한 것이 아직도 관련이 있는지에 대해 연구하고 있다(Menec, 2003; Castel, 2018; Gerontological Society of America, 2015).

(나) 성공적 노화의 정의

성공적 노화는 일반적 노화(usual aging)와 비교되는 용어이다. 그러나 오늘날에 성공적 노화가 정확히 무엇을 의미하는지에 대해서는 의견이 일치하고 있지 않다. 예를 들어 일반인을 대상으로 조사한 결과, 대부분 사람은 성공적 노화에 대해 여러 가지로 정의하고 있는 것으로 나타난 바 있다. 그러나 성공적 노화가 정확하게 무엇인지에 대해 의견이 일치하고 있지 않음에도 불구하고, 대부분 사람은 성공적으로 노화하는 사람을 쉽게 알아챌 수 있다. 따라서 성공적 노화는 그냥 보면 알 수 있는 경우가 많다(노용균, 2007; Bowling, 2005; Castel, 2018).

그리고 성공적 노화에 대해 정의하는 것이 어려움에도 불구하고, 일부 학자는 성공적 노화에 대해 정의해 왔다. 예를 들어 어느 학자의 경우, 성공적 노화는 제약이 있음에도 불구하고 어떤 것을 할 수 있는 것이라고 정의하고 있다. 또한 성공적 노화를 연구한 학자인 플루드(Flood)의 경우, 성공적 노화는 개인이 의미 있다고 보는 방식으로 신체적·심리적·사회적으로 관여하는 상태를 유지하는 것이라고 정의하고 있다(Lange & Grossman, 2018).

5) 활동 이론에 대해서는 뒤에서 자세히 설명한다.

(다) 성공적 노화의 특징

가족 행사에 참여하기 위해 곱게 단장한 노인: 성공적 노화에는 다른 사람과 의미 있게 교류하는 요소가 포함된다. [출처: 신회숙 님 제공ⓒ]

성공적 노화는 여러 가지 요소(또는 차원)를 포함하고 있다. 실제로 로웨와 칸의 경우, 성공적 노화는 여러 요소로 이루어져 있다고 보고 있다. 구체적으로 로웨와 칸의 경우, 성공적 노화는 다음과 같은 세 가지 주요한 요소를 포함한다고 주장하고 있다(Castel, 2018; Gerontological Society of America, 2015).

① 장애나 질병이 없다.
② 높은 수준의 인지적 능력과 신체적 능력을 가진다.
③ 다른 사람과 의미 있게 교류한다.

그러므로 성공적 노화를 하는 노인은 더 오래 살고, 나이가 듦에 따라서 제 역할을 제대로 못 하는 사례가 훨씬 더 적은 것으로 알려져 있다(노용균, 2007).

한편 개인의 신체적 측면, 인지적 측면, 심리적 측면, 사회적 측면은 성공적 노화에 큰 영향을 미치고 있다(Fernandez et al., 2023).

(2) 건강한 노화

(가) 건강한 노화 용어의 등장과 진전

세계보건기구(WHO)의 경우, 2002년에 '활발한 노화(active aging)'를 정책의 틀로서 제시한 바 있다. 그러다가 그 후에, 세계보건기구는 '활발한 노화' 대신에 '건강한 노화(healthy aging)'에 주목하고 있다. '건강한 노화'는 세계보건기구가 2015년부터 2030년 사이에 노화와 관련한 사업에서 주목하고 있는 주제이다.

그리고 유엔 총회에서는 2021~2030년을 '유엔 건강한 노화 10년(UN Decade of Healthy Ageing)'이라고 선언한 바 있다(World Health Organization, 2022; World Health Organization, 2024).

(나) 건강한 노화의 정의

세계보건기구의 경우, 건강한 노화는 노년기에 복리를 누릴 수 있게 하는 기능적 능력(functional ability)을 키우고 유지하는 과정이라고 보고 있다. 여기서 '기능적 능력'은 모든 인간이 자신이 가치 있는 존재가 될 수 있게 하고 또한 자신이 가치 있다고 생각하는 것을 할 수 있게 하는 능력을 말한다(World Health Organization, 2024).

(다) 건강한 노화에서 주목하는 점과 고려하는 점

건강한 노화에 주목하는 것은, 노인이 자신에게 중요한 것을 할 수 있게 하는 물리적 환경과 사회적 환경을 만들어 주는 것을 말한다(World Health Organization, 2023).

그리고 건강한 노화에서는 정신건강도 중요하다고 보고 있다. 왜냐하면 노년기에는 신체기관이 이전만큼 역할을 하지 못하지만, 노인은 정신건강이 더 좋아지면 건강하게 노화할 수 있기 때문이다. 또한 노인이 더 나은 정신건강 상태를 유지하고 노인에게 정신건강문제가 발생하는 것을 예방하는 방안에서는, 건강한 노화에 주목하는 경우가 많다(Ma & Shen, 2023; World Health Organization, 2023).

또한 건강한 노화를 이룩하는 것과 관련해서는 다음과 같은 점을 중요하게 고려하고 있다(World Health Organization, 2024).

① 노인은 다양하다. 이것은 누구에게나 적용되는 대표적인 노인은 존재하지 않는다는 것을 의미한다.

② 노인은 능력과 환경이 똑같지 않다. 노인의 능력과 환경이 다양한 이유는, 인간이 살아가면서 유리한 점과 불리한 점이 계속해서 영향을 미치기 때문인 경우가 많다.

(3) 성공적 노화와 건강한 노화

성공적 노화에서도 건강은 중요한 요소라고 보고 있다(노병일·노대겸, 2015). 따라서 성공적 노화와 건강한 노화는 서로 밀접하게 관련된다고 볼 수 있다.

크루즈 여행에서 딸과 즐거운 시간을 보내는 노인: 성공적 노화와 건강한 노화는 서로 빌섭하게 관련된다. [출처: 김연서 님 제공©]

Point

- 노화에 대해서는 부정적으로 인식할 수도 있고 긍정적으로 인식할 수도 있다.
- 성공적 노화는 일반적 노화와 비교되는 용어인데, 성공적 노화가 정확히 무엇을 의미하는지에 대해서는 의견이 일치하지 않는다.
- 로웨와 칸에 따르면, 성공적 노화는 장애나 질병이 없는 것, 높은 수준의 인지적·신체적 능력을 가지는 것, 다른 사람과 의미 있게 교류하는 것을 포함한다.
- 건강한 노화는 노년기에 복리를 누릴 수 있게 하는 기능적 능력을 키우고 유지하는 과정이다. 건강한 노화에서는 정신건강도 중요하다고 본다.

4. 노화 이론의 중요성과 다양성

1) 노화 이론의 중요성

인간이 노화함에 따라서, 인간의 신체와 정신은 변화하고 성숙하게 된다(Brossoie, 2015). 이것은 노인에게도 그대로 해당하고 있다. 노화 이론은 노인이 변화하고 성숙하는 상황을 이해하는 데 도움을 주고 있다.

무엇보다도 노화 이론은 노인이 겪는 어려움을 이해하는 데 도움을 주고 있다. 또한 노화 이론은 노인이 겪는 문제를 예방하거나 줄여주는 방안을 설계하는 데 도움을 주고 있다. 특히 노화 이론은 노년기에 얻을 수 있는 좋은 측면을 노인의 복리를 위해 긍정적으로 사용하는 데 도움을 줄 수 있다.

그러므로 노화 이론은 노년학 분야나 노인의 복리와 관련된 분야에서 중요한 위치를 차지하고 있다.

2) 노화 이론의 다양성

인간의 노화 과정은 복잡하다. 예를 들어, 여러 가지 개인적 요인과 사회적 요인은 노화에 영향을 미치고 있다. 따라서 노화는 복잡한 과정이다. 그리고 노화는 여러 가지 측면을 지니고 있다. 따라서 노화에 대한 이론은 여러 가지가 있다.

그러므로 그동안 여러 학문적 관점에서 다양한 노화 이론을 제시해 왔다. 무엇보다도 생물학자와 심리학자와 사회학자는 노화 과정에 대해 여러 가지 이론을 제시해 왔다. 그리고 최근에는 간호학자도 노화 과정에 대한 이론을 제시해 왔다.

그러나 노화 과정에 대해서는 적절한 결론을 내릴 수 있는 정보가 아직도 충분하지 않다(Brossoie, 2015; Rogers, Simic & Guarente, 2024; Lange & Grossman, 2018; Matthias, 2024). 따라서 노화 이론은 계속 발전하고 있다.

Point

- 노화 이론은 노년학이나 노인의 복리와 관련된 분야에서 중요한 위치를 차지한다.
- 그동안 여러 학문적 관점에서 다양한 노화 이론을 제시해 왔다.

5. 주요한 노화 이론

1) 생물학적 노화 이론

생물학적 노화 이론(biological theory of aging)에서는 노화를 세포와 분자의 측면에서 설명하고 있다. 구체적으로 생물학적 노화 이론에서는, 노화에 따라서 생명체가 생명을 유지하며 변화하는 과정에 주목하고 있다. 생물학적 노화 이론의 경우, 노화는 시간이 흐르면서 여러 가지 분자와 세포가 손상된 것이 쌓이기 때문에 나타난다고 보고 있다(Rogers, Simic & Guarente, 2024; Lange & Grossman, 2018; World Health Organization, 2022).

생물학적 노화 이론에는 여러 가지가 있다. 생물학적 노화 이론의 대표적인 예는 유전적 측면에 주목하는 노화 이론(genetic theory)이다. 유전적 측면에 주목하는 노화 이론의 경우, 유전자가 세포나 생명체의 생활 단계를 결정한다고 주장하고 있다. 유전적 측면에 주목하는 노화 이론에 따르면, 생명체의 유전자는 생명체의 생활 단계를 결정하는 '프로그램'을 포함하고 있다. 따라서 부모가 오래 산 사람은 자신도 오래 살 가능성이 큰 것으로 알려져 있다(Rogers, Simic & Guarente, 2024).

2) 심리학적 노화 이론

(1) 일반적 특징

심리학적 노화 이론(psychological theory of aging)의 경우, 정신적 과정,

감정, 태도, 동기, 성격이 삶의 단계가 변함에 따라 발달하는 측면에서 노화를 설명하고 있다(Lange & Grossman, 2018).

(2) 심리학적 노화 이론의 예

심리학적 노화 이론에는 여러 가지가 있다. 심리학적 노화 이론에 근거한 예로 개인주의 이론(individualism theory), 성격 발달 단계 이론(stages of personality development theory), 선택·최적화·보상 이론(selective optimization with compensation theory)이 있다.

(가) 개인주의 이론

개인주의 이론의 경우, 개성은 자아(ego)와 개인적 무의식(personal unconsciousness)과 집합적 무의식(collective un-consciousness)으로 구성되어 있다고 보고 있다. 이 경우, 개인적 무의식에서는 삶을 개인적 관점에서 보고 있고, 집합적 무의식에서는 삶을 외부의 관점에서 보고 있다. 개인주의 이론에 따르면, 노인은 삶의 의미를 찾고 있고, 제 역할을 제대로 하지 못하는 측면과 사회적으로 여러 가지가 없어지는 측면에 적응하고 있다(Lange & Grossman, 2018).

대표적인 개인주의 이론은 스위스의 정신분석학자인 융(Jung)이 제시한 개인주의 이론이다.[6] 융의 이론에 따르면, 인간이 노화함에 따라서, 인간은 믿음과 자신이 살면서 이룩한 것에 대해 생각하기 시작한다.

융의 경우, 다음과 같이 할 때 인간은 성공적으로 노화한다고 보고 있다(Lange & Grossman, 2018).

① 과거를 받아들인다.
② 자신의 신체적 능력이 줄어드는 상황에 적응한다.
③ 자신에게 중요한 사람들과 교류하지 못하거나, 이들이 세상을 뜨는 것에 대처한다.

---

6) 다만, 융의 개인주의 이론은 노화에만 특별하게 적용되는 것은 아니다.

(나) 성격 발달 단계 이론

성격 발달 단계 이론의 경우, 성격이 발달하는 단계에 주목하고 있다. 성격 발달 단계와 관련된 대표적인 이론은 에릭슨(Erikson)이 제시한 이론이다(노병일, 2017b).

에릭슨이 제시한 이론의 경우, 성격은 여덟 가지의 연속적인 단계를 거치면서 발달하고 있고, 이때 각 단계에는 발달과 관련된 과제가 있다고 보고 있다. 에릭슨의 이론에 따르면, 마지막 단계인 여덟 번째 단계는 자아의 고결함과 절망감이 갈등하는 단계인데, 이 단계에서는 삶에서 이룬 바를 평가하고 있다(Lange & Grossman, 2018).[7)]

(다) 선택·최적화·보상 이론[8)]

선택·최적화·보상 이론의[9)] 경우, 개인은 활동과 역할을 선택하고 가장 알맞은 것을 고르고 보상함으로써, 나이가 듦에 따라 잃어버린 측면에 대처한다고 보고 있다. 선택·최적화·보상 이론에 따르면, 나이가 드는 노인은 노화 때문에 자신이 제약을 받음에 따라서 활동과 역할에 적응하고 있다. 그리고 이와 동시에, 나이가 드는 노인은 자신에게 가장 만족스러운 활동과 역할을 선택하고 있다. 선택·최적화·보상 이론의 경우, 보상을 가장 알맞게 할 때 노화를 성공적으로 더 잘할 수 있게 된다고 보고 있다(Lange & Grossman, 2018).

---

7) 에릭슨이 제시한 이론에 대해서는 노인의 발달과 관련된 특징을 다루는 장(제1장)에서 이미 설명한 바 있다.

8) 선택·최적화·보상 이론은 '선택적 보상 최적화 이론'이나 '보상에 대한 선택적 최적화 이론'이라고 번역하는 것이 더 나을 것으로 보인다. 그러나 우리나라 사회복지협의회에서 발간한 『사회복지교과목 지침』에서는 '선택 최적화 보상 이론'이라고 번역하였기에, 여기에서는 '선택·최적화·보상 이론'이라고 표시한다.

9) 최적화는 최대로 활용하는 것이나 가장 알맞은 조건과 같은 것을 말한다.

3) 사회학적 노화 이론

(1) 일반적 특징

사회학적 노화 이론(sociological theory of aging)의 경우, 역할과 관계와 지위 등이 변하는 것은 노인이 적응하는 능력에 영향을 미친다고 보고 있다(Lange & Grossman, 2018).

(2) 사회학적 노화 이론의 예

사회학적 노화 이론에는 여러 가지가 있다. 사회학적 노화 이론에 근거한 이론의 예로 활동 이론(activity theory), 분리 이론(disengagement theory), 하위문화 이론(subculture theory), 지속 이론(continuity theory), 노년 초월 이론(gerotranscendence theory)이 있다.

(가) 활동 이론

그림을 그려주며 작품 활동을 하는 노인: 활동 이론에서는 꾸준한 사회적 활동이 중요하다고 본다. [출처: 이탈리아에서 저자 촬영©]

활동 이론의 경우, 꾸준한 사회적 활동이 중요하다는 점을 강조하고 있다. 따라서 활동 이론에서는, 노년기에 만족스럽게 지내기 위해서는 어떤 일에 관여하는 것이 필요하다고 보고 있다. 활동 이론을 처음으로 제시한 해비거스트(Havighurst)와 올브레체트(Albrecht)에 따르면, 사회는 퇴직한 사람이 자신의 지역사회에서 활동하며 지내기를 바라고 있다. 그러므로 활동 이론에서는, 노년기를 만족스럽게 보내기 위해서는 어떤 것에 몰두하고 관여하는 것이 필요하다고 주장하고 있다.

활동 이론의 경우, 활동은 심리적 건강과 관련된다고 보고 있다. 그리고 활동하는 것은 중년기를 더 오래 보내는 데 도움을 준다고 보고 있다. 이에 따라서 활동 이론의 경우, 활동하는 것은 노년기가 부정적으로 미치는 영향을 늦추는 데 도움을 준다고 보고 있다.

일부 학자는 활동 이론을 받아들이지 않고 있다. 예를 들어 활동 이론을 비판하는 학자의 경우, 활동 이론은 신체적 능력, 재정적 상태, 사회적 자원을 이용할 수 있는 정도는 노인이 선택하는 것을 제약하는 경우가 많다는 점을 고려하지 못하고 있다고 주장하고 있다.

그러나 활동 이론이 비판받고 있음에도 불구하고, 활동 이론의 주요한 내용은 많은 학자의 지지를 받고 있다. 다만 활동 이론에 근거한 연구에서는, 교류하는 횟수보다는 활동의 형태가 더 중요하게 고려하여야 할 요소인 경우가 많다고 보고 있다(Rogers, Simic & Guarente, 2024; Lange & Grossman, 2018).

(나) 분리 이론

분리 이론의 경우, 노화의 특징은 사회와 관계로부터 서서히 분리하는 데 있다고 주장하고 있다. 구체적으로 분리 이론의 경우, 노인은 사회와 관계로부터 분리함으로써 다음과 같이 된다고 보고 있다(Lange & Grossman, 2018).

① 사회적 의무로부터 자유롭게 된다.

② 내적으로 생각할 수 있는 시간을 가지게 된다.

분리 이론에 따르면, 책임을 노인층으로부터 젊은 층에게 넘김으로써 사회는 계속해서 제 역할을 할 수 있게 된다. 따라서 분리 이론의 경우, 노인이 분리를 하면 노인과 사회 모두에게 매우 만족스러운 새로운 균형이 나타난다고 보고 있다.

그러나 분리 이론에서 주장하는 바는 현재의 경향과 어울리지 않고 있다. 무엇보다도 인간의 수명이 늘어남에 따라서, 사회는 노인이 사회에 중요하게 이바지할 수 있다고 보는 방향으로 나아가고 있다(Lange & Grossman, 2018). 따라서 분리 이론은 크게 비판받고 있다.

활동 이론과 분리 이론을 비교하면 알 수 있듯이, 분리 이론에서 주장하는 바는 활동 이론에서 주장하는 바와 크게 대조되고 있다(노병일, 2022b).

(다) 하위문화 이론

하위문화 이론의 경우, 노인은 사회와 격리해서 하위문화(노인 나름의 문화)에서 지내기를 좋아한다고 보고 있다. 구체적으로 하위문화 이론에서는, 노인은 다음과 같은 측면에 대비하기 위해서 사회에서 독특한 하위문화를 형성한다고 주장하고 있다(Lange & Grossman, 2018).

① 사회는 노화에 대해 부정적인 태도를 취한다.
② 나이가 듦에 따라서 지위가 사라진다.

그러나 하위문화 이론은 오늘날의 노인과 관련된 경향을 제대로 반영하지 못하고 있다고 볼 수 있다. 왜냐하면 오늘날의 노인은 사회적으로 활발하게 지내는 경우가 많기 때문이다. 이런 탓에, 하위문화 이론은 비판받고 있다.

하위문화 이론의 경우, 노인은 자기들끼리 어울리기를 좋아한다고 주장하고 있다. 따라서 이런 점에서, 하위문화 이론은 분리 이론에서 주장하는 바와 비슷한 입장을 취하고 있다. 그리고 이런 점에서, 하위문화 이론은 활동 이론에서 주장하는 바와 차이가 나고 있다(Lange & Grossman, 2018).

(라) 지속 이론

지속 이론의 경우, 노인 자신의 건강이나 생활 환경이 변화함에도 불구하고, 노인은 살아가면서 내적 특징과 외적 특징을 보존하고 유지하려고 한다고 주장하고 있다. 이 경우, 내적 특징과 외적 특징의 예로 개인의 가치, 성격, 취향, 행동 방식이 있다(Rogers, Simic & Guarente, 2024).

지속 이론의 경우, 성격은 역할과 삶의 만족도에 영향을 미치고 있고, 성격은 사는 동안에 변함이 없다고 보고 있다. 또한 지속 이론에서는, 성격은 인간이 노년기에 이르렀을 때 잘 발달한다고 보고 있다.

지속 이론에 따르면, 다음과 같은 것은 노년기에 중요한 과제가 되고 있다(Lange & Grossman, 2018).

① 자신이 속하는 나이 층을 잘 파악한다.
② 자신의 제약된 상태에 어울리는 생활 환경을 찾는다.
③ 퇴직한 후의 새로운 역할을 배운다.

지속 이론은 노화에 대한 반응은 개인에 따라 서로 차이가 난다는 점을 인정한 첫 번째 사회학적 노화 이론이다. 여러 연구에서 지속 이론은 현실에서 맞는 것으로 나타나고 있다(Lange & Grossman, 2018).

(마) 노년 초월 이론

노년 초월 이론의 경우, 노인은 물질적 관점이나 합리적 관점에서 벗어나서 우주와 하나가 되는 데 주목하는 관점을 취하는 방향으로 나아간다고 보고 있다. 노년 초월 이론에 따르면, 노인이 이와 같은 방향으로 성공적으로 변화하는 것은 다음과 같은 측면을 포함하고 있다(Lange & Grossman, 2018).

① 외부에 주목한다.
② 다가올 죽음을 받아들인다.
③ 세대 사이에 서로 어울리며 지낸다.
④ 우주와 하나가 된다.

노년 초월 이론은 분리 이론에 근거하는 측면이 있다. 그러나 분리 이론에서는 발달하는 과정에서 사회적 분리는 필요하고 자연스러운 것이라고 주장하지만, 노년 초월 이론에서는 이런 주장을 받아들이지 않고 있다(Lange & Grossman, 2018).

종교를 위해 목숨을 버린 조선시대 노인을 표현한 유리화: 노년 초월 이론에 따르면, 노인이 우주와 하나가 되는 데 주목하는 관점을 취하는 방향으로 잘 변화하는 것에는 다가올 죽음을 받아들이는 것도 포함된다. [출처: 전영신(작가) 님 제공ⓒ]

노화가 더 빨리 나타나게 하거나 더 늦게 나타나게 하는 심리적·사회적 요인

노화가 더 빨리 나타나게 하는 심리적·사회적 요인과 노화가 더 늦게 나타나게 하는 심리적·사회적 요인에는 여러 가지가 있다.

이 중에서 다음과 같은 상황과 관련된 요인은 노화가 더 빨리 나타나게 하는 주요한 요인으로 알려져 있다(Chopra, 1993).

① 좌절한다.
② 규칙적으로 일상생활을 하지 못한다.
③ 규칙적으로 하는 업무가 없다.
④ 직업에 대해 불만이 있다.

그리고 다음과 같은 상황과 관련된 요인은 노화가 더 늦게 나타나게 하는 주요한 요인으로 알려져 있다(Chopra, 1993).

① 결혼생활이 행복하거나, 오랫동안 즐겁게 연애하고 있다.
② 직업에 대해 만족한다.
③ 개인적으로 행복해한다.
④ 규칙적으로 일상생활을 한다.
⑤ 규칙적으로 하는 업무가 있다.

심리학적 노화 이론과 사회학적 노화 이론의 공통점

심리학적 노화 이론과 사회학적 노화 이론에서는, 인간이 나이가 듦에 따라서 행동과 성격과 태도가 변하는 것에 주목하고 있다. 심리학적 노화 이론과 사회학적 노화 이론을 주장하는 학자들의 경우, 노화는 변화 과정을 거치면서 삶에서 오랫동안 계속되는 과정이라고 보고 있다(Lange & Grossman, 2018).

그리고 심리학적 노화 이론과 사회학적 노화 이론의 경우, 인간은 나이가 듦에 따라서 다음과 같이 된다고 보고 있다(Rogers, Simic & Guarente, 2024).

① 행동이 변한다.
② 사회적으로 교류하는 것이 변한다.
③ 관여하는 활동이 변한다.

4) 정리 및 고려할 점

(1) 정리

노화에 대한 각각의 이론은 노화의 한 가지 측면이나 몇 가지 측면에 주목하고 있다. 예를 들어, 생물학적 노화 이론은 노화에 따른 생물학적 변화에 주목하고 있고, 심리학적 노화 이론은 노화에 따른 심리적 변화에 주목하고 있고, 사회학적 노화 이론은 노화에 따른 사회적 변화에 주목하고 있다.

그러나 노인복지 영역에서 활동하는 전문가에게는 심리학적 노화 이론과 사회학적 노화 이론이 생물학적 노화 이론보다 더 쓸모가 있을 수 있다. 이 중에서도, 사회학적 노화 이론은 노인복지 영역에서 활동하는 전문가가 노인에게 개입하는 것과 관련해 좋은 지침이 될 수 있다.

(2) 고려할 점

노화 이론에는 앞에서 제시한 노화 이론 이외에도 여러 가지가 더 있을 수 있다. 따라서 노화 이론은 다양하고, 앞으로도 새로운 노화 이론이 계속해서 등장할 것으로 보인다.

그리고 한 가지 노화 이론이 노화 현상의 모든 측면을 설명할 수는 없다. 따라서 한 가지 노화 이론만으로는, 노화 과정에서 나타나는 모든 것을 이해할 수 없다. 이런 탓에, 노화를 이해하고자 할 때는 여러 가지 노화 이론을 참고할 필요가 있다. 실제로, 노화를 이해하고자 할 때는 여러 가지 노화 이론을 사용하는 경우가 많다(Rogers, Simic & Guarente, 2024; Lange & Grossman, 2018).

Point

- 생물학적 노화 이론에서는 노화에 따라서 생명체가 생명을 유지·변화하는 과정에 주목한다. 유전적 측면에 주목하는 노화 이론에서는, 유전자가 세포나 생명체의 생활 단계를 결정한다고 본다.
- 심리학적 노화 이론에서는 정신적 과정, 감정, 태도, 동기, 성격이 삶의 단계가 변함에 따라 발달하는 측면에서 노화를 설명한다. 개인주의 이론에 따르면, 노인은 삶의 의미를 찾고, 역할을 제대로 하지 못하는 측면과 사회적으로 여러 가지가 없어지는 측면에 적응한다. 에릭슨이 제시한 성격 발달 단계 이론에 따르면, 노년기는 자아의 고결함과 절망감이 갈등하는 단계이다. 선택·최적화·보상 이론에 따르면, 개인은 활동·역할을 선택하고 가장 알맞은 것을 고르고 보상함으로써, 나이가 듦에 따라 잃어버린 측면에 대처한다.
- 사회학적 노화 이론에서는 역할·관계·지위 등이 변하는 것은 노인이 적응하는 능력에 영향을 미친다고 본다. 활동 이론에 따르면, 노년기에 만족스럽게 지내기 위해서는 어떤 일에 관여하는 것이 필요하다. 분리 이론에 따르면, 노화의 특징은 사회와 관계로부터 서서히 분리하는 데 있다. 하위문화 이론에 따르면, 노인은 사회와 격리해서 하위문화에서 지내기를 좋아한다. 지속 이론에 따르면, 노인 자신의 건강이나 생활 환경이 변화함에도 불구하고, 노인은 내적·외적 특징을 보존하고 유지하려고 한다. 노년 초월 이론에 따르면, 노인은 물질적 관점이나 합리적 관점에서 벗어나서 우주와 하나가 되는 데 주목하는 관점을 취하는 방향으로 나아간다.
- 노화 이론은 다양하고, 앞으로도 새로운 노화 이론이 계속해서 등장할 것으로 보인다.
- 노화를 이해하고자 할 때는 여러 노화 이론을 참고할 필요가 있다.

6. 노화의 평가

1) 노화를 평가하는 방법

노화를 평가하는 방법은 다음과 같이 크게 두 가지로 나눌 수 있다(노용균, 2007).

① 생물학적 나이를 평가하는 방법이 있다. 생물학적 나이를 평가하는 방법의 경우, 질병과는 별도로 생물학적 나이의 수준을 측정함으로써 생물학적 나이를 객관적으로 평가한다. 그러나 생물학적 나이를 평가하는 방법은 현장에서 사용하기 어렵다.

② 기능을 평가하는 방법이 있다. 기능을 평가하는 방법의 경우, 여러 가지 기능을 평가한다. 기능을 평가하는 방법은 현장에서 더 쉽게 사용할 수 있다.

2) 기능적 평가 방법

기능적 평가 방법은 현장에서 많이 사용하고 있는 방법이다. 기능적 평가 방법에서 사용하는 대표적인 도구로 일상생활 활동(Activities of Daily Living, ADL), 도구적 일상생활 활동(Instrumental Activities of Daily Living, IADL), 간이 정신상태 검사(Mini-Mental Status Examination, MMSE)가 있다(노용균, 2007).

(1) 일상생활 활동과 도구적 일상생활 활동

일상생활 활동과 도구적 일상생활 활동을 평가하는 도구는 노인이 독립적인 생활을 할 수 있는 정도를 평가하기 위한 도구이다. 우리나라의 경우, 우리나라 노인에 맞는 일상생활 활동을 평가하기 위한 한국형 일상생활 활동(K-ADL)과 한국형 도구적 일상생활 활동(K-IADL)을 개발해 사용하고 있다(노용균, 2007; 양노열·정민예, 2015).

한국형 일상생활 활동은 옷 입기, 세수하기, 목욕하기, 식사하기,

이동하기, 화장실 사용하기, 대소변 조절하기의 7개 활동을 포함하고 있다. 그리고 한국형 도구적 일상생활 활동은 몸단장하기, 집안일 하기, 식사 준비하기, 빨래하기, 가까운 거리 외출하기, 교통수단 이용하기, 물건 사기, 금전 관리하기, 전화 사용하기, 약 챙겨 먹기의 10개 활동을 포함하고 있다(양노열 · 정민예, 2015).

(2) 간이 정신상태 검사

간이 정신상태 검사(MMSE)는 인지적 능력을 평가하기 위한 도구이다. 간이 정신상태 검사의 경우, 주변에 흔한 세 가지 물건(사과, 책상, 동전)을 알려준 후에 즉시 기억하게 하고, 또한 3~5분 후에 기억하게 하고 있다. 3~5분 후에 세 가지 물건 모두를 기억해내지 못할 경우, 치매의 가능성을 확인하여야 한다(노용균, 2007).[10]

Point

- 노화를 평가하는 방법에는 생물학적 나이 평가 방법과 기능 평가 방법이 있다.
- 기능적 평가 방법은 현장에서 많이 사용하는 방법인데, 이 방법에서 사용하는 대표적인 도구로 일상생활 활동(ADL), 도구적 일상생활 활동(IADL), 간이 정신상태 검사(MMSE)가 있다. ADL과 IADL은 노인이 독립적 생활을 할 수 있는 정도를 평가하는 도구이고, MMSE는 인지적 능력을 평가하는 도구이다.

7. 노화 이론과 노인복지 전문가

노인복지 영역에서 활동하는 전문가는 노화 이론을 여러 분야에서 효과적으로 사용할 수 있다. 그리고 노인복지 영역에서 활동하는 전문가는 이런 과정에서 다양한 역할을 할 수 있다.

노인복지 영역에서 활동하는 전문가가 노화 이론에 근거한 지식을

10) 치매에 대해서는 치매를 다루는 장(제9장)에서 자세히 설명한다.

사용해 할 수 있는 역할을 몇 가지 제시하면 다음과 같다(Lange & Grossman, 2018).

① 오랫동안 계속되는 질병을 치료하는 데 가장 좋은 서비스를 제공한다.

② 독립적으로 생활하는 것과 관련해, 노인 개인의 장점을 가장 많이 사용하도록 도와준다.

③ 노인이 개인의 어려움을 현명하게 더 잘 이겨내도록 도와준다.

④ 노인의 인지적 능력을 키워주고, 노인이 정신건강을 잘 유지하도록 도와준다.

행복한 나들이를 하고 있는 노인 부부와 아들: 노인복지 전문가는 노인의 장점을 가장 많이 사용하도록 돕는 역할을 한다. [출처: 조원휘 님 제공ⓒ]

Point

- 노인복지 전문가는 노화 이론을 여러 분야에서 효과적으로 적용하면서 다양한 역할을 할 수 있다.

Chapter 03

노인복지와 노인복지정책

차례

1. 노인복지의 정의

사회복지의 여러 영역 중에서, 노인의 복리 수준을 높이는 활동이나 조치와 관련된 전문적 영역은 노인복지이다. 그러나 노인복지를 이해하기 위해서는 '복지'가 무엇을 의미하는지를 알 필요가 있다.

우리나라 사전에 따르면, 복지는 '행복한 삶'을 말한다(국립국어원 표준국어대사전, 2024). 그리고 외국의 유명한 사전에 따르면, 복지는 "잘하고 있는 상태"를 말한다(Merriam-Webster Dictionary, 2024). 그러므로 단순하게 볼 경우, 노인복지는 노인이 행복하게 잘하고 있는 상태를 일컫는다.

그러나 노인복지에 대해 앞에서와 같이 정의하는 것은 너무 단순하다. 이런 상황에서는, 노인복지를 사회복지와 연관시켜 살펴보는 것이 도움이 될 수 있다. 왜냐하면 노인복지는 사회복지의 한 분야이기 때문이다. 학문적으로 볼 때, 일반적으로 사회복지는 사회구성원이 가지고 있는 기본적 욕구를 해결하는 조직적 활동을 일컫는다(노병일, 2021b). 따라서 노인복지는 노인이 기본적으로 가지고 있는 욕구를 해결하고자 하는 조직적 활동이라고 볼 수 있다.

노인과 관련된 법은 노인복지에 대한 정의와 관련해 현실적으로 좋은 지침이 되고 있다. 실제로, 노인과 관련된 법에서는 노인복지에 대해 좀 더 구체적으로 제시하는 경우가 많다. 물론, 노인과 관련된 법에서 노인복지에 대해 정의하지 않을 수도 있다. 그러나 이때는 노인복지의 목적이나 기타 내용을 통해서 노인복지에 대한 정의를 끄집어낼 수 있다.

우리나라 「노인복지법」에서는 노인복지에 대해 직접 정의하고 있지 않다. 그러나 우리나라 「노인복지법」에 근거할 경우, 노인복지는 노인의 질병을 미리 예방하거나 일찍 발견하고, 노인의 질병 상태에 따라 적절하게 치료해 몸과 마음의 건강을 유지하고, 노년기에 안정된 생활을 하기 위해 필요한 조치라고 볼 수 있다(국가법령정보센터, 2024).

정리하건대, 노인복지는 노인의 기본적 욕구를 해결하고 질병을 예방·치료하고 노년기에 안정된 생활을 유지하게 함으로써, 노인이 행복하게 잘 살도록 해주는 모든 조치나 조직적 활동이라고 볼 수 있다.

노인복지기관의 앞에 있는 '노인복지' 비: 노인복지는 노인이 행복하게 잘 살도록 해주는 모든 조치나 조직적 활동이다. [출처: 저자 촬영ⓒ]

Point

- 노인복지는 노인의 기본적 욕구를 해결하고 질병을 예방·치료하고 노년기에 안정된 생활을 유지하게 함으로써, 노인이 행복하게 잘 살도록 해주는 모든 조치나 조직적 활동이다.

2. 노인복지의 필요성

1) 일반적 필요성

(1) 노인의 일반적 복리와 관련된 필요성

노인은 사회를 구성하는 중요한 집단이다. 따라서 사회의 모든 구성원의 복리 수준을 높이는 것이 필요한 것처럼, 노인의 복리 수준을 높이는 것도 당연히 필요하다. 그러므로 노인의 일반적 복리 수준을 높이기 위해서, 노인복지가 필요하다.

(2) 노년기의 취약과 관련된 필요성

노년기 이외의 발달 단계에 비해서, 노년기에는 노화가 더 빠르게 진행되고 있다. 따라서 노인은 신체적·정신적으로 취약한 상태에서 사는 경우가 많다. 그리고 노년기에는 사회적·경제적으로도 취약한 상태에서 사는 경우가 많다. 특히, 노년기에는 여러 가지 형태의 상실을 경험하므로, 다양한 영역에서 어려움을 겪는 경우가 많다. 그 결과, 노인은 여러 영역에서 취약할 가능성이 가장 큰 집단에 속하고 있다.

이런 탓에, 대부분 노인은 여러 가지 영역에서 도움이 필요하게 된다. 그러므로 대부분 노인에게 다양한 형태의 복지 자원을 제공하기 위해서, 노인복지가 필요하다.

(3) 고령화와 관련된 필요성

그동안 선진국과 우리나라에서 인간의 예상 수명이 크게 증가해 왔다. 이에 따라서 선진국과 우리나라에서는 전체 인구에서 노인 인구가 차지하는 비율이 빠르게 높아지고 있다(World Health Organization, 2022a; Park, 2019; Wikipedia, 2024c; Cha, Moon, Ryu & Jeon, 2023). 특히 우리나라의 경우, 출산율이 낮아짐에 따라서 전체 인구에서 노인 인구가 차지하는 비율이 더 높아지고 있다. 그 결과, 우리나라에서는 다른 인구층에 비해서 노인의 수가 더 빠르게 증가하고 있다.

노인이 살고 있음을 집 벽에 표시한 장수 마을: 오늘날에는 노인의 수가 빠르게 증가한다. [출처: 중국에서 저자 촬영ⓒ]

이런 이유로, 오늘날에는 도움이 필요한 노인의 수가 늘어나고 있다. 그리고 오늘날에는 대상이 되는 노인의 수가 많아지므로, 노인을 더 체계적으로 도와주어야 하는 상황을 맞이하고 있다. 그러므로 더 많은 노인에게 복지 자원을 더 체계적으로 제공하기 위해서, 노인복지가 필요하다.

고령화 정도에 따른 사회의 분류

유엔의 경우, 전체 인구에서 65세 이상 인구가 차지하는 비율을 기준으로 해서 사회를 다음과 같이 분류하고 있다(Tahara, 2016).

① 고령화 사회(aging society)가 있다. 고령화 사회는 전체 인구에서 65세 이상 인구가 차지하는 비율이 7% 이상~14% 미만인 사회를 말한다.

② 고령 사회(aged society)가 있다. 고령 사회는 전체 인구에서 65세 이상 인구가 차지하는 비율이 14% 이상~20% 미만인 사회를 말한다.
③ 초고령 사회(super-aged society)가 있다. 초고령 사회는 전체 인구에서 65세 이상 인구가 차지하는 비율이 20% 이상인 사회를 말한다.

오늘날, 많은 국가에서는 유엔이 제시하는 이런 분류를 적용하고 있다.

2) 구체적 필요성

(1) 정신건강과 관련된 필요성

노년기에는 신체적 능력이 줄어들고, 사용할 수 있는 사원이 부속하고, 자유롭게 이동하며 여러 사람과 교류하지 못하는 경우가 많다. 이에 따라서 노년기에는 정신적으로 어려운 상태에 있는 경우가 많다. 노인이 정신건강에서 취약할 경우, 노인은 자신을 가치 있는 존재로 생각하지 않거나 자신은 약한 존재라고 생각할 수 있다. 그 결과, 노인은 다른 사람으로부터 폭력이나 학대를 경험하거나 자살과 같은 행동을 시도할 수 있다. 그리고 때에 따라서, 노인의 정신건강이 좋지 않은 것은 치매와 같은 문제를 유발할 수도 있다.

이런 탓에, 노인은 자신의 능력을 더 키우고, 자신을 가치 있는 존재로 생각하고, 자신의 권리를 더 알고, 더 독립적으로 생활하는 것과 관련된 영역에서 도움이 필요하게 된다. 그러므로 노인에게 다양한 형태의 정신건강 서비스를 제공하기 위해서, 노인복지가 필요하다.

(2) 사회적 교류와 관련된 필요성

노년기에는 사회적으로 고립되어 지내는 경우가 많다. 노인이 사회적으로 잘 교류하지 못하는 상황은 노인에게 여러 가지 문제를 유발하고 있다. 예를 들어, 노인이 사회적으로 교류를 하지 않을 경우, 노인에게 우울이나 불안과 같은 정신건강문제가 나타날 수 있다.

이런 탓에, 노인에게는 사회적으로 참여하고 교류할 수 있는 공간과 기회가 크게 필요하게 된다. 그러므로 노인에게 사회적으로 활발하게 활동하고 여러 사람과 교류하는 기회를 제공하기 위해서, 노인복지가 필요하다.

동해안 관광 기차 안에서 즐거워하는 노인들: 노인에게 여러 사람과 교류하는 기회를 제공하기 위해서 노인복지가 필요하다. [출처: 노대겸 님 촬영·제공ⓒ]

(3) 경제적 어려움과 관련된 필요성

노년기에는 유급 일자리에서 물러나는 경우가 많다. 이에 따라서 노년기에는 소득이 부족해서 경제적으로 어려운 상태에 있는 경우가 많다. 그리고 노인은 건강 상태가 좋지 않아서, 유급 일자리에서 일하려고 해도 하지 못하는 경우가 많다. 이런 여러 가지 상황 때문에, 노인은 경제적으로 취약한 상태에서 사는 경우가 많다.

이런 탓에, 경제적으로 취약한 노인은 경제적 자원이 크게 필요하거나 경제적 자원을 얻을 기회(예컨대, 노인이 일할 기회)가 크게 필요하게 된다. 그러므로 경제적으로 취약한 노인에게 경제적 자원을 제공하거나 소득을 얻을 기회를 제공하기 위해서, 노인복지가 필요하다.

(4) 돌보는 가족과 관련된 필요성

노인이 건강하게 독립적으로 잘 지내면 노인이나 가족구성원에게 큰 문제가 없을 것이다. 그러나 노인은 건강과 관련된 문제를 자주 겪기 때문에, 가족구성원의 돌봄이 필요한 경우가 많다. 가족구성원이 노인을 도와주어야 할 경우, 돌봄을 제공하는 가족구성원 자신의 생활은 크게 제약받게 된다. 이런 상황은 가족구성원의 현재 생활뿐만 아니라 미래 생활에도 매우 부정적인 영향을 미칠 가능성이 크다.

이런 탓에, 돌봄을 제공하는 가족구성원에게 노인 부양에 대한 부담을 줄여주는 공적 도움이 필요하게 된다. 그러므로 노인을 돌보는 가족구성원의 역할을 대신해주는 공적 복지 자원을 제도적으로 제공하기 위해서, 노인복지가 필요하다.

Point

- 노인의 일반적 복리 수준을 높이고, 대부분 노인에게 다양한 형태의 복지 자원을 제공하고, 더 많은 노인에게 복지 자원을 더 체계적으로 제공하기 위해 노인복지가 필요하다.
- 구체적으로는 노인에게 다양한 형태의 정신건강 서비스를 제공하고, 사회적으로 고립된 노인에게 사회적으로 활동하고 여러 사람과 교류하는 기회를 제공하고, 경제적으로 취약한 노인에게 경제적 자원을 제공하거나 소득을 얻을 기회를 제공하고, 노인을 돌보는 가족구성원의 역할을 대신해주는 공적 복지 자원을 제도적으로 제공하기 위해 노인복지가 필요하다.

3. 노인복지의 목적

1) 일반적 목적

노인복지의 일반적 목적은 노인복지에 대해 정의한 내용에 많은 부분이 이미 포함되어 있다. 말할 것도 없이, 노인복지에서 일반적으로 추구하는 주요한 목적은 노인의 복리 수준을 높이는 데 있다. 그리고 노인복지의 경우, 이런 목적을 추구함으로써 노인의 삶의 질을 높이고자 하고 있다. 따라서 노인복지에서 일반적으로 추구하는 주요한 목적은 노인의 복리 수준과 삶의 질을 높이는 데 있다고 볼 수 있다.

2) 구체적 목적

노인복지에서는 여러 가지 구체적 목적을 추구하고 있다. 구체적으로 볼 때, 노인복지의 목적은 모든 노인이 건강과 관련된 영역, 경제적 영역, 사회적 영역, 문화적 영역, 기타 영역에서 실제로 필요한 것을 이룩하도록 해주는 데 있다(노병일, 2017b).

이와 관련해, 노인복지에서 추구하는 구체적 목적을 몇 가지 제시하면 다음과 같다(박석돈·박순미·이경희, 2013).

① 노인에게 건강한 노후생활을 보장해준다. 이것은 성공적인 노후생활을 하기 위해서는 노인이 건강을 유지하여야 하는 것과 관련된다.

② 노인에게 생산적인 노후생활을 보장해준다. 이것은 노인이 유급 일자리에서 일하거나 지역사회에서 자원봉사 활동을 하는 것과 관련된다.

③ 노인에게 사회 통합을 보장해준다. 이것은 노인이 사회 속에서 더불어 사는 것과 관련된다.

Point

- 노인복지에서 일반적으로 추구하는 주요한 목적은 노인의 복리 수준과 삶의 질을 높이는 것이다.
- 구체적으로 볼 때, 노인복지의 목적은 모든 노인이 건강 영역, 경제적 영역, 사회적 영역, 문화적 영역, 기타 영역에서 실제로 필요한 것을 이룩하도록 해주는 것이다.

4. 노인복지의 모델

1) 노인복지 모델의 분류

노인복지를 이해하기 위한 모델에는 여러 가지가 있을 수 있다. 그러나 노인복지는 사회복지의 한 분야이기 때문에, 사회복지에 대한 모델을 노인복지에 대한 모델에 그대로 적용할 수 있다.

사회복지와 관련해 가장 많이 사용하는 모델의 하나는 윌렌스키(Wilensky)와 르보(Lebeaux)가 제시하는 모델이다(Wilensky & Lebeaux, 1965). 윌렌스키와 르보의 경우, 사회복지에 대해 인식하는 것과 관련된 모델을 제도적(institutional) 모델과 잔여적(residual) 모델로 분류하고 있다. 따라서 이를 바탕으로 삼아, 노인복지의 모델을 잔여적 노인복지 모델과 제도적 노인복지 모델로 분류할 수 있다.

2) 각 모델의 내용

(1) 잔여적 노인복지 모델

잔여적 사회복지 모델의 경우, 가족과 시장이 역할을 제대로 하지 않을 때만 사회복지제도가 관여하여야 한다고 보고 있다(노병일, 2021b). 따라서 잔여적 노인복지 모델에서는, 노인복지는 가족과 시장이 욕구를 충족해주지 못하는 노인을 돕고자 하는 활동이라고 보고 있다. 그러므로 잔여적 노인복지 모델의 경우, 취약한 노인에게 우선적으로 관심을 가지고 있다. 당연하게도 잔여적 노인복지 모델은 노인복지를 좁게 보는 관점과 관련되고 있다.

(2) 제도적 노인복지 모델

제도적 사회복지 모델의 경우, 시민의 기본적 욕구를 보장해 주는 사회복지 프로그램은 경제에 중요하다고 보고 있다. 따라서 제도적 사회복지 모델에서는 사회복지가 현대 사회에서 기본적으로 필요하다고 보고 있다(노병일, 2021b).

이런 이유로, 제도적 노인복지 모델의 경우, 노인복지는 노인 개인과 노인집단이 만족할 만한 생활 수준을 이룩하려는 것을 도와주는 조직적인 복지체계라고 보고 있다. 따라서 제도적 노인복지 모델에서는 복지 자원을 노인이 위급한 상태에 있을 때만 제공하지 않고 있다. 그러므로 제도적 노인복지 모델의 경우, 모든 노인에게 관심을 가지고 있다. 당연하게도 제도적 노인복지 모델은 노인복지를 넓게 보는 관점과 관련되고 있다.

관광 온 노인들: 제도적 노인복지 모델에서는 모든 노인에게 관심을 가진다. [출처: 체코에서 저자 촬영ⓒ]

Point

- 노인복지의 모델을 잔여적 노인복지 모델과 제도적 노인복지 모델로 분류할 수 있다.
- 잔여적 노인복지 모델에서는 취약한 노인에게 우선적으로 관심을 가지고, 제도적 노인복지 모델에서는 모든 노인에게 관심을 가진다.

5. 노인복지에서의 개입 수준과 노인복지 전문가의 역할

1) 노인복지에서의 개입 수준

일반적으로 노인복지에서 개입하는 수준을 크게 미시적(micro) 수준과 거시적(macro) 수준으로 구분할 수 있다. 개입 수준을 미시적 수준과 거시적 수준으로 구분하는 것은 사회복지 영역에서 전통적으로 많이 사용하는 방식이다(노병일, 2022b).

미시적 수준의 개입은 노인 개인을 대상으로 활동하는 것을 말한다. 노인복지에서 미시적 수준에서 개입하는 예로 정신건강과 관련해 어려움을 겪는 노인과 상담하는 것, 경제적으로 어려운 노인에게 도시락을 배달하는 것이 있다.

거시적 수준의 개입은 조직과 지역사회를 대상으로 활동하거나, 법과 사회정책을 변화시키고자 활동하는 것을 말한다. 노인복지에서 거시적 수준에서 개입하는 예로 노인학대를 예방하기 위한 지역사회 조직을 만드는 것, 노인에게 더 나은 소득을 보장해주기 위해 새로운 제도를 설계하는 것이 있다.

2) 노인복지 전문가의 역할

(1) 역할

노인복지 영역에서 활동하는 전문가는 여러 가지 역할을 할 수 있다. 사실, 노인복지 영역에서 활동하는 전문가는 사회복지사가 일반적으로 하는 대부분의 역할을 할 수 있다.

대부분의 경우, 노인복지 영역에서 활동하는 전문가는 노인에게 서비스를 직접 제공하는 역할을 하고 있다.

노인복지에 관심을 가진 사회복지 전문가들의 모임: 노인복지 영역에서 활동하는 전문가는 여러 역할을 할 수 있다. [출처: 이재연 님 촬영·제공ⓒ]

그러나 이 외에도, 노인복지 영역에서 활동하는 전문가는 노인이 어떤 일을 할 수 있게 해주는 역할, 노인을 옹호하는 역할, 노인을 교육하는 역할, 노인에게 능력을 키워주는 역할 등을 할 수 있다.

(2) 고려할 점

모든 노인에게 나타나는 특징은 없다. 예를 들어, 어떤 80대 노인은 30대와 비슷한 신체적 능력과 정신적 능력을 가질 수 있다. 그러나 어떤 노인은 훨씬 젊은 시절에 능력이 크게 줄어들었을 수 있다. 그러므로 노인복지 전문가가 정책을 설계할 경우, 노인의 경험과 욕구는 매우 다양하다는 점을 고려할 필요가 있다(World Health Organization, 2022).

Point

- 미시적 수준의 개입은 노인 개인을 대상으로 활동하는 것이고, 거시적 수준의 개입은 조직과 지역사회를 대상으로 활동하거나 법·사회정책을 변화시키고자 활동하는 것이다.
- 노인복지 전문가는 사회복지사가 일반적으로 하는 대부분의 역할을 할 수 있다.

6. 노인복지정책의 정의와 중요성 및 영역

1) 노인복지정책의 정의

일반적으로 정책은 정해진 목적을 이루기 위해 실시하는 행동에 대한 원칙이나 지침이나 계획을 말한다(노병일, 2021b). 따라서 노인복지정책은 노인의 복리 수준을 높이기 위해 실시하는 행동에 대한 원칙이나 지침이나 계획이라고 볼 수 있다.

그러나 간단하게 볼 때, 정책은 사회구성원의 기본적 욕구를 충족하려는 조치나 방식이나 활동을 의미하는 경우가 많다(노병일, 2021b).

따라서 이런 측면에서 볼 경우, 노인복지정책은 노인이 가진 기본적 욕구를 충족하려는 조치나 방식이나 활동을 일컫는다.

2) 노인복지정책의 중요성

정책은 특정한 행동 과정을 정해주기 때문에 중요하다(노병일, 2021b). 그러므로 노인복지정책은 노인의 복리 수준을 높이는 것과 관련된 구체적인 행동 방향을 정해주기 때문에 중요하다고 볼 수 있다.

3) 노인복지정책의 영역

사회복지정책의 영역을 구분하는 것과 관련해서는 학자들 사이에 의견이 확실하게 일치하고 있지 않다(노병일, 2021b). 따라서 노인복지정책의 영역을 구분하는 것은 학자들 사이에 의견이 달라질 수 있다.

그러나 일반적으로 노인복지정책의 영역을 소득보장 영역, 의료 영역, 주택 영역, 교육 영역, 고용 영역, 대인(personal) 사회 서비스 영역으로 제시할 수 있다. 대인 사회 서비스 영역은 노인에게 서비스를 제공하는 것과 관련되는 영역을 말한다.

Point

- 노인복지정책은 노인이 가진 기본적 욕구를 충족하려는 조치나 방식이나 활동이다.
- 노인복지정책은 노인의 복리 수준을 높이는 것과 관련된 구체적인 행동 방향을 정해주기 때문에 중요하다.
- 일반적인 노인복지정책의 영역으로 소득보장 영역, 의료 영역, 주택 영역, 교육 영역, 고용 영역, 대인 사회 서비스 영역이 있다.

7. 노인복지정책의 주체[1)]

1) 주요한 주체

일반적으로 노인복지정책의 주요한 주체로 정부(국가), 지방자치단체, 공공 복지기관, 민간 복지기관을 들 수 있다. 이런 여러 주체 모두는 노인복지를 위해서 자원을 분배하는 역할을 나름대로 하고 있다(노병일, 2021b).

노인복지와 관련된 여러 주체는 크게 정부와 민간 영역으로 구분할 수도 있다.

(1) 정부(국가)

말할 것도 없이, 노인복지정책에서 가장 중요한 역할을 하는 주체는 정부(국가)이다. 정부는 공적 권력을 가지고 있다. 따라서 가치가 있는 자원을 노인복지를 위해 분배하는 활동을 정부만이 정당하게 할 수 있는 경우가 많다(노병일, 2021b).

(2) 민간 영역

정부 이외에 민간 영역도 노인복지정책의 주체가 될 수 있다. 노인복지정책과 관련된 민간 영역의 예로 시장, 가족과 친척, 종교기관, 영리를 추구하지 않는 민간기관, 사업장(기업)이 있다(노병일, 2021b).

민간 영역에서의 주체가 하는 예를 몇 가지 제시하면 다음과 같다(노병일, 2021b).

① 시장은 노인이나 노인이 있는 가족에게 물품과 서비스를 분배한다.

② 가족은 일하지 않는 노인이나 스스로 자신을 돌볼 수 없는 노인

---

1) 일반적으로 주체는 어떤 행동을 실천하는 개인이나 조직을 말한다(노병일, 2021b).

을 보호한다.

③ 종교기관은 노인에게 교육 서비스와 사회 서비스를 제공한다.

2) 복지 다원주의

복지국가가 위기를 맞이함에 따라서, 복지 영역에서는 복지 다원주의(welfare pluralism)를 추구하는 방향으로 나아가고 있다. 복지 다원주의는 복지 혼합(welfare mix)이라고도 부르고 있다. 복지 다원주의는 국가뿐만 아니라 국가 이외의 영역도 복지를 제공하는 주체로 참여하는 것을 말한다(노병일, 2021b).

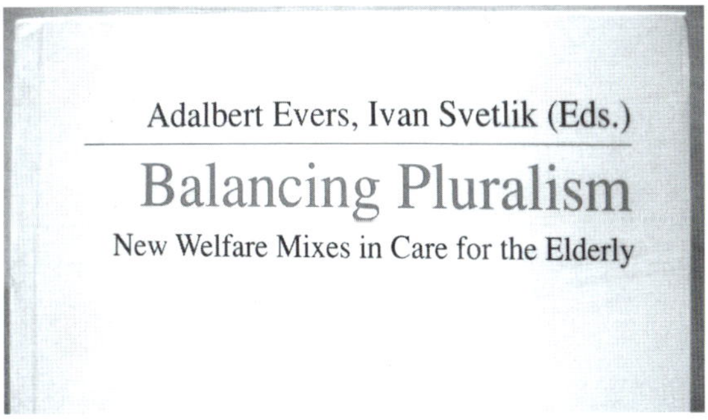

노인을 돌보는 것과 관련해 복지 다원주의를 다룬 책의 표지(일부): 노인복지정책의 영역에서도 복지 다원주의가 나타나고 있다. [출처: Evers & Svetlik(1993)]

노인복지정책과 관련된 영역에서도 복지 다원주의가 나타나고 있다. 노인복지정책과 관련된 영역에서 복지 다원주의를 보여주는 예를 몇 가지 제시하면 다음과 같다.

① 가족이 노인을 돌본다.

② 민간 복지시설과 같은 민간기관이 노인을 돌본다.

③ 기업이 영리를 목적으로 노인을 돌본다.

Point

- 노인복지정책에서 가장 중요한 역할을 하는 주체는 정부(국가)이다. 그러나 민간 영역도 노인복지정책의 주체가 될 수 있다.
- 복지 다원주의는 국가뿐만 아니라 국가 이외의 영역도 복지를 제공하는 주체로 참여하는 것을 말하는데, 노인복지정책과 관련된 영역에서도 복지 다원주의가 나타나고 있다.

8. 노인복지정책의 대상과 복지 자원 및 전달과 재정

1) 노인복지정책 분석의 네 가지 측면

정책을 따져보고자 할 때는 정책의 여러 측면에 주목할 수 있다. 그런데 사회복지정책의 내용을 분석하는 접근 방식에서는, 사회복지정책을 대상, 복지 자원, 전달, 재정이라는 네 가지 측면에서 따져보는 경우가 많다(노병일, 2021b).[2] 사회복지정책의 이런 측면은 노인복지정책에도 그대로 적용할 수 있다. 따라서 노인복지정책의 내용을 노인복지정책의 대상 측면, 복지 자원 측면, 전달 측면, 재정 측면으로 구분해 살펴볼 수 있다.

2) 노인복지정책의 각 측면의 내용

(1) 노인복지정책의 대상 측면

노인복지정책의 대상 측면은 노인복지정책에서 실시하는 프로그램이나 제도의 대상과 관련되고 있다. 일반적으로 대상은 정책을 실시할 때 복리 수준이 높아지는 사람을 말한다(노병일, 2021b).

2) 여기에 대한 원래 표현은 '할당(allocation)', '급여(provision)', '전달(delivery)', '재정(finance)'이다(Gilbert & Terrell, 2014). 그러나 여기에서는 쉽게 이해하기 위해 '대상', '복지 자원', '전달', '재정'으로 바꾸어 표현한다(노병일·노대겸, 2024).

노인복지정책에서 대상을 정하는 것은 복지 자원을 받기 위한 자격 조건과 관련되고 있다. 사회복지정책에서는 복지 자원을 받을 수 있는 자격과 관련된 원칙을 보편주의와 선별주의의 원칙에서 찾는 경우가 많다. 따라서 노인복지정책의 대상을 보편주의 원칙과 선별주의 원칙에 근거해서 살펴볼 수 있다.

(가) 보편주의 원칙

보편주의는 기본적 권리로서 모든 사람이 복지 자원을 받을 수 있게 하는 것을 말한다(노병일, 2021b). 따라서 보편주의 원칙에서는 모든 사람을 사회복지정책의 대상으로 삼고 있다.

그러므로 보편주의 원칙에 근거한 노인복지정책의 경우, 모든 노인을 대상으로 삼고 있다. 그 결과, 보편주의 원칙에 따른 노인복지정책에서는, 취약한 노인뿐만 아니라 일반 노인도 주요한 대상이 되고 있다.

(나) 선별주의 원칙

선별주의는 개인적 욕구에 근거해서 복지 자원을 받을 수 있게 하는 것을 말한다(노병일, 2021b). 따라서 선별주의 원칙에서는 특정한 욕구를 충족해 줄 필요가 있는 사람을 사회복지정책의 대상으로 삼고 있다.

그러므로 선별주의 원칙에 근거한 노인복지정책의 경우, 특정한 욕구를 충족해 줄 필요가 있는 노인을 주요한 대상으로 삼고 있다. 그 결과, 선별주의 원칙에 따른 노인복지정책에서는, 취약한 노인이 주요한 대상이 되고 있다.

(2) 노인복지정책의 복지 자원 측면

노인복지정책의 복지 자원 측면은 대상에게 제공하는 복지 자원의 형태와 관련되고 있다. 노인복지정책에서 제공하는 복지 자원의 형태에는 여러 가지가 있을 수 있다. 이런 형태를 몇 가지 제시하면 다음과 같다(노병일, 2021b).

① 현금이 있다. 복지 자원의 형태가 현금일 경우, 노인복지정책의 대상에게 바로 사용할 수 있는 현금으로 제공한다.

② 현물이 있다.3) 복지 자원의 형태가 현물일 경우, 노인복지정책의 대상에게 물품으로 제공한다. 이런 예로 겨울철에 노인에게 난방기구나 담요를 제공하는 것이 있다.

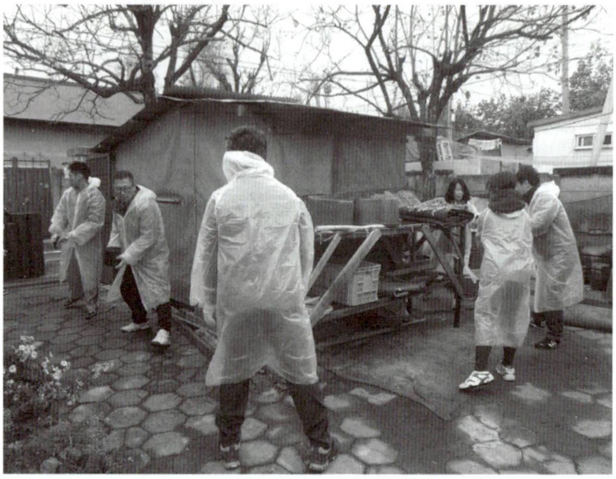

빈곤노인에게 연탄을 배달하는 모습: 복지 자원의 형태가 현물일 경우, 노인복지정책의 대상에게 물품으로 제공한다. [출처: 저자 촬영ⓒ]

③ 사회 서비스가 있다. 복지 자원의 형태가 사회 서비스일 경우, 노인복지정책의 대상에게 사회 서비스로 제공한다. 이런 예로 노인에게 상담 서비스를 제공하는 것이 있다.

④ 바우처(voucher)가 있다. 바우처는 정해진 물품이나 서비스를 구입하는 데에만 사용할 수 있는 증서나 쿠폰과 같은 것을 말한다. 복지 자원의 형태가 바우처일 경우, 노인복지정책의 대상에게 바우처로 제공한다. 이런 예로 노인에게 정해진 식당을 이용

3) 현물은 "현재 있는 물건"을 말한다(국립국어원 표준국어대사전, 2024).

할 수 있는 쿠폰을 제공하는 것이 있다.

⑤ 기회가 있다. 복지 자원의 형태가 기회일 경우, 노인복지정책의 대상에게 어떤 것을 할 수 있는 기회를 제공한다. 이런 예로 경제적으로 어려운 노인에게 돈을 벌 수 있는 기술을 배우는 기회를 제공하는 것이 있다.

⑥ 권력이 있다. 복지 자원의 형태가 권력일 경우, 노인복지정책의 대상에게 권력을 제공한다. 이런 예로 노인이 노인복지와 관련된 기관의 운영위원회에 참여하게 해주는 것이 있다. 이 경우, 노인은 운영위원회에서 노인의 복리와 관련된 결정을 내리는 데 영향을 미칠 수 있다.

(3) 노인복지정책의 전달 측면

노인복지정책의 전달 측면은 복지 자원을 이용자(대상)에게 전달해주는 것과 관련되고 있다(노병일, 2021b). 따라서 노인복지정책의 전달 측면은 노인복지의 행정과 직접 관련된다고 볼 수 있다.

노인복지정책에서 복지 자원을 전달하는 방법에는 여러 가지가 있을 수 있다. 이 중에서 정부와 민간 영역 사이에 역할을 나누는 데 주목할 경우, 복지 자원을 전달하는 방법을 다음과 같이 분류할 수 있다(송근원 · 김태성, 1995).

① 완전히 중앙정부가 맡는 방법이 있다.

② 완전히 지방정부가 맡는 방법이 있다.

③ 중앙정부와 지방정부가 함께 맡는 방법이 있다.

④ 정부와 민간 영역이 함께 맡는 방법이 있다.

⑤ 순전히 민간 영역이 맡는 방법이 있다.

(4) 노인복지정책의 재정 측면

노인복지정책의 재정 측면은 노인복지정책을 실시하는 데 필요한 자금을 확보하는 것과 관련되고 있다. 노인복지정책을 실시하는 데 필요한 자금을 확보하는 방법에는 여러 가지가 있을 수 있다. 노인복지정책에 필요한 자금을 확보하는 방법을 몇 가지 제시하면 다음과 같다(노병일, 2021a; 노병일, 2021b).

① 공공 영역에서 자금을 확보하는 방법이 있다. 일반적으로 공공 영역에서의 자금은 세금과 관련된다.

② 민간 영역에서 자금을 확보하는 방법이 있다. 이 경우, 민간 영역에서의 자금으로 다음과 같은 것이 있다.

㉠ 이용자 비용(user fee)이 있다. 이용자 비용은 노인이 복지 자원을 이용할 때 내는 비용을 말한다. 이용자 비용과 관련된 예로 노인이 노인복지관에서 점심 식사를 할 때 일정한 액수의 돈을 내는 것이 있다.

㉡ 자발적 기부(voluntary giving)가 있다. 자발적 기부는 강제성이 없는 기부금을 말한다. 이런 기부금은 노인복지를 위해 사용할 수 있다.

㉢ 기업복지(occupational welfare)가 있다. 일반적으로 기업복지는 기업이 주도하면서 근로자와 그 가족에게 제공하는 복지를 말한다. 기업은 근로자의 노인 부모를 위한 복지 자원에 대한 비용을 부담할 수 있다. 기업복지와 관련된 예로 기업이 근로자의 노인 부모를 초청해서 해외여행을 시켜주는 것이 있다.

㉣ 가족 내 이전(intrafamily transfer)과 가족 간 이전(interfamily transfer)이 있다. 가족 내 이전은 가족구성원이 자신의 다른 가족구성원에게 복지 자원을 제공하는 것을 말한다. 가족 내 이전과 관련된 예로, 성인 자녀가 노인 부모에게 매달 생활비를 주는 것이 있다. 가족 간 이전은 어느 가족이 다른 가족에게 복지 자원을 제공하는 것을 말한다. 가족 간 이전과 관련된 예로, 노인 부모의 둘째 아들(동생) 가족이 노인 부모를 모시는 첫째 아들(형) 가족에게 매달 일정한 액수의 돈을 주는 것이 있다.

딸과 여행을 하고 있는 노인: 성인 자녀가 노인 부모에게 생활비나 용돈을 주는 것은 가족 내 이전에 해당한다. [출처: 노대겸 님 제공©]

Point

- 노인복지정책의 내용을 대상, 복지 자원, 전달, 재정의 측면으로 구분해 분석할 수 있다.
- 노인복지정책의 대상은 보편주의 원칙과 선별주의 원칙에 근거해 살펴볼 수 있다. 보편주의 원칙에 근거한 노인복지정책에서는 모든 노인을 대상으로 삼고, 선별주의 원칙에 근거한 노인복지정책에서는 특정한 욕구를 충족해 줄 필요가 있는 노인을 주요한 대상으로 삼는다.
- 노인복지정책에서 제공하는 복지 자원의 형태로 현금, 현물, 사회 서비스, 바우처, 기회, 권력이 있다.
- 노인복지정책에서 복지 자원을 전달하는 방법으로 완전히 중앙정부가 맡는 방법, 완전히 지방정부가 맡는 방법, 중앙정부와 지방정부가 함께 맡는 방법, 정부와 민간 영역이 함께 맡는 방법, 순전히 민간 영역이 맡는 방법이 있다.
- 노인복지정책에 필요한 자금을 확보하는 방법으로 공공 영역에서 자금을 확보하는 방법과 민간 영역에서 자금을 확보하는 방법이 있다. 민간 영역에서의 자금으로는 이용자 비용, 자발적 기부, 기업복지, 가족 내 이전과 가족 간 이전이 있다.

Chapter 04

노인과 권리

차례

1. 노년기와 권리

권리는 인간이 사회의 한 구성원으로서 당당하게 생활할 수 있게 해주는 바탕이 되고 있다. 따라서 노인권리의 경우, 젊은 시절을 가정과 사회를 위해 이바지해 온 노인이 노년기에 존경을 받으며 생활할 수 있게 해주는 바탕이 되고 있다.

그러나 노년기에는 여러 영역에서 변화가 나타나기 때문에, 인간은 노년기에 취약한 상태에서 생활할 가능성이 커지게 된다. 그리고 노년기는 여러 영역에서 힘(power)이 점점 줄어들 가능성이 큰 시기이다. 따라서 인간은 노년기에 자신의 권리를 당당하게 주장하기 어려운 경우가 많다. 그 결과, 노년기에는 자신의 권리를 제대로 누리지 못할 가능성이 크다.

노년기에 자신의 권리를 제대로 누리는 정도는 노인의 복리 수준과 밀접하게 관련되고 있다. 그리고 이에 따라서 노년기의 권리는 노인의 삶의 질에도 직접 영향을 미치고 있다.

그러므로 노년기에는 노인으로서 누려야 할 권리를 누릴 수 있도록 해주어야 한다. 그리고 이렇게 함으로써, 노인이 삶의 마지막 단계를 존중받으며 독립적이고 자유롭게 마무리할 수 있도록 해주어야 한다.

노인복지기관의 앞에 있는 '노인 권익(권리와 이익)' 비: 노년기에는 노인으로서의 권리를 누릴 수 있도록 해주어야 한다. [출처: 저자 촬영ⓒ]

그러나 노년기에 나타나는 변화가 노인의 권리에 미치는 영향에 대해서는 크게 주목하지 않는 경우가 많다. 이런 탓에, 앞으로 노인권리에 대해 더 주목할 필요가 있다. 이것은 취약한 노인의 경우에 특히 그렇다.

Point

- 노년기에 권리를 누리는 정도는 노인의 복리 수준과 밀접하게 관련된다. 따라서 노인권리에 더 주목할 필요가 있다.

2. 노인권리의 정의와 형태

1) 노인권리의 정의

일반적으로 권리는 자유나 자격과 관련된 법적·사회적·윤리적 원칙을 말한다(Wikipedia, 2024d). 따라서 이와 같은 정의에 근거할 경우, 노인권리는 노인이 누릴 수 있는 자유나 자격과 관련된 법적·사회적·윤리적 원칙이라고 볼 수 있다.

2) 노인권리의 형태

일반적으로 노인권리는 다음과 같은 두 가지 형태를 포함한다고 볼 수 있다(Staller, 2011).

① 도덕적(moral) 권리가 있다. 도덕적 권리는 나이와는 상관없는 기본적 인권을 말한다.

② 법적(legal) 권리가 있다. 법적 권리는 특정한 나이나 특정한 성숙 단계에 이르렀기 때문에 누리는 권리를 말한다.

또한 당연하게도 노인은 다음과 같은 형태의 권리를 가지고 있다(노병일·노대겸, 2024).

① 모든 성인에게 적용되는 것과 똑같은 기본적인 일반적 인권이 있다.

② 노년기의 욕구와 관련된 특별한 권리가 있다.

Point

- 노인권리는 노인이 누릴 수 있는 자유나 자격과 관련된 법적·사회적·윤리적 원칙이다.
- 노인은 모든 성인에게 적용되는 것과 똑같은 기본적인 일반적 인권과 노년기의 욕구와 관련된 특별한 권리를 가진다.

3. 권리와 관련된 노년기 상황

1) 일반적 상황

노년기에는 권리와 관련해 불리한 상황을 경험하는 경우가 많다. 이에 따라서 노인은 가정, 지역사회, 노인과 관련된 복지시설에서 자신의 권리를 누리지 못하는 상황을 경험할 수 있다.

그리고 인간은 노년기에 다음과 같이 되는 경우가 많다(Global Alliance for the Rights of Older People, 2024).

① 사회 활동에 참여하는 데 어려움을 더 겪는다.
② 다른 사람에게 더 의존한다.
③ 자율적으로 지내기가 더 어려워진다.
④ 특정한 형태의 폭력과 학대를 경험한다.

노년기를 맞아 걷기 어려운 여성 배우자를 이끌고 가는 남성 배우자: 노년기에는 다른 사람에게 더 의존한다.
[출처: 노대겸 님 촬영·제공©]

앞에서와 같은 상황은 노인이 고귀하게 생활하는 데 걸림돌이 될 수 있다. 그리고 이런 걸림돌 때문에, 노인이 자신의 권리를 누리지 못할 가능성은 더 커질 수 있다(Global Alliance for the Rights of Older

People, 2024).

2) 연령차별과 관련된 상황

(1) 연령차별의 정의

노년기에는 연령차별(나이차별, ageism)을[1] 경험하는 경우가 많다. 연령차별은 나이를 근거로 사람들에 대해 가지거나 하는 고정관념(생각하는 방식), 편견(느끼는 방식), 차별(행동하는 방식)을 말한다(World Health Organization, 2021). 따라서 노인에 대한 연령차별은 노인에 대해 가지는 고정관념, 편견, 차별을 말한다.

(2) 연령차별의 형태

노년기에는 여러 가지 형태의 연령차별을 경험할 수 있다. 일반적으로 연령차별의 형태를 다음과 같이 분류할 수 있다(Global Alliance for the Rights of Older People, 2024).

① 직접적 연령차별이 있다. 직접적 연령차별의 예로 대출받을 수 있는 나이에 제한을 두는 것이 있다. 이렇게 될 경우, 노인은 대출받을 수 없게 되어 재정문제를 해결하는 데 어려움을 겪을 수 있다.

② 간접적 연령차별이 있다. 간접적 연령차별의 예로 노인에 대해서는 특정한 질병(예컨대, 에이즈)에 대한 정보를 수집하지 않는 것이 있다. 노인에 대해 이런 정보를 수집하지 않을 경우, 노인은 이런 질병을 예방할 기회를 갖지 못할 수 있다.

한편 연령차별이 제도 속에 들어있는 경우도 많다. 이런 연령차별을 제도적 연령차별(institutional ageism)이라고 부르고 있다.

---

1) 때에 따라서는 ageism을 '연령주의'로 번역하기도 한다. 예를 들어, 세계보건기구에서 발간한 Global Report on Ageism의 한국어판에서는 ageism을 '연령주의'로 번역하고 있다(세계보건기구[아셈노인인권정책센터 번역], 2021).

일반적으로 제도적 연령차별은 나이를 이유로 해서 기회를 정당하지 않게 제한하고 개인에게 체계적으로 불이익을 주는 법, 규정, 사회 규범, 정책 등을 말한다(World Health Organization, 2021).

(3) 연령차별의 실태와 영향

오늘날의 사회에서는 나이를 능력을 측정하는 기준으로 사용하는 경우가 많다. 이에 따라서 오늘날의 사회에서 연령차별을 하는 사례는 자주 나타나고 있다.

실제로, 연령차별은 사회의 많은 기관과 영역에 퍼져 있다. 예를 들어, 연령차별은 의료 서비스와 사회복지 서비스를 제공하는 기관, 사업장, 언론 영역에 퍼져 있다(World Health Organization, 2021; World Health Organization, 2023).

소설(베르베르의 <황혼의 반란>) 속에 나타난 연령차별

<황혼의 반란>에 따르면, "노년의 이미지는 점차 사회의 모든 부정적인 요소와 결합되었다. 인구 과밀, 실업, 세금 등이 모두 '자기들 몫의 회전이 끝났음에도 회전목마를 떠나지 않고 있는 노인들' 탓이 되어 버렸다"(79쪽). 이렇게 되면 노인에 대한 부정적인 이미지가 더욱 퍼지게 되고, 이것은 노인에 대한 차별로 이어지고, 더 나아가서는 노인에 대한 증오로 이어질 가능성이 크다. 결국, 젊은 층은 노인이 사회에서 전혀 쓸모가 없는 존재로 인식할 가능성이 커지게 된다.

[출처: 노병일(2018: 159)] [원문 그대로 인용]

연령차별은 사회에서 노인이나 노년기에 대해 부정적인 인식을 가지고 노인을 정당하게 대우하지 않는 것과 크게 관련되고 있다. 따라서 사회에 연령차별이 존재할 경우, 노인은 자신의 권리를 제대로 누리지 못할 가능성이 크다. 또한 연령차별이 존재할 경우, 노인권리를 존중하는 정책을 설계하기가 어려울 수밖에 없다.

결국, 연령차별은 차별을 당하는 노인의 건강, 복리, 인권에 심각하고 폭넓게 영향을 미치고 있다(Cox & Pardasani, 2017; Global Alliance for the Rights of Older People, 2024; World Health Organization, 2021).

『세계 연령차별 보고서』(전체 버전과 요약 버전)의 표지: 사회에 연령차별이 존재할 경우, 노인은 자신의 권리를 제대로 누리지 못할 가능성이 크다. [출처: World Health Organization(2021)]

3) 복합 차별과 관련된 상황

노년기에 경험하고 있는 차별은 복잡하다. 이에 따라 노인은 복합 차별(multiple discrimination)을 겪을 수 있다. 복합 차별은 두 가지 이상의 요인에 근거해 차별하는 것을 말한다.

실제로 노인이 겪고 있는 차별은 두 가지 이상의 요인에 근거하는 경우가 많다. 이와 관련된 요인의 예로 나이, 성별, 인종, 사는 장소, 장애 상태, 경제적 상태, 성적 특성, 글자를 읽을 수 있는 정도가 있다. 특히, 여성노인은 나이와 성별에 근거한 차별을 겪을 가능성이 크다(Global Alliance for the Rights of Older People, 2024).

복합 차별은 노인이 권리를 제대로 누리는 정도에 매우 부정적인 영향을 미치고 있다.

4) 권리에 특히 취약한 노인집단과 관련된 상황

힘들어 쉬고 있는 여성노인: 남성노인에 비해, 여성노인은 자신의 권리를 누리지 못하는 경우가 더 많다.
[출처: 포르투갈에서 저자 촬영©]

일부 노인집단은 특히 더 취약한 상태에 있다. 따라서 노인집단 중에서도 특정한 집단은 자신의 권리를 누리지 못할 가능성이 특히 크다. 자신의 권리를 누리지 못할 가능성이 더 큰 노인집단의 예로 여성노인, 동성애 노인, 이주한 노인이 있다(Cox & Pardasani, 2017).

이 중에서 주위에서 자주 보는 취약한 노인은 여성노인이다. 성년기에 여성은 차별을 경험하고 있다. 그리고 여성이 겪는 이런 차별은 노년기에도 계속되고 있다(Cox & Pardasani, 2017). 이에 따라서 남성노인에 비해서, 여성노인은 자신의 권리를 누리지 못하는 경우가 더 많다.

5) 노인권리를 제대로 누리지 못할 경우의 상황

노인이 자신의 권리를 제대로 누리지 못할 경우, 노인은 생존하는 것 자체가 어려워질 수 있다. 그 결과, 노인의 신체적 건강이 좋지 않게 될 가능성이 커지게 된다. 그리고 노인이 자신의 권리를 제대로 누리지 못할 경우, 노인은 자신의 존재를 당당하게 드러내며 생활하기가 어려워지게 된다. 그 결과, 노인의 정신건강이 좋지 않게 될 가능성이 커지게 된다.

이런 탓에, 노인이 자신의 권리를 제대로 누리지 못하는 상황은 노인의 복리에 부정적인 영향을 미치고 있다. 그리고 결국에 가서, 이 때문에 노인은 인간답게 살기가 어려워지게 된다.

Point

- 노인은 가정· 지역사회· 시설에서 권리를 누리지 못하는 상황을 경험할 수 있다.
- 노년기에는 연령차별을 경험하는 경우가 많다. 연령차별은 정당한 이유가 없이 단순하게 나이에 근거해 다르게 대우하는 것이다. 연령차별의 형태에는 직접적 연령차별과 간접적 연령차별이 있다. 오늘날에 연령차별을 하는 사례는 적지 않다.
- 노인은 복합 차별을 겪을 수 있다.
- 특정한 집단은 자신의 권리를 누리지 못할 가능성이 특히 큰데, 이런 집단의 예가 여성노인이다.
- 노인이 자신의 권리를 제대로 누리지 못하는 상황은 노인의 복리에 부정적인 영향을 미친다.

4. 노인권리와 관련된 움직임

1) 세계적 움직임

(1) 비엔나 고령화 국제 행동 계획

1982년에 오스트리아의 빈(Vienna, 비엔나)에서 ‘비엔나 고령화 국제 행동 계획(또는 고령화에 관한 비엔나 국제 행동 계획, Vienna International Plan of Action on Ageing)’을 채택하였다. 그 해에 유엔 총회에서는 비엔나 고령화 국제 행동 계획을 승인하였다. 비엔나 고령화 국제 행동 계획은 고령화에 대한 첫 번째 국제적 계획이다.

비엔나 고령화 국제 행동 계획에서는 여러 가지 방안을 제시하고 있다. 예를 들어 비엔나 고령화 행동 계획의 경우, 건강과 영양 영역, 노인 소비자에 대한 보호 영역, 주택과 환경 영역, 가족 영역, 사회복지 영역, 소득보장과 고용 영역, 교육 영역과 관련된 방안을 제시하고 있다(United Nations Department of Economic and Social Affairs, 2020a; United Nations Department of Economic and Social Affairs, 2020b).

(2) 세계 노인의 날

1990년에 유엔 총회에서는 10월 1일을 ‘세계 노인의 날(International

Day of Older Persons)'로 정하였다(United Nations Department of Economic and Social Affairs, 2020b).[2)]

(3) 「유엔의 노인 원칙」[3)]

1991년에 유엔 총회에서는 「유엔의 노인 원칙(United Nations Principles for Older Persons)」을 채택하였다(노병일·김은이, 2007; United Nations Department of Economic and Social Affairs, 2020b; Cox & Pardasani, 2017).

(4) 세계 노인의 해

유엔 총회에서는 1999년을 '세계 노인의 해(International Year of Older Persons)'로 정하였다. 1999년을 세계 노인의 해로 정한 것을 기념하기 위해서, 이 당시에 유엔과 회원 국가에서는 여러 가지 행사를 하였다(Wikipedia, 2024c).

다리 옆에 앉아서 시간을 보내는 노인들: 유엔 총회는 1999년을 '세계 노인의 해'로 정하였다. [출처: 저자 촬영©]

2) 그러나 우리나라에서는 10월 1일이 '국군의 날'이기 때문에, '노인의 날'을 10월 2일로 정하였다.

3) 「유엔의 노인 원칙」에 대해서는 뒤에서 자세히 설명한다.

(5) 마드리드 고령화 국제 행동 계획

2002년에 스페인의 마드리드(Madrid)에서 '마드리드 고령화 국제 행동 계획(또는 고령화에 관한 마드리드 국제 행동 계획, Madrid International Plan of Action on Ageing)'을 채택하였다. 유엔 총회에서는 마드리드 고령화 국제 행동 계획을 승인하였다. 마드리드 고령화 국제 행동 계획에서는 노인의 권리에 대해 제시하고 있다. 구체적으로 마드리드 고령화 국제 행동 계획에서는 노인의 권리 및 노인의 삶의 질과 관련된 중요한 측면에 주목하고 있다(Cox & Pardasani, 2017; United Nations Department of Economic and Social Affairs, 2020b).

(6) 고령화에 관한 공개 실무 집단

2010년에 유엔 총회에서는 '고령화에 관한 공개 실무 집단(Open-Ended Working Group on Aging)'을 만들었다. 고령화에 관한 공개 실무 집단의 업무는 다음과 같다(Cox & Pardasani, 2017).

① 노인권리와 관련해 전 세계에 존재하는 제도를 살펴본다.
② 노인권리와 관련된 정책과 서비스 사이의 격차를 파악한다.
③ 이런 격차를 줄이기 위한 방안을 제시한다.

2) 우리나라의 움직임

(1) 「경로헌장」[4)]

우리나라의 경우, 1982년 5월 8일에 「경로헌장」을 세상에 널리 알렸다.[5)] 세계에서 「경로헌장」을 만든 것은 우리나라가 처음이다. 우리나라 「경로헌장」에서는 국민이 노인을 모시는 자세와 방향을 제시하

---

4) 헌장은 "어떠한 사실에 대하여 약속을 이행하기 위하여 정한" 기준을 말한다(국립국어원 표준국어대사전, 2024).

5) 「경로헌장」의 명칭은 처음에는 '노인헌장'으로 하였으나, 후에 「경로헌장」으로 바뀌었다. 우리나라의 「경로헌장」에 대해서는 뒤에서 자세히 설명한다.

고 있다(MK뉴스, 1982).

(2) 노인의 날과 경로의 달 및 어버이날

우리나라의 경우, 노인에 대해 사회적으로 더 관심을 가지게 하고 또한 노인을 존경하는 의식을 더 가지게 하기 위해서, 10월 2일을 '노인의 날'로[6] 정하였고, 또한 10월을 '경로의 달'로 정하였다. 그리고 부모에 대한 효 사상을 키우기 위해서 5월 8일을 '어버이날'로 정하였다(국가법령정보센터, 2024).

노인의 날 기념식장에서 노인을 위해 재롱잔치를 하는 어린이들: 우리나라에서는 10월 2일을 '노인의 날'로 정하였다. [출처: 조재현 님 제공ⓒ]

6) '노인의 날'에 대해서는 앞에서 간단히 설명한 바 있다.

Point

- 노인권리와 관련된 세계적인 움직임으로 비엔나 고령화 국제 행동 계획, '세계 노인의 날' 정하기, 「유엔의 노인 원칙」, '세계 노인의 해' 정하기, 마드리드 고령화 국제 행동 계획, 고령화에 관한 공개 실무 집단이 있다.
- 노인권리와 관련된 우리나라의 움직임으로 「경로헌장」, '노인의 날'과 '경로의 달'과 '어버이날'을 정한 것이 있다.

5. 노인권리와 관련해 지침이 되는 원칙과 헌장

노인권리의 구체적 내용과 관련해 일부 원칙과 헌장은 좋은 지침이 될 수 있다. 노인권리와 관련해 지침이 되는 원칙과 헌장의 예로 「유엔의 노인 원칙」, 호주 「노인 돌봄 권리헌장」, 우리나라 「경로헌장」이 있다.

1) 「유엔의 노인 원칙」

「유엔의 노인 원칙」의 경우, 노인권리와 관련해 우선적으로 고려하고 보장할 필요가 있는 다섯 가지 영역에 대해 자세히 설명하고 있다 (Cox & Pardasani, 2017).

구체적으로 「유엔의 노인 원칙」에서는 다음과 같은 점을 제시하고 있다(노병일, 2022b).

① 독립이 있다. 이것은 다음과 같은 측면과 관련된다.

㉠ 노인은 가능하다면 오랫동안 가정에서 살 수 있어야 한다.

㉡ 노인은 개인의 취향과 변화하는 능력에 맞추어 적응할 수 있는 환경에서 살 수 있어야 한다.

㉢ 노인은 사업장에서 언제 어떻게 그만둘 것인지를 결정하는 데 참여할 수 있어야 한다.

㉣ 노인은 일할 기회를 가지거나, 다른 소득을 얻을 기회를 가

질 수 있어야 한다.

ⓜ 노인은 적절한 식품, 물, 주거, 의복, 의료 서비스를 이용할 수 있어야 한다.

② 참여가 있다. 이것은 다음과 같은 측면과 관련된다.

㉠ 노인은 자신의 복지에 직접 영향을 미치는 정책을 설계하고 시행하는 데 적극적으로 참여하여야 한다.

㉡ 노인은 지역사회에서 자원봉사 활동에 참여할 기회를 찾고 개발하여야 한다.

㉢ 노인은 노인을 위한 사회운동과 단체를 만들 수 있어야 한다.

③ 보호가 있다. 이것은 다음과 같은 측면과 관련된다.

㉠ 노인은 가족과 지역사회로부터 보살핌과 보호를 받아야 한다.

㉡ 노인은 질병을 예방하거나 질병이 진행되는 것을 늦추는 의료 서비스를 이용할 수 있어야 한다.

㉢ 노인은 자신을 더 보호하는 사회 서비스와 법률 서비스를 이용할 수 있어야 한다.

㉣ 노인은 적절한 수준의 시설보호 서비스를 이용할 수 있어야 한다.

ⓜ 노인은 보호시설과 치료시설에 거주하는 동안에도 인간의 기본적인 존엄과 자유를 누릴 수 있어야 한다.

④ 자아 실현이 있다. 이것은 다음과 같은 측면과 관련된다.

㉠ 노인은 자신이 가진 잠재적 능력을 완전히 개발하기 위한 기회를 추구하여야 한다.

㉡ 노인은 교육적 자원, 문화적 자원, 정신적 자원, 여가와 관련된 자원을 이용할 수 있어야 한다.

⑤ 존엄이 있다. 이것은 다음과 같은 측면과 관련된다.[7)]

㉠ 노인은 신체적 학대와 정신적 학대를 당하지 말아야 한다.

㉡ 노인은 자신에게 불리하게 이용당하지 말아야 한다.

7) 이 부분은 저자(노병일)가 문장을 고쳐 표현하였다.

노인보호 구역임을 표시한 도로: 노인은 지역사회로부터 보호받아야 하다 [출처: 저자 촬영ⓒ]

앞으로 노인이 누려야 할 권리를 정하거나 제시하는 데 있어, 「유엔의 노인 원칙」을 지침으로 삼을 필요가 있다.

2) 호주 「노인 돌봄 권리헌장」

호주에서는 2019년에 「노인 돌봄 권리헌장(Charter of Aged Care Rights)」을 새롭게 만들었다. 「노인 돌봄 권리헌장」에서는 구체적으로 다음과 같이 주장하고 있다(Ageing and Aged Care, 2019).

① 노인은 안전하고 질 좋은 돌봄과 서비스를 받을 권리를 가진다.
② 노인은 존엄과 존중을 받으며 대우받을 권리를 가진다.
③ 노인은 자신의 정체성과 문화와 다양성을 가치 있게 인정받고 지지받을 권리를 가진다.
④ 노인은 학대와 방임을 당하지 않고 생활할 권리를 가진다.
⑤ 노인은 자신의 돌봄과 서비스에 대해 자신이 이해하는 방식으로 정보를 제공받을 권리를 가진다.
⑥ 노인은 자신에 대한 모든 정보에 접근할 권리를 가진다. 이런 정보는 자신의 권리에 대한 정보와 돌봄 및 서비스에 대한 정보를 포함한다.

⑦ 노인은 자신의 돌봄과 개인생활과 사회생활을 관리하고 선택할 권리를 가진다.

⑧ 노인은 자신의 일상생활, 재정문제, 소유물을 관리하고 결정할 권리를 가진다.

⑨ 노인은 독립에 대한 권리를 가진다.

⑩ 노인은 자신의 의견이 반영되고 이해될 권리를 가진다.

⑪ 노인은 자신이 선택한 사람으로 하여금 자신을 지원하거나 대변하게 할 권리를 가진다. 이때, 자신이 선택한 사람에는 노인 돌봄 옹호자도 포함된다.

⑫ 노인은 보복을 받지 않고 불만을 제시할 권리를 가지고, 자신의 불만이 공정하고 빠르게 처리될 권리를 가진다.

⑬ 노인은 개인 사생활에 대한 권리를 가지고, 자신의 개인 정보를 보호받을 권리를 가진다.

⑭ 노인은 자신이 대우받는 방식에 불리하게 영향을 받지 않으면서 자신의 권리를 누릴 권리를 가진다.

앞으로 노인이 누려야 할 권리를 정하거나 제시하는 데 있어, 호주 「노인 돌봄 권리헌장」을 지침으로 삼을 필요가 있다.

3) 우리나라 「경로헌장」

우리나라 「경로헌장」에서는 모든 국민은 다음과 같은 것을 이루기 위해 노력할 것을 권장하고 있다.[8)]

① 노인은 가정에서 전통의 미덕을[9)] 살려 자손의 극진한 봉양을[10)] 받아야 하며 지역사회와 국가는 이를 적극 도와야 한다.

② 노인은 의식주에 있어서 충족되고 안락한[11)] 생활을 즐길 수 있

8) 아래의 내용은 원문을 그대로 옮긴 것이다.

9) 미덕은 "아름답고 갸륵한" 행위를 말한다(국립국어원 표준국어대사전, 2024).

10) 극진한 봉양은 "부모나 조부모와 같은 웃어른을" 정성을 다해 모시는 것을 말한다(국립국어원 표준국어대사전, 2024).

어야 한다.

③ 노인은 심신의[12] 안정과 건강을 누릴 수 있어야 한다.

④ 노인은 자신의 능력에 따라 사회활동에 참여할 수 있어야 한다.

⑤ 노인은 취미 오락을 비롯한 문화생활과 노후생활에 필요한 지식을 얻는 기회를 가져야 한다.

앞으로 노인이 누려야 할 권리를 정하거나 제시하는 데 있어, 우리나라 「경로헌장」을 지침으로 삼을 필요가 있다.

Point

- 노인권리와 관련해 지침이 되는 원칙과 헌장의 예로 「유엔의 노인 원칙」, 호주 「노인 돌봄 권리헌장」, 우리나라 「경로헌장」이 있다.
- 「유엔의 노인 원칙」에서는 노인권리와 관련해 우선적으로 고려·보장할 필요가 있는 다섯 영역을 설명한다. 호주 「노인 돌봄 권리헌장」에서는 여러 권리를 주장한다. 우리나라 「경로헌장」에서는 모든 국민이 노인과 관련해 노력할 내용을 제시한다.

6. 노인권리의 구체적 내용

1) 인권과 관련된 기본적 권리

모든 노인은 사회구성원에 속하고 있다. 그리고 인간이 나이가 든다고 해도, 인간이 누려야 할 권리(즉, 인권)는 변하지 않고 있다. 따라서 노인은 모든 인간이 누리는 것과 똑같은 기본적인 인권을 가지고 있다.

인간으로서 누려야 하는 기본적 인권은 「세계인권선언(Universal

11) 안락은 "몸과 마음이 편안하고 [즐거운 것]"을 말한다(국립국어원 표준국어대사전, 2024).

12) 심신은 마음과 몸을 말한다.

Declaration on Human Rights)」에 잘 제시되어 있다. 「세계인권선언」에 따르면, 모든 인간은 존엄과 권리에서 평등하다. 그런데 모든 인간이 존엄과 권리에서 평등한 것은 나이에 따라 바뀌는 것이 아니다. 따라서 노인도 젊은 층이 누리는 것과 똑같은 인권을 가지고 있다(노병일, 2024; Global Alliance for the Rights of Older People, 2024).

2) 기본적 영역에서의 권리

노인은 인간이 생활하는 기본적 영역에서 권리를 가지고 있다. 사회복지정책의 기본적 영역과 관련해 살펴볼 경우(노병일, 2021b), 노인은 소득 영역, 고용 영역, 의료 영역, 주거 영역, 교육 영역에서 권리를 가지고 있다.

(1) 소득 영역

적절한 생활 수준을 유지하는 것은 인간의 기본적 권리에 속하고 있다. 그리고 노년기에 기본적인 소득을 확보하는 것은 노인의 생존과 직접 관련되고 있다.

그러므로 노인은 적절한 소득에 대한 권리를 가지고 있다.

관광버스를 운전하는 멋쟁이 노인: 노인은 적절한 고용에 대한 권리를 가진다. [출처: 노대겸 님 제공©]

(2) 고용 영역

자신이 원하고 자신의 능력에 맞는 일자리에서 일하는 것은 인간의 기본적 권리에 속하고 있다. 그리고 노년기에 유급 일자리에서 일하는 것은, 노인이 가진 능력과 재능을 계속 펼치는 것과 관련되고 있고, 또한 노인이 자아를 실현하는 것과 관련되고 있다.

그러므로 노인은 적절한 고용에 대한 권리를

가지고 있다.

(3) 의료 영역

인간이 건강하게 생활하는 것은 인간의 기본적 권리에 속하고 있다. 그리고 노년기에 적절한 의료 서비스와 재활 서비스를 이용할 수 있는 것은 노인의 건강한 삶과 직접적으로 관련되고 있다.

그러므로 노인은 의료에 대한 권리를 가지고 있다.

(4) 주거 영역

적절한 주거 환경에서 생활하는 것은 인간의 기본적 권리에 속하고 있다. 그리고 노년기에는 이동이 불편할 수 있기 때문에, 노년기에 적절한 주거 환경에서 생활하는 것은 노인의 안정된 삶과 특히 관련되고 있다.

그러므로 노인은 적절한 주거에 대한 권리를 가지고 있다.

(5) 교육 영역

자신의 지적 수준에 맞는 좋은 교육을 받는 것은 인간의 기본적 권리에 속하고 있다. 그리고 노년기에 적절한 교육을 받는 것은 노인의 지적 능력을 유지하거나 자극하는 것과 관련되고 있다.

그러므로 노인은 교육에 대한 권리를 가지고 있다.

3) 노인과 관련된 구체적 권리

노인은 다른 나이집단과는 다른 특성을 지니고 있다. 따라서 노인은 노년기와 특히 관련된 권리를 가지고 있다. 실제로 일부 권리는 인간이 노화를 경험하는 것과 특히 관련되고 있다(Global Alliance for the Rights of Older People, 2024).

그러므로 여러 학자와 기관은 노인과 관련된 권리를 제시해 왔다. 예를 들어 어느 학자의 경우, 노인은 다음과 같은 권리를 가진다고 보고 있다(Megret, 2010).

① 삶에의 권리가 있다.
② 고문을 당하지 않을 권리와 비인간적으로 대우받지 않을 권리가 있다.
③ 특별한 이유가 없이 갇히지 않을 권리가 있다.
④ 사법제도에서 공정하고 빠르게 처리될 권리가 있다.
⑤ 가족생활을 할 권리가 있다.
⑥ 사생활에 대한 권리가 있다.
⑦ 정치적 권리가 있다.
⑧ 경제적·사회적 권리가 있다.

그리고 노인권리에 관심을 가진 어느 기관의 경우, 노인과 관련된 구체적 권리를 다음과 같이 제시하고 있다(Global Alliance for the Rights of Older People, 2024).

① 차별로부터 자유로울 권리가 있다. 즉, 노인은 차별을 받지 않을 권리를 가진다.
② 폭력으로부터 자유로울 권리가 있다. 즉, 노인은 폭력을 겪지 않을 권리를 가진다.
③ 사회보장에 대한 권리가 있다. 즉, 노인은 사회보장에서 제공하는 급여와 서비스를 받을 권리를 가진다.
④ 건강에 대한 권리가 있다. 즉, 노인은 건강하게 생활할 권리를 가진다.
⑤ 일에 대한 권리가 있다. 즉, 노인은 자신이 원하는 영역에서 일할 권리를 가진다.
⑥ 재산과 상속에 대한 권리가 있다. 즉, 노인은 재산을 가질 권리와 물려줄 권리를 가진다.

건강하게 지내는 노인 부부: 노인은 건강하게 생활할 권리가 있다. [출처: 유재진 님 제공ⓒ]

Point

- 노인은 모든 인간이 누리는 것과 똑같은 기본적 인권을 가진다.
- 노인은 적절한 소득, 고용, 의료, 주거, 교육에 대한 권리를 가진다.
- 노인은 노년기와 특히 관련된 권리를 가진다.

7. 노인권리 교육

1) 노인권리 교육의 필요성

노인이 자신의 권리를 잘 누리기 위해서는 노인 자신이 노인의 권리에 대해 잘 알고 있어야 한다. 그러나 노인은 자신의 권리에 대해 구체적으로 알지 못하는 경우가 많다. 따라서 노인에게 노인의 권리에 대한 구체적인 내용을 알려줄 필요가 있다.

그러나 노인권리에 대한 정보는 노인에게만 필요한 것이 아니다. 왜냐하면 사회에서 노인을 제대로 대우하는 분위기가 형성되기 위해서는, 사회의 모든 구성원이 노인의 기본적 인권과 기타 권리에 대해 잘 알고 있어야 하기 때문이다. 따라서 노인에게뿐만 아니라 기타 사회구성원에게도 노인권리에 대한 정보를 제공할 필요가 있다. 이런 상황과 관련되는 것이 노인권리 교육(또는 노인인권 교육)이다.

2) 노인권리 교육의 정의

일반적으로 권리 교육은 권리에 대해 가르치고 배우는 것을 말한다. 따라서 노인권리 교육은 노인의 권리에 대해 가르치고 배우는 것을 말한다.

3) 노인권리 교육의 특징

노인권리는 인권이다. 따라서 노인권리 교육은 인권 교육을 구체적으로 하는 영역이라고 볼 수 있다. 또한 노인권리 교육은 노인의 권리를 옹호하는 활동과도 밀접하게 관련되고 있다(노병일, 2020b).

Point

- 노인과 기타 사회구성원에게 노인권리에 대한 정보를 제공할 필요가 있는데, 이와 관련되는 것이 노인권리 교육이다. 노인권리 교육은 노인의 권리에 대해 가르치고 배우는 것이다.
- 노인권리 교육은 인권 교육을 구체적으로 하는 영역이다.

Part

02

노인과 관련된 문제 영역

Chapter 05

노인과 빈곤

차례

1. 노년기와 빈곤

오늘날의 사회에서 인간의 수명이 길어짐에 따라서, 노년기에 경제적 자원을 충분하게 확보하는 것은 더욱더 중요해지고 있다. 그러나 인간은 노년기에 이르면 자신이 젊은 시절에 일하던 유급 일자리를 그만두는 경우가 많다. 그 결과, 노년기에는 소득이 크게 줄어들게 된다. 그리고 노년기에는 건강 상태가 좋지 않게 되는 경우가 많다. 그 결과, 노년기에는 의료비가 많이 들게 된다. 또한 노년기에는 저축하기가 어려워지게 된다.

이런 여러 가지 상황은 노인의 경제적 상태에 부정적인 영향을 미치고 있다. 따라서 많은 국가에서 노인은 빈곤 상태에 놓일 가능성이 큰 집단에 속하고 있다. 실제로, 많은 국가에서 전체적인 경제적 상황이 좋아질 때도 노인빈곤은 사라지고 있지 않다. 이것은 우리나라의 경우에 더욱 그렇다. 그리고 빈곤 상태에서 살지 않는 노인의 경우에도, 살아가다가 힘든 사건을 크게 겪으면 빈곤 상태에 놓일 수 있다.

노년기에 빈곤 상태에 있는 것은 노인이 가진 기본적 욕구를 충족하는 데 부정적인 영향을 미치고 있다. 또한 노년기에 빈곤 상태에 있는 것은 경제적 영역에서 노인의 복리에 매우 부정적인 영향을 미치고 있다. 그러나 노년기에 빈곤 상태에 있는 것은, 경제적 영역 이외의 여러 영역에서도 노인의 복리에 매우 부정적인 영향을 미치고 있다. 그러므로 인간이 노년기에 빈곤 상태에서 벗어날 만큼의 경제적 자원을 충분히 가지고 있는지는 사회적으로 커다란 관심거리가 되고 있다(노병일, 2022a).

Point

- 노인은 빈곤 상태에 놓일 가능성이 큰 집단이다.
- 노년기의 빈곤은 여러 영역에서 노인의 복리에 매우 부정적인 영향을 미친다. 따라서 노인빈곤은 사회적으로 큰 관심거리이다.

2. 빈곤과 노인빈곤의 정의

1) 빈곤의 정의

빈곤이라는 용어는 단순해 보인다. 그러나 빈곤은 모호한 용어이다(노병일, 2022a). 그럼에도 불구하고, 여러 사전과 학자와 기관은 빈곤에 대해 정의해왔다. 그동안 빈곤에 대해 정의한 것을 몇 가지 제시하면 다음과 같다(Barker, 2003; Encyclopædia Britannica, 2024; Organization for Economic Co-operation and Development, 2001).

① 미국 전국사회복지사협회에서 발간한 사전에 따르면, 빈곤은 금전이나 생계 수단이 적거나 부족한 상태를 말한다.

② 브리태니커(Britannica) 백과사전에 따르면, 빈곤은 사회적으로 필

요하다고 인식되는 양의 현금이나 재산을 가지고 있지 않은 사람이 놓인 상태를 말한다.

③ 경제협력개발기구(OECD)에 따르면, 빈곤은 경제적 복리, 사회적 복리, 기타 영역의 복리를 누릴 수 없는 것을 말한다.

정리하건대, 빈곤은 사회적으로 필요하다고 인식되는 양의 현금이나 재산이나 기타 생계 수단이 충분하지 않아서 여러 영역에서 복리를 누리지 못하는 상태라고 볼 수 있다(노병일, 2022a).

2) 노인빈곤의 정의

앞에서 정리한 빈곤 용어는 빈곤이 미치는 영향까지 고려하는 일반적인 용어이다. 그러나 노인과 관련해 살펴볼 경우, 빈곤은 사회적으로 필요하다고 인식되는 양의 현금이나 재산이 충분하지 않은 상태라고 볼 수 있디.

이런 정의에 근거할 경우, 노인빈곤은 사회적으로 필요하다고 인식되는 양의 현금이나 재산을 노인이 충분히 가지고 있지 않은 상태라고 볼 수 있다.

폐품을 나르는 노인 부부: 노인빈곤은 사회적으로 필요하다고 인식되는 양의 현금·재산을 노인이 충분히 갖고 있지 않은 상태이다. [출처: 전영신 님 그림ⓒ]

Point

- 노인빈곤은 사회적으로 필요하다고 인식되는 양의 현금이나 재산을 노인이 충분히 가지고 있지 않은 상태이다.

3. 노인빈곤의 실태와 빈곤에 특히 취약한 노인집단

1) 노인빈곤의 실태와 고려할 점

(1) 노인빈곤의 실태

대부분의 선진국에서 노인의 빈곤율은 전체 인구층의 빈곤율보다 더 높은 편이다. 이런 현상은 우리나라에서 특히 그렇다. 실제로, 경제협력개발기구에 속한 국가들 중에서, 우리나라는 노인빈곤율이 가장 높은 것으로 나타난 바 있다(Cheon, 2023; Lee, 2023).

노인의 빈곤은 다른 집단의 빈곤보다 더 오랫동안 계속되는 경향이 있다(노병일, 2022a; Lee, 2023; Cheon, 2023; Cherchye, De Rock & Vermeulen, 2012). 그리고 일반적으로 남성노인에 비해서, 여성노인의 빈곤율은 더 높은 편이다. 따라서 빈곤 상태에 있는 노인은 여성노인인 경우가 많다.[1)]

(2) 고려할 점

빈곤을 측정하는 방식은 빈곤 상태에서 사는 사람의 수를 정하는 데 영향을 미치고 있다(노병일, 2022a). 따라서 빈곤을 측정하는 방식을 바꿀 경우, 빈곤 상태에서 사는 노인의 수가 더 많아지고 이에 따라 노인빈곤율이 더 높아질 수 있다.

이런 것을 잘 보여주는 예로, 노인빈곤을 측정하는 데 있어 의료비

1) 여기에 대해서는 뒤에서 자세히 설명한다.

로 지출하는 측면을 고려하는 것이 있다. 사실, 노인의 의료비까지 고려할 경우, 노인빈곤의 정도는 실제로 발표되는 것보다 더 심각할 수도 있다. 왜냐하면 빈곤을 측정하는 방식에서는 의료비를 많이 지출하는 측면을 고려하지 못하는 경우가 많기 때문이다.

이런 상황에서 미국 국립학술원(National Academy of Sciences)은 노인의 빈곤율이 실제보다 더 낮게 평가될 가능성이 있다고 보고 있다. 따라서 미국 국립학술원은 의료비 등을 고려하는 새로운 빈곤 측정 방식을 제안한 바 있다(Carr, 2010; Cubanski, Koma, Damico & Neuman, 2018).[2)]

그러므로 노인의 실제 빈곤율은 일반 통계에 나타나는 수치보다 더 높을 가능성이 있다.

2) 빈곤에 특히 취약한 노인집단

모든 노인집단이 빈곤에 똑같은 정도로 취약한 것은 아니다. 실제로, 일부 노인집단은 빈곤에 특히 더 취약한 경향을 보이고 있다. 빈곤에 특히 취약한 노인집단으로 여성노인, 홀로 사는 노인, 나이가 많은 노인이 있다(노병일, 2022a; Lee, 2023; Cubanski et al., 2018).

물건을 팔고 있는 여성노인: 여성노인에게서 빈곤한 사례가 더 나타난다. [출처: 그리스에서 저자 촬영ⓒ]

(1) 여성노인

여성이 일생 동안 얻는 수입은 남성이 일생 동안 얻는 수입보다 더 적은 경우가 많다. 이에 따라서

2) 미국의 국립학술원이 제시한 새로운 빈곤 측정 방법은 다음과 같은 특징을 지니고 있다(Wright, 2010). ① 빈곤을 정의하는 데 있어, 식품비뿐만 아니라 의류와 관련된 비용, 주택과 관련된 비용, 개인이 지불하는 의료비도 고려한다. ② 빈곤의 기준을 정하는 데 있어, 전체 생활비가 지역에 따라 차이가 난다는 점을 고려한다.

노년기에 남성과 여성은 빈곤을 겪는 정도에서 서로 차이가 나고 있다. 즉, 노년기에 빈곤한 사례는 남성노인보다는 여성노인에게서 더 많이 나타나고 있다. 실제로 선진국의 경우, 빈곤한 노인들 중에서 여성노인이 차지하는 비율은 매우 높은 것으로 나타난 바 있다. 또한 우리나라의 경우, 여성노인의 빈곤율은 남성노인의 빈곤율보다 더 높은 것으로 나타난 바 있다(Cheon, 2023; National Council on Aging, 2024).

그리고 여성노인의 수명이 남성노인의 수명보다 더 길어짐에 따라서, 여성노인이 경험하는 빈곤은 더 심각해지는 경향을 보이고 있다. 특히 여성은 남성 배우자가 사망한 후에 빈곤 상태에 놓일 가능성이 더 커질 수 있다. 이에 따라서 일부 학자의 경우, 노인집단에게는 '빈곤의 여성화(feminization of poverty)' 경향이 더 심각하다고 주장하고 있다.[3)]

(2) 홀로 사는 노인(독거노인)

일반적으로 노인이 홀로 살수록, 노인의 경제적 상태는 더 취약할 가능성이 크다. 따라서 홀로 사는 노인은 빈곤 상태에서 생활할 가능성이 더 크다. 이런 탓에, 홀로 사는 노인의 빈곤율은 다른 사람과 함께 사는 노인의 빈곤율보다 더 높은 경향이 있다. 예를 들어 유럽의 경우, 빈곤한 사례는 부부만 사는 노인보다는 홀로 사는 노인에게서 더 많은 것으로 나타난 바 있다.

(3) 나이가 많은 노인(고령노인)

일반적으로 노인이 나이가 많을수록, 노인의 경제적 상태는 더 취약할 가능성이 크다. 따라서 나이가 많은 노인은 빈곤 상태에서 생활할 가능성이 더 크다. 이런 탓에, 나이가 많은 노인의 빈곤율은 나이가 적은 노인의 빈곤율보다 더 높은 경향이 있다.

---

3) '빈곤의 여성화'는 빈곤층에서 여성이나 여성가장 가구가 차지하는 비율이 상대적으로 더 높은 것을 말한다(노병일, 2022a).

예를 들어 유럽의 경우, 빈곤한 사례는 나이가 적은 노인(65~74세 노인)보다는 고령인 노인(75세 이상 노인)에게서 더 많은 것으로 나타난 바 있다. 그리고 미국의 경우, 노인의 나이가 더 많을수록 빈곤율은 더 높아지는 것으로 나타난 바 있다. 또한 우리나라의 경우, 나이가 많을수록 빈곤율은 더 높아지는 것으로 나타난 바 있다(Cheon, 2023).

(4) 정리 및 고려할 점

여성노인, 홀로 사는 노인, 나이가 많은 노인은 빈곤 상태에서 생활할 가능성이 특히 크다. 그러나 이런 노인집단은 서로 중복되는 경우가 많다. 예를 들어, 노인은 홀로 살고 있고 나이가 많은 여성일 수 있다. 이렇게 될 경우, 노인이 빈곤 상태에서 생활할 가능성은 더 커지게 된다.

Point

- 대부분의 선진국에서 노인빈곤율은 전체 인구층의 빈곤율보다 더 높은 편이다. 그러나 노인의 실제 빈곤율은 일반 통계에 나타나는 수치보다 더 높을 수 있다.
- 여성노인, 홀로 사는 노인, 나이가 많은 노인은 빈곤 상태에서 생활할 가능성이 더 크다.

4. 노인빈곤을 유발하는 요인

1) 노인빈곤을 유발하는 주요한 요인

노인빈곤을 유발하는 요인에는 여러 가지가 있을 수 있다. 노인에게 빈곤을 유발하는 주요한 요인으로 고용과 관련된 요인, 건강과 관련된 요인, 지출과 관련된 요인이 있다(노병일, 2022a).

(1) 고용과 관련된 요인

노년기에는 유급 일자리에서 일하다가 물러나는 경우가 많다. 또한 노년기에 유급 일자리에서 일한다 하더라도, 이런 일자리에서 받는 임금 수준은 젊은 시절에 받던 임금 수준에 크게 미치지 못하는 경우가 많다. 그리고 노인은 새로운 유급 일자리를 구하기가 어려운 경우가 많다. 이런 상황은 노인의 경제적 상태에 매우 부정적인 영향을 미치고 있다.

그러므로 노년기에 고용 측면에서 불리한 것은, 노인에게 빈곤을 유발하는 요인이 되고 있다.

(2) 건강과 관련된 요인

노년기에는 신체적 건강과 정신건강이 좋지 않게 될 가능성이 크다. 그리고 노인의 건강은 앞으로 더 좋지 않게 될 가능성이 크다. 이런 상황은 노인의 경제적 상태에 부정적인 영향을 미치고 있다. 실제로 그동안의 연구에서, 노인의 좋지 않은 건강과 낮은 경제적 지위는 서로 밀접하게 관련되는 것으로 나타나고 있다.

그러므로 노년기에 건강 상태가 좋지 않은 것은, 노인에게 빈곤을 유발하는 요인이 되고 있다.

(3) 지출과 관련된 요인

노년기에는 새로운 지출을 하여야 하는 상황에 놓일 수 있다. 이런 지출의 예로 의료비가 있다.[4] 이런 상황은 노인의 경제적 상태에 부정적인 영향을 미치고 있다. 예를 들어 노인은 의료비를 많이 지출하기 때문에, 빈곤 상태에 놓이거나 빈곤의 정도가 더 심해질 수 있다.

그러므로 노년기에 새롭게 지출을 많이 하는 것은, 노인에게 빈곤을 유발하는 요인이 되고 있다.

---

4) 여기에 대해서는 앞에서 이미 설명한 바 있다.

착한 사람을 애타게 기다리는 노인: 여러 요인이 노인빈곤을 유발한다. [출처: 오스트리아에서 저자 촬영ⓒ]

2) 여성노인에게 빈곤을 유발하는 요인

(1) 일반 여성노인에게 빈곤을 유발하는 요인

일반 여성노인에게 빈곤을 유발하는 요인으로 그동안 여러 가지 요인을 제시해왔다. 여성노인에게 빈곤을 유발하는 주요한 요인으로 연금과 관련된 요인, 무급 가사 노동과 관련된 요인이 있다(노병일, 2022a; 노병일, 2021a).[5)]

(가) 연금과 관련된 요인

여성노인은 남성노인에 비해서 연금에서 불리할 가능성이 크다. 이런 상황은 여성노인에게 빈곤을 유발하는 요인이 될 수 있다. 이 경우, 연금을 공적연금과 민간연금으로 구분해 살펴보면 다음과 같다.

① 여성은 공적연금 영역에서 남성보다 불리한 경우가 많다. 무엇보다도, 전체 생애에 걸쳐서 대부분의 여성은 다음과 같은 상황에 있기 때문에, 여성은 공적연금의 측면에서 불리할 수밖에

5) 말할 것도 없이, 이런 요인들은 서로 관련되고 있다.

없다.

㉠ 남성에 비해서, 여성은 유급 일자리에서 일하는 경우가 더 적다.

㉡ 남성에 비해서, 여성은 파트타임 직이나 기타 비정규직으로 일할 가능성이 더 크다.

㉢ 남성에 비해서, 여성은 임금이 적은 일자리에서 일할 가능성이 더 크다.

이런 탓에, 전체 생애에 걸친 수입에서 남성과 여성 사이에 차이가 나고 있는데, 공적연금 급여의 액수는 이런 수입을 근거로 해서 정하는 경우가 많다. 따라서 여성의 공적연금 급여는 남성의 공적연금 급여보다 더 적게 된다. 그 결과, 남성에 비해서 여성은 노년기에 빈곤 상태에 놓일 가능성이 더 커지게 된다.

② 여성은 민간연금 영역에서도 남성보다 불리한 경우가 많다. 민간연금은 사회보장제도에서 제공하는 공적 급여를 중요하게 보충하는 역할을 한다. 그러나 남성에 비해서 여성은 민간연금을 받을 가능성이 더 적은 탓에, 소득에서 불리할 가능성이 더 크다. 여성이 이런 상황에 놓이는 이유를 몇 가지 살펴보면 다음과 같다.[6)]

㉠ 남성에 비해서, 여성은 유급 일자리에서 계속 일하는 경우가 더 적기 때문이다.

㉡ 여성은 파트타임 직이나 기타 비정규직으로 일하는 경우가 더 많기 때문이다.

㉢ 여성은 사업장에서 제공하는 복지 급여가 더 적은 직종에서 일하는 경향이 있기 때문이다. 예를 들어, 여성이 유급 일자리에서 일할 때도, 여성은 직업연금(occupational pension) 제도를 통한 복지 혜택을 받을 가능성이 남성보다 더 적은 경우가 많다.

그 결과, 남성에 비해서 여성은 노년기에 빈곤 상태에 놓일 가

6) 이런 점은 앞에서 공적연금과 관련해 제시한 요인들과 많이 중복되고 있다.

능성이 더 커지게 된다.

정리하건대, 노년기에 주요한 소득을 제공하는 공적연금과 민간연금 영역에서 여성은 불리하기 때문에, 여성노인은 빈곤 상태에 놓일 가능성이 더 커지게 된다.

(나) 무급 가사 노동과 관련된 요인

여성은 가정에서 가족구성원을 돌보는 일(이른바, 돌봄 노동)을 하는 경우가 많다. 이런 상황은 여성노인에게 빈곤을 유발하는 요인이 될 수 있다. 실제로 그동안, 아동을 양육하는 일, 아픈 가족구성원을 돌보는 일, 장애가 있는 성인 가족구성원을 돌보는 일, 대부분의 집안일은 여성이 주로 담당해 왔다.

그러나 이런 가사 노동에 대해서는 경제적으로 잘 보상하지 않는 경우가 많다. 즉, 대부분의 경우, 이런 가사 노동은 보수가 없는(무급, unpaid) 노동이다. 그리고 여성이 받을 연금급여의 액수를 계산할 때는, 여성이 하는 이런 가사 노동을 직접 반영하지 않는 경우가 많다. 이런 상황은 여성이 노인이 되었을 때의 소득에 불리하게 작용하고 있다. 그 결과, 여성노인은 빈곤 상태에 놓일 가능성이 커지게 된다.

정리하건대, 여성은 무급으로 돌봄 노동과 기타 가사 노동을 하는 탓에 경제 활동에서 제약을 받으므로, 여성노인은 빈곤 상태에 놓일 가능성이 더 커지게 된다.

(2) 남성 배우자가 사망한 여성노인에게 빈곤을 유발하는 요인

남성 배우자가 있는 여성노인에 비해서, 남성 배우자가 사망한 여성노인은 빈곤 상태에 놓일 가능성이 더 클 수 있다. 남성 배우자가 사망한 여성노인에게 빈곤을 유발하는 주요한 요인으로 소득의 출처와 관련된 요인, 수명과 관련된 요인, 의료비 지출과 관련된 요인이 있다(노병일, 2022a).

(가) 소득의 출처와 관련된 요인

남성 배우자가 사망한 여성노인은 소득을 얻을 곳이 부족할 가능성이 크다. 이런 상황은 남성 배우자가 사망한 여성노인에게 빈곤을 유발하는 요인이 될 수 있다.

일반적으로 남성 배우자가 사망한 여성노인은, 소득을 얻을 수 있는 곳이 남성 배우자 이외에는 추가로 없을 가능성이 크다. 이런 상황에서 남성 배우자가 사망할 경우, 남성 배우자가 얻던 소득이나 수입이 없어지거나 줄어들게 된다. 이런 상황을 구체적으로 제시하면 다음과 같다.

① 남성 배우자가 유급 일자리에서 일하다가 사망한 경우, 여성은 남성 배우자가 유급 일자리에서 일하면서 얻던 소득을 더 이상 얻지 못하게 된다.

② 남성 배우자가 퇴직한 상태에서 사망한 경우, 여성은 남성 배우자의 연금 소득을 받지 못하게 되거나, 또는 유족연금으로 적은 양을 받게 된다.

앞에서와 같은 상황 때문에, 여성노인은 남성 배우자가 사망한 후에 빈곤 상태에 놓일 가능성이 크다.

(나) 수명과 관련된 요인

여성노인은 남성 배우자보다 더 오래 살 가능성이 크다. 이런 상황은 남성 배우자가 사망한 여성노인에게 빈곤을 유발하는 요인이 될 수 있다.

여성의 수명이 남성의 수명보다 더 길어짐에 따라서, 결혼한 여성은 남성 배우자보다 더 오래 살 가능성이 크다. 그러나 여성이 남성 배우자보다 더 오래 살 경우, 여성은 자신이 가진 자산을 더 오래 시간에 걸쳐서 나누어 사용하여야 한다.

하지만 결혼한 부부는 여성 배우자가 남성 배우자보다 더 오래 사는 경향이 있다는 점을 심각하게 고려하지 않는 경우가 적지 않다.

결혼한 여성이 남성 배우자보다 더 오래 산다는 점을 심각하게 고려하지 않는 경우, 결혼한 여성은 미래에 대비해 저축과 투자를 설계하는 데 크게 신경 쓰지 않을 가능성이 크다. 이렇게 될 경우, 남성 배우자가 사망한 여성노인은 노년기를 빈곤 상태에서 보낼 가능성이 커지게 된다.

(다) 의료비 지출과 관련된 요인

남성 배우자가 사망한 여성노인은 남성 배우자의 의료비로 많은 액수를 지출할 수 있다. 이런 상황은 남성 배우자가 사망한 여성노인에게 빈곤을 유발하는 요인이 될 수 있다. 이것은 남성 배우자가 크게 아프다가 사망한 경우에 특히 해당하고 있다. 왜냐하면 남성 배우자가 크게 아프다가 사망한 여성노인은 남성 배우자를 치료하기 위해 청구된 많은 의료비를 지불하여야 하고 장례비를 지불하여야 하기 때문이다. 이런 비용 때문에, 이미 소득이 적고 저축이 적은 여성노인은 더 어려운 상태에 놓일 가능성이 크다. 실제로 노인은 생애 말기에 많은 의료비를 부담하고 있는 것으로 알려져 있다.

그러므로 남성 배우자가 아프다가 사망할 경우, 여성 배우자에게 남겨진 재산이 더 적어지거나 빚이 더 많아질 수 있다. 이렇게 될 경우, 여성노인이 빈곤 상태에 놓일 가능성은 더 커지게 된다.

노인빈곤이 증가하는 이유: 미국의 경우

미국은 노인빈곤율이 높은 국가에 속하고 있다. 미국의 상황에서 노인빈곤이 증가하는 이유를 몇 가지 제시하면 다음과 같다(Walls, 2016).

① 사회구성원을 보호해 주는 프로그램이 줄기 때문이다. 이런 프로그램의 예로 사회보장 프로그램이 있다.

② 생활하는 데 비용이 더 들기 때문이다. 이런 비용의 예로 자녀의 교육비, 장기요양과 관련된 비용, 의료 서비스와 관련된 비용이 있다.

③ 수명이 늘어나기 때문이다.

Point

- 노인빈곤을 유발하는 주요한 요인으로 고용과 관련된 요인, 건강과 관련된 요인, 지출과 관련된 요인이 있다.
- 여성노인에게 빈곤을 유발하는 주요한 요인으로 연금과 관련된 요인, 무급 가사 노동과 관련된 요인이 있다. 남성 배우자가 사망한 여성노인은 빈곤 상태에 놓일 가능성이 더 클 수 있다.

5. 노인빈곤이 미치는 영향

1) 빈곤이 노인에게 미치는 영향

말할 것도 없이 빈곤은 모든 집단에게 매우 부정적인 영향을 미치고 있다(노병일, 2022b). 그러나 노인은 경제적으로 더 나아질 가능성이 다른 인구집단보다 더 적기 때문에, 노인에게는 빈곤이 부정적으로 미치는 영향이 더 오래 계속될 가능성이 크다. 이런 탓에, 빈곤은 노인에게 특히 더 부정적인 영향을 미치고 있다.

폐지를 나르는 노인: 빈곤은 노인에게 특히 부정적인 영향을 미친다. [출처: 저자 촬영ⓒ]

노인빈곤은 경제적 영역에서뿐만 아니라 다른 영역에서도 부정적인 영향을 미치고 있다. 실제로 노인빈곤은 노인에게 여러 영역에서 불리하게 작용하고 있다. 예를 들어 노인이 빈곤할 경우, 노인이 다음과 같은 상황에 있을 가능성은 더 커지게 된다(Kasper et al., 2008; Kahn & Pearlin, 2006).

① 건강에 불리하게 작용하는 신체적·사회적 어려움을 많이 경험한다.
② 어떤 목표를 달성할 수 있는 기회가 제약된다.
③ 적절한 의료 서비스를 이용할 기회가 줄어든다.
④ 시간이 흐르면서 건강에 불리하게 작용하는 여러 가지 스트레스 요인을 경험한다.

그리고 빈곤 상태에서 사는 노인은 빈곤 때문에 나타나는 상황을 피할 수 없다. 노인과 관련된 일을 하는 어느 활동가의 경우, 빈곤한 노인은 아침에 깨어날 때마다 이런 상황을 실감하고 있고, 또한 이런 상황을 매일 실감하고 있다고 주장한 바 있다(Walls, 2016).

그러므로 노인빈곤은 노인의 복리와 삶의 질에 매우 부정적인 영향을 미치고 있다.

임대 주택에 거주하는 노인의 상황

임대 주택에서 거주하는 노인은 경제적으로 어려운 경우가 많다. 따라서 임대 주택에서 거주하는 노인의 상황은 노인빈곤이 미치는 영향을 잘 보여주는 사례가 될 수 있다.

일반적으로 임대 주택에서 사는 노인은 여러 영역에서 일반 노인보다 더 취약한 경우가 많다. 예를 들어, 일반 노인에 비해서 임대 주택에서 사는 노인은 다음과 같은 상황에 있을 가능성이 더 크다(Fox, Kenny, Day, O'Connell, Finnerty & Timmons, 2017).

① 경제적 복리 수준이 낮다.
② 건강이 좋지 않다.
③ 일찍 사망한다.

2) 관련 이론

노인빈곤이 노인의 복리에 영향을 미치는 측면으로 경제적 스트레스를 제시하는 경우가 있다. 이때에는 노인이 겪는 경제적 스트레스와 관련시키면서, 빈곤이 노인의 건강과 복리에 부정적으로 작용한다는 식으로 설명하는 경우가 많다. 왜냐하면 인간이 일상생활에서 계속해 겪는 여러 가지 스트레스 요인 중에서 가장 중요한 것은 경제적 어려움이라고 볼 수 있기 때문이다.

이와 관련된 이론의 하나가 스트레스 확대(stress proliferation) 이론이다. 스트레스 확대 이론의 경우, 어떤 영역(예컨대, 경제적 영역)의 스트레스는 건강에 부정적인 영향을 더 미치는 다른 스트레스를 유발한다고 주장하고 있다(Kahn & Pearlin, 2006; Kasper et al., 2008). 스트레스 확대 이론에 따르면, 빈곤한 상태에 있는 노인은 경제적 영역에서 스트레스를 더 많이 겪게 되고, 이에 따라 삶의 여러 영역에서도 스트레스를 더 겪게 될 가능성이 크다.

Point

- 빈곤은 노인의 복리와 삶의 질에 매우 부정적인 영향을 미친다.
- 빈곤한 노인은 경제적 영역에서 스트레스를 더 많이 겪게 되고, 이에 따라 삶의 여러 영역에서도 스트레스를 더 겪을 수 있다.

6. 노인빈곤을 없애거나 줄이기 위한 방안

1) 일반 노인의 빈곤을 없애거나 줄이기 위한 방안

(1) 사회보장과 관련된 방안

노인빈곤을 없애거나 줄이기 위해 가장 중요한 방안은, 노년기에 공적 소득을 더 많이 보장해주는 것이다. 실제로, 공적 소득을 더 제공하는 것은 아동의 빈곤보다는 노인의 빈곤을 줄이는 데 훨씬 더 효과가 있는 것으로 나타난 바 있다. 예를 들어, 선진국의 소득 자료를 분석한 결과, 공적 소득보장 프로그램을 더 잘 갖춘 국가에서는 그렇지 않은 국가에 비해 노년기에 소득 불평등이 더 적은 것으로 나타난 바 있다. 그리고 우리나라에서 노인빈곤율이 높은 주요한 이유는 연금제도가 완전하지 않기 때문인 것으로 나타난 바 있다(노병일, 2020a; National Council on Aging, 2024; Prus & Brown, 2006; Cheon, 2023).

공적 소득을 제공하는 것은 사회보장제도를 통해서 노인에게 공적 급여를 제공하는 것과 관련되고 있다. 따라서 노인이 경제적으로 취약한 상태에서 벗어나게 하기 위해서는, 노인에게 적절한 최저 수준의 사회보장 급여를 제공할 필요가 있다. 실제로 사회보장제도의 프로그램은 노인이 빈곤 상태에 놓이는 것을 예방하는 것과 관련해 중요한 역할을 하고 있다(노병일, 2020a; Walls, 2016).

노년기에 사회보장 급여를 제공하는 것과 관련해 가장 중요한 제도는 공적연금 제도이다.[7] 왜냐하면 공적연금 제도는 노년기에 소득을 보장해주는 주요한 제도이기 때문이다(노병일, 2020a). 사실, 적절한 수준의 공적연금을 제공하는 것은 노인빈곤을 없애거나 줄이기 위한 지름길이다. 예를 들어, 선진국의 소득 자료를 분석한 연구에 따르면, 공적연금과 관련된 정책은 노년기의 소득 불평등을 줄이는 데 있어 중요한 역할을 하고 있다.

그러므로 노인빈곤을 없애거나 줄이기 위해서는, 노년기에 적절한 수준의 공적연금을 제공할 필요가 있다.

7) 공적연금에 대해서는 노인을 위한 사회보장을 다루는 장(제13장)에서 자세히 설명한다.

일본의 연금 상담 안내 포스터: 노인빈곤을 줄이는 중요한 제도는 공적연금 제도이다. [출처: 일본에서 저자 촬영ⓒ]

(2) 유급 일자리와 관련된 방안[8)]

노인에게 사회보장제도를 통해서 완전한 수준의 급여를 제공하는 것이 바람직하지만, 현실적으로는 이렇게 하기 어려운 경우가 많다. 그러므로 일할 수 있는 노인에게는 자기 능력을 살릴 수 있는 일자리를 제공해 소득을 얻게 할 필요가 있다(노병일, 2021a; 문명숙·노병일, 2020).[9)] 이것은 빈곤한 노인에게 특히 해당하고 있다.

---

8) 노인과 유급 일자리에 대해서는 노인의 노동을 다루는 장(제11장)에서 자세히 설명한다.

9) 말할 것도 없이, 노인이 일하는 것은 노인에게 금전적 보수를 제공하기 때문에 중요하다. 그러나 노인이 일하는 것은, 노인에게 자신은 사회에서 가치 있는 존재라는 인식을 가지게 하기 때문에도 중요하다(노병일, 2021a).

노인취업 상담소(안내문): 빈곤노인에게는 자신의 능력을 살릴 수 있는 일자리를 제공해 소득을 얻게 할 필요가 있다. [출처: 일본에서 저자 촬영©]

2) 여성노인의 빈곤을 없애거나 줄이기 위한 방안

여성노인은 젊은 시절에 가정에서 무급 노동을 하느라 유급 일자리에서 일할 기회를 갖지 못하였기 때문에, 소득에서 불리한 경우가 많다. 그러므로 여성노인이 가정에서 보수를 받지 않고 하였던 노동에 대해서, 사회보장제도나 일반 사회복지제도에서 양육수당이나 돌봄수당과 같은 것을 제공하는 방식으로 보상해 줄 필요가 있다. 이런 수당은 여성이 노년기에 빈곤 상태에서 생활하지 않게 하는 데 큰 도움을 줄 수 있다.

그리고 남편이 사망한 여성노인에게는 최저 소득을 보장해 줄 필요가 있다. 이런 제도는 소득이 매우 적은 노인이나 재산이 매우 적은 노인이 빈곤 상태에서 벗어나게 하는 데 도움을 줄 수 있다.

연금제도에서 여성노인의 빈곤율을 줄이기 위한 조치

남성노인에 비해서 여성노인이 빈곤 상태에 놓일 가능성이 더 큰 상황을 없애거나 줄이기 위해서, 연금제도에서 나름의 조치를 취할 수 있다. 이런 조치를 몇 가지 제시하면 다음과 같다(노병일, 2022a; Vothknecht, 2015).

① 여성이 가족구성원을 돌본 기간을 연금 보험료를 납부한 기간으로 인정해 준다.
② 최저 연금을 제공한다.
③ 유족연금을 관대하게 제공한다.

3) 정리

사회복지제도 및 일자리와 관련된 제도를 통한 여러 가지 방안은 빈곤 상태에서 사는 노인의 비율을 낮추는 데 크게 이바지할 수 있다. 실제로, 노인에게 크게 주목하는 연금제도와 기타 사회복지제도를 갖춘 국가에서는 빈곤 상태에서 사는 노인의 비율이 더 낮은 것으로 나타난 바 있다(Smeeding, Gao, Saunders & Wing, 2008).

그러므로 노인빈곤을 없애거나 줄이기 위해서는, 사회복지제도(특히 공적연금제도) 및 일자리와 관련된 제도를 잘 갖출 필요가 있다.

Point

- 노인빈곤을 없애거나 줄이기 위해서는 사회복지제도(특히 공적연금제도) 및 일자리와 관련된 제도를 잘 갖출 필요가 있다.

Chapter 06

노인과 정신건강

차례

1. 노년기와 정신건강

정신건강은 인간에게 중요하다. 그러나 인간은 아동기와 청소년기에 정신건강과 관련된 문제를 겪는 경우가 많다. 하지만 아동기와 청소년기의 정신건강문제는 성인이 되어도 없어지지 않는 경우가 많다. 그리고 정신건강문제는 생애 전체에 걸쳐서도 없어지지 않는 경우가 많다(Reynolds, 2019). 따라서 노년기에도 정신건강문제가 나타나는 경우가 많다.

그리고 노년기에 이르면, 여러 가지 영역에서 상실(loss)을 경험하게 된다.[1] 또한 노인은 사회적으로 고립되는 경우가 특히 많다. 노년기에 겪는 상실과 고립 때문에, 노인은 신체적·경제적·사회적으로 어려움을 겪을 가능성이 커지게 된다. 노인의 신체적·경제적·사회적 어려움은 노인에게 심리적 어려움을 유발할 가능성이 크다. 이런 상황은 노인의 정신건강에 부정적인 영향을 미치고 있다. 이런 탓에, 노년기에 이르러 정신건강문제가 새롭게 나타나거나 더 심각하게 나타날 수 있다.

어디인가를 쳐다보는 노인: 노년기에는 정신건강문제가 새롭게 나타날 수 있다.
[출처: 싱가포르에서 저자 촬영ⓒ]

그러므로 노년기에는 정신건강 영역에서 여러 가지 어려움을 경험할 가능성이 커지게 된다.

Point

• 노년기에는 정신건강 영역에서 여러 어려움을 경험할 가능성이 커진다.

1) 노년기의 상실에 대해서는 노년기의 특징을 다루는 장(제1장)에서 이미 설명한 바 있다.

2. 노인 정신건강의 정의와 중요성

1) 노인 정신건강의 정의

노인 정신건강이라는 용어는 정신건강이라는 용어를 노인에 적용한 것이다. 세계보건기구가 정신건강에 대해 정의한 바에 근거할 경우, 노인 정신건강은 노인이 다음과 같은 상태에 있는 것을 말한다(World Health Organization, 2023).

① 자신의 숨은 능력을 펼칠 수 있다.
② 자신의 생활에서 겪는 일반적 스트레스에 대처할 수 있다.
③ 생산적이고 효과적으로 일할 수 있다.
④ 자신의 지역사회에 이바지할 수 있다.

2) 노인 정신건강의 중요성

세계보건기구에서는 일반적 건강에서 정신건강의 측면도 중요하다는 점을 강조하고 있다. 왜냐하면 건강은 단순하게 질병이 없는 상태나 약한 상태를 의미하는 것이 아니라, 완전한 신체적·정신적·사회적 복리를 누리는 상태이기 때문이다(World Health Organization, 2023).

앞에서와 같은 상황은 노인에게도 그대로 해당하고 있다. 따라서 노인의 정신건강은 노인의 일반적 건강에 중요하다.

Point

- 노인 정신건강은 노인이 숨은 능력을 펼치고, 일반적 생활 스트레스에 대처하고, 생산적·효과적으로 일하고, 지역사회에 이바지할 수 있는 것이다.
- 노인의 정신건강은 노인의 일반적 건강에 중요하다.

3. 노인 정신건강문제의 발생 시기와 주요한 정신건강문제

1) 노인 정신건강문제의 발생 시기

노인이 겪는 정신건강문제는 이른 시기에 나타날 수도 있고, 늦은 시기에 나타날 수도 있다. 예를 들어 일부 노인의 경우, 살아가면서 이른 시기에 정신건강문제를 이미 겪어왔을 수 있다. 그러나 일부 노인의 경우, 살아가면서 늦은 시기에 정신건강문제를 겪을 수 있다. 예를 들어, 일부 노인은 노년기에 이르러서야 우울 증상을 보일 수 있다(Canadian Mental Health Association, 2016; World Health Organization, 2023).

2) 노인의 주요한 정신건강문제

노인이 겪는 정신건강문제에는 여러 가지 형태가 있을 수 있다. 이 중에서 노인이 겪는 주요한 정신건강문제로 우울(depression)과 불안(anxiety)을 꼽을 수 있다(Canadian Mental Health Association, 2016).

노인의 우울과 불안

노인에게는 우울이 불안과 함께 나타나는 경우가 많다. 그리고 노인은 우울과 불안 때문에 몸이 약해질 수 있다. 이렇게 될 경우, 노인의 일반적 건강 상태가 좋지 않게 되고 삶의 질이 낮아지게 된다.

그러므로 노인 자신과 노인복지 전문가는 우울과 불안 증상 모두에 대해 알고 있을 필요가 있다. 그리고 노인에게 우울 증상과 불안 증상이 나타난다고 판단될 경우, 이에 대해 의사와 상의할 필요가 있다(Geriatric Mental Health Foundation, 2024).

Point

- 노인의 정신건강문제는 이른 시기에 나타날 수도 있고 늦은 시기에 나타날 수도 있다.
- 노인의 주요한 정신건강문제로 우울과 불안을 꼽을 수 있다.

4. 노인 정신건강문제를 유발하는 요인

노인에게 정신건강문제를 유발하는 요인에는 여러 가지가 있을 수 있다. 노인에게 정신건강문제를 유발하는 요인은 크게 다음과 같이 구분할 수 있다(World Health Organization, 2023; Canadian Mental Health Association, 2016).

① 모든 인간에게 스트레스를 유발하는 요인이 있다. 당연하게, 노인도 이런 스트레스 때문에 정신건강문제를 겪을 수 있다.

② 노년기에 더 일반적으로 스트레스를 유발하는 요인이 있다. 예를 들어, 노년기에 어려운 일을 겪고 제 역할을 하는 능력이 크게 줄어들 경우, 노인은 스트레스를 겪을 수 있다.

③ 노년기에 구체적으로 스트레스를 유발하는 요인이 있다. 노년기에 스트레스를 유발하는 구체적 요인과 관련된 상황을 몇 가지 제시하면 다음과 같다.

㉠ 이동하는 데 어려움을 겪는다.

㉡ 계속 고통을 느낀다.

㉢ 배우자가 먼저 세상을 떠난 상태에 있다.

㉣ 퇴직함에 따라서, 사회적 지위가 낮아

지팡이를 사용해 걷는 노인: 노년기에 이동하는 데 어려움을 겪는 것은 스트레스를 유발하게 되고, 그 결과로 노인은 정신건강문제를 경험할 수 있다. [출처: 이탈리아에서 저자 촬영ⓒ]

지고 경제적으로 어려운 상태에 있다.

ⓜ 아픈 배우자(예컨대, 치매에 걸린 배우자)를 계속 보살펴야 한다.

그리고 외로움과 이에 따른 사회적 고립은 노인에게 정신건강문제를 유발하는 주요한 요인으로 알려져 있다(World Health Organization, 2023; Reynolds, 2019).

Point

- 노인에게 정신건강문제를 유발하는 요인은 모든 인간에게 스트레스를 유발하는 요인, 노년기에 더 일반적으로 스트레스를 유발하는 요인, 노년기에 구체적으로 스트레스를 유발하는 요인으로 구분할 수 있다.
- 외로움과 이에 따른 사회적 고립은 노인의 정신건강문제를 유발하는 주요한 요인이다.

5. 노인 정신건강문제가 미치는 영향

1) 일반적 영향

노인의 정신건강문제는 노년기의 삶에 부정적인 영향을 미치고 있다. 우선, 노인이 정신건강문제를 겪을 경우, 노인은 자신이 나이가 들어가는 것에 대해 더 부정적으로 인식할 가능성이 커지게 된다(Fernandes & Paul, 2017). 이런 상황은 노인의 복리에 부정적인 영향을 미치게 된다.

그리고 노인이 정신건강문제를 겪을 경우, 노인은 다음과 같이 될 수 있다(World Health Organization, 2023).

① 고립되어 지낸다.

② 독자적으로 생활하지 못한다.

③ 외로움을 느낀다.

④ 심리적으로 스트레스를 겪는다.

결국, 노인의 정신건강문제는 삶의 질을 낮추는 식으로 영향을 미치고 있다.

2) 자살과 관련된 영향

노년기의 정신건강은 자살과 크게 관련되어 있다.[2] 실제로 노인의 정신건강문제는 노인의 자살에 가장 큰 영향을 미치는 요인으로 알려져 있다. 이것은 우울의 경우에 특히 그렇다.

그러나 연구에서, 자살을 시도한 경험이 있는 노인들 중에는 이전에 우울 증상을 겪지 않은 노인도 많은 것으로 나타나고 있다(Conejero, Olie, Courtet & Calati, 2018; Rostami, Younesi, Shahboulaghi, Malakouti & Foroughan, 2018). 따라서 우울 증상을 보이지 않는 노인도 자살할 가능성이 있다.

3) 고려할 점

노인의 신체적 건강과 정신건강 사이의 관계는 서로에게 영향을 미치는 관계라고 볼 수 있다. 따라서 노인의 정신건강은 노인의 신체적 건강에 영향을 미치고 있고, 또한 노인의 신체적 건강은 노인의 정신건강에 영향을 미치고 있다. 이런 예를 구체적으로 살펴보면 다음과 같다(World Health Organization, 2023).

① 신체적 건강문제를 가지고 있는 노인은 건강한 노인보다 우울을 겪을 가능성이 더 크다. 신체적 건강문제를 가지고 있는 노인의 예로 심장병 때문에 어려움을 겪고 있는 노인이 있다.

② 신체적 건강문제를 가지고 있는 노인이 우울을 치료하지 않는 것은 노인의 신체적 건강에 더욱더 부정적인 영향을 미칠 수 있다.

2) 노인의 자살에 대해서는 노인과 자살을 다루는 장(제8장)에서 자세히 설명한다.

Point

- 노인의 정신건강문제는 삶의 질을 낮추는 식으로 영향을 미친다.
- 노년기의 정신건강은 자살과 크게 관련된다.
- 노인의 신체적 건강과 정신건강은 서로 영향을 미친다.

6. 노인 정신건강문제의 예방

1) 좋은 정신건강을 위한 일반적 지침

긍정적이고 여러 영역에서 건강하게 지낼 경우, 노인의 정신건강은 더 좋아질 수 있다. 따라서 노인이 정신건강문제를 예방하고 좋은 정신건강을 계속 유지하기 위해서는, 노년기를 긍정적으로 맞이하고 여러 영역에서 건강하게 지내는 것이 무엇보다도 중요하다.

개와 산책하는 노인: 노인이 좋은 정신건강을 유지하기 위해서는 노년기를 긍정적으로 맞이하는 것이 중요하다.
[출처: 스페인에서 저자 촬영ⓒ]

이와 관련해, 모든 사람이 좋은 정신건강을 유지하기 위해 매일 할 수 있는 지침을 몇 가지 제시하면 다음과 같다(Canadian Mental Health

Association, 2016; World Health Organization, 2023; Radford, 2005). 이것은 노인에게도 그대로 해당하고 있다.

① 몸에 건강한 음식을 먹는다.

② 잠을 충분히 잔다.

③ 끈끈한 지지망을 형성한다. 이렇게 하기 위한 방법으로 다음과 같은 것이 있다.

㉠ 친구와 자주 교류한다.

㉡ 이웃과 교류한다.

사회적 지지와 정신건강문제

사회적 지지는 노인이 가진 정신건강문제를 줄이는 역할을 하는 것으로 알려져 있다. 사회적 지지가 많은 노인은 생활하면서 어려움을 겪을 때 주위에서 도움을 받을 수 있는 사람이 많기 때문에, 정신건강문제를 적게 겪을 가능성이 크다.

무엇보다도 노인이 생활하면서 좋지 않은 사건을 겪는 상황에서는, 노인의 사회적 지지가 정신건강에 특히 중요할 수 있다(노병일·모선희, 2007; 노병일·노대겸, 2015).

④ 활동에 참여한다. 이렇게 하기 위한 방법으로 다음과 같은 것이 있다.

㉠ 자원봉사 활동을 한다.

㉡ 모임에 새로 가입한다.

⑤ 어려움에서 회복할 수 있는 힘을 키운다.

⑥ 자신은 가치 있는 존재라고 생각한다.

2) 좋은 정신적 활동과 관련된 지침[3)]

노인이 좋은 정신건강을 유지하기 위해서는 정신적 활동도 적극적으로 하여야 한다. 따라서 노년기에 정신건강을 좋게 하기 위해서는, 신체적 활동과 사회적 활동을 활발하게 하여야 할 뿐만 아니라, 정신적 활동도 활발하게 하여야 한다. 이런 이유로, 노인에게는 좋은 정신적 활동이 필요하다.

노인에게 좋은 정신적 활동은 노인을 정신적으로 자극하는 활동을 말한다. 정신적으로 자극하는 활동은 단기적·장기적으로 노인의 뇌에 좋게 작용할 수 있다. 이런 활동을 몇 가지 제시하면 다음과 같다(Alzheimer's Association, 2024b).

① 새로운 기술을 배운다.
② 새로운 취미를 가진다.
③ 정식 교육을 받는다.[4)]

정식 교육의 장점과 예

정식 교육을 받는 것은, 노인의 뇌를 건강하게 유지하는 데 도움을 줄 수 있다. 그리고 이에 따라서 치매가 나타나지 않게 하는 데 도움을 줄 수 있다.

정식 교육을 받는 예로 새로운 기술이나 취미를 가르치는 지역대학이나 지역기관에서 수업을 듣는 것이 있다. 이 경우, 구체적인 예로 외국어를 배우는 것, 악기를 연주하는 법을 배우는 것이 있다(Alzheimer's Association, 2024b).

그리고 다음과 같은 방법은 노인이 정신적 활동을 활발하게 하는 데 도움이 되고 있다(Alzheimer's Association, 2024b).

① 머리를 많이 쓰는 게임이나 일을 한다.
② 익숙한 일을 더 효과적으로 처리하는 방법을 찾아본다.

---

3) 사실, 이 부분은 노인의 치매를 예방하는 방법과도 크게 관련되고 있다.
4) 정식 교육은 전문 교사가 교실에서 가르치는 교육을 말한다.

연구하는 데 일생을 바친 노인 교수: 머리를 많이 쓰는 일을 하는 것은 노인이 정신적 활동을 활발하게 하는 데 도움이 된다. [출처: 미국에서 저자 촬영ⓒ]

다만, 노인이 정신적으로 활발하게 지내기 위해서는, 새로운 주제를 경험할 수 있는 활동에 참여하는 것이 중요하다(Alzheimer's Association, 2024b).

Point

- 모든 사람이 좋은 정신건강을 유지하기 위해 매일 할 수 있는 지침은 노인에게도 그대로 해당한다.
- 노인에게는 좋은 정신적 활동이 필요하다.

7. 노인 정신건강문제의 진단과 치료 현황

1) 노인 정신건강문제의 진단

일반적으로 정신건강문제는 제대로 진단되지 않는 경우가 많다. 그 결과, 다양한 사회 서비스와 의료 서비스를 통해 치료를 받지 못해 어려움을 겪을 수 있다. 이런 상황은 노인 정신건강문제의 경우에 특히 해당하고 있다(Fernandes & Paul, 2017).

실제로, 의료 전문가가 노인의 정신건강문제를 제대로 파악하지 못하는 경우도 적지 않다. 그리고 노인 자신도 정신건강문제를 제대로 파악하지 못하는 경우가 적지 않다(World Health Organization, 2023).

2) 노인 정신건강문제의 치료 현황

노인이 정신건강 영역에서 어려움을 겪는 사례가 많지만, 노인은 정신건강문제에 대해 제대로 치료받지 못하는 경우가 많다. 노인이 정신건강문제에 대해 제대로 치료받지 못하는 이유를 몇 가지 제시하면 다음과 같다(Canadian Mental Health Association, 2016; World Health Organization, 2023).

① 노인의 경우, 정신건강문제와 관련된 증상을 다른 질병의 증상으로 잘못 판단할 수 있기 때문이다. 이와 관련된 측면을 구체적으로 살펴보면 다음과 같다.
   ㉠ 노인은 여러 가지 건강문제를 겪고 있는 경우가 많다. 이때에는 신체적 질병의 증상과 정신건강과 관련된 질병의 증상을 구분하는 것이 어려울 수 있다.
   ㉡ 정신건강과 관련된 질병의 증상은 젊은 층과 노인층 사이에 서로 다르게 보일 수도 있다.

② 정신건강과 관련된 질병을 가진 사람에 대해서 차별하는 경우가 많고, 또한 이런 질병에 대해 편견을 가지는 경우가 많기 때

문이다. 따라서 일부 노인의 경우, 사람들이 다음과 같이 할까 봐 두려워하는 탓에, 도움을 청하는 것을 꺼리게 된다.

㉠ 정신건강문제를 가진 노인에 대해 부정적으로 생각한다.

㉡ 정신건강문제를 가진 노인을 제대로 대우하지 않는다.

또한 정신건강문제에는 수치감이 따라붙는 경우가 많기 때문에, 정신건강문제를 겪는 노인은 도움을 받기를 꺼려할 수 있다.

③ 노년기에 건강 영역에서 변하는 것이 너무 늦었다고 믿기 때문이다. 사실, 노인과 가족구성원과 기타 사람의 경우, 노년기에 정신건강과 신체적 건강이 좋지 않은 것에 대해 무엇인가를 하기에는 너무 늦었다고 생각할 수 있다.

④ 신체적으로 어렵고 경제적으로 어렵기 때문이다. 우선, 이동하는데 어려움을 겪는 노인에게는 치료를 받는 것이 어려울 수 있다. 또한 노인에게는 치료비를 확보하는 것이 어려울 수 있다.

⑤ 서비스를 이용할 수 없기 때문이다.

Point

- 노인의 정신건강문제는 제대로 진단되지 않는 경우가 많다.
- 노인이 정신건강문제에 대해 제대로 치료받지 못하는 이유와 관련된 것으로 정신건강 증상을 다른 질병의 증상으로 잘못 판단하는 것, 정신건강과 관련된 질병에 대한 차별과 편견, 노년기에 건강 영역에서 변하는 것이 너무 늦었다고 믿는 것, 신체적·경제적으로 어려운 것, 서비스를 이용할 수 없는 것이 있다.

8. 노인 정신건강문제에 도움이 되는 방안과 노인 정신건강문제에 대한 개입

1) 정신건강문제를 가진 노인에게 도움이 되는 방안

말할 것도 없이, 정신건강문제를 가진 노인에게는 도움이 필요하다. 정신건강문제로 어려움을 겪는 노인에게 도움이 될 수 있는 방안을 몇 가지 제시하면 다음과 같다(Canadian Mental Health Association, 2016).

① 노인이 자주 가는 병원의 의사에게 이야기한다. 의사는 노인에게 훌륭한 자원이 될 수 있다. 그리고 필요한 경우, 의사는 다른 전문가에게 노인을 연결시켜 줄 수 있다.

② 친한 친구 및 가족구성원과 이야기를 나눈다. 이 경우, 친한 친구와 가족구성원은 구체적으로 다음과 같이 해줄 수 있다.

㉠ 노인을 정서적으로 지지해주고, 실질적으로 지원해준다. 예를 들어, 정신건강문제를 치료하는 것과 관련해 예약하는 것과 서비스를 찾는 것을 도와준다.

㉡ 노인의 복리와 관련해 처음에 나타나는 변화를 알아챈다. 이런 변화는 정신건강 상태가 좋지 않게 되는 측면과 좋아지는 측면을 모두 포함한다.

친구들끼리 즐거운 대화를 나누는 노인들: 친한 친구와 이야기를 나누는 것은 정신건강문제로 어려움을 겪는 노인에게 도움이 된다. [출처: 저자 촬영ⓒ]

③ 정신건강문제를 겪은 사람들과 교류한다. 이 경우, 노인은 이런 사람들이 정신건강문제를 극복한 것에 대해 배울 수 있게 된다.

'건강한 노화'를 위한 정신건강 방안

세계보건기구의 경우, 정신건강과 관련해 건강한 노화를 하기 위한 방안을 다음과 같이 제시하고 있다(World Health Organization, 2023).

① 소득을 늘린다.
② 주택과 공공건물과 대중교통에 안전하고 쉽게 접근할 수 있게 한다.
③ 노인과 노인을 보살피는 사람을 사회적으로 지지하고 지원한다.
④ 건강한 행동을 하게 한다. 건강한 행동의 예로 균형 잡힌 식사를 하는 것, 신체적 활동을 하는 것, 담배를 피우지 않는 것, 알코올을 덜 사용하는 것이 있다.
⑤ 취약한 노인을 대상으로 프로그램을 실시한다. 취약한 노인의 예로 홀로 사는 노인, 멀리 떨어진 곳에서 사는 노인, 건강이 계속 좋지 않은 상태에서 사는 노인이 있다.

2) 노인의 정신건강문제에 대한 개입

(1) 일반적 개입 방안

노인이 겪는 정신건강문제를 해결하기 위해서는 이런 문제를 빨리 파악하고 개입해서 치료하는 것이 중요하다. 이때, 노인의 정신건강 문제를 해결하기 위해 개입하는 방법으로 다음과 같은 것이 있다(World Health Organization, 2023).

① 심리적·사회적으로 개입한다.
② 약물을 사용한다.

한편 노인의 정신건강문제를 해결하기 위해 개입하고자 할 때는 여러 가지 방안을 추천하는 경우가 많다.

(2) 국가와 사회 수준의 개입 방안

노인의 정신건강문제를 해결하기 위해서는 노인 개인의 수준에서뿐만 아니라, 국가와 사회 수준에서도 개입하여야 한다. 노인의 정신건강문제와 관련해, 국가와 사회가 개입할 수 있는 방안에는 여러 가지가 있을 수 있다.

노인의 정신건강문제를 근본적으로 없애거나 줄이기 위해서, 국가와 사회 수준에서 개입할 수 있는 방안을 몇 가지 제시하면 다음과 같다(World Health Organization, 2023).

① 노인에게 돌봄 서비스를 제공하는 의료 전문가를 키운다.
② 노인에게 계속 나타나는 질병을 예방하고 관리한다.
③ 노인을 고려하는 서비스를 제공하고, 노인을 고려하는 환경을 만든다.

Point

- 정신건강문제를 가진 노인에게 도움이 될 수 있는 방안으로 노인이 자주 가는 병원의 의사에게 이야기하는 것, 친한 친구 및 가족구성원과 이야기를 나누는 것, 정신건강문제를 겪은 사람들과 교류하는 것이 있다.
- 노인 정신건강문제를 위해 개입하는 방법으로 심리적·사회적 개입과 약물 사용이 있다.
- 노인 정신건강문제를 해결하기 위해서는 국가·사회 수준에서도 개입하여야 한다.

9. 노인의 우울

1) 노년기와 우울

노화가 진행된다고 해서 노년기에 우울이 반드시 나타나는 것은 아니다. 사실, 모든 사람은 살아가면서 우울한 상태에 놓일 수 있다. 그러나 노년기에 겪는 정신건강문제 중에서 가장 자주 나타나는 문제는 우울인 것으로 알려져 있다.[5] 그동안의 연구에 따르면, 우울은 노년기에 가장 자주 나타날 수 있는 증상들 가운데 하나에 속하고 있다. 실제로 선진국과 우리나라에서 노인에게 우울이 발생하는 비율은 높은 것으로 나타난 바 있다(노병일, 2022b; World Health Organization, 2022).

이에 따라서 노년기에 겪는 우울은 주요한 사회문제가 되고 있다. 그 결과, 노인복지 영역에서 활동하는 전문가는 노인의 우울에 대해 크게 관심을 가지고 있다(National Mental Health Association, 2004; Canadian Mental Health Association, 2016; World Health Organization, 2023; Park, 2019).

2) 우울과 노인 우울의 정의

여러 학자와 기관은 우울에 대해 정의해 왔다(노병일·오영선, 2005).

5) 이에 대해서는 앞에서 이미 설명한 바 있다.

그동안 우울에 대해 정의한 것을 몇 가지 제시하면 다음과 같다(한국사회복지협의회, 1993; Barker, 2003; American Psychiatric Association, 2021).

① 우리나라 사회복지협의회에서 발간한 사전에 따르면, 우울은 "의기 상실한[6] 기분으로 정신운동 저하,[7] 불면증, 체중 감소를 수반한[8] 정신적 증후군"을[9] 말한다.

② 미국 전국사회복지사협회에서 발간한 사전에 따르면, 우울은 슬픈 것, 절망에 빠져 자신을 포기하는 것, 미래에 대해 비관적인 것, 활동과 생산성이 줄어드는 것, 자는 데 어려움을 겪는 것, 심하게 피곤한 것, 자신을 미워하는 것의 특징을 지니는 감정적인 반응을 말한다.

③ 미국 정신의학학회에 따르면, 우울은 느끼는 방식, 생각하는 방식, 행동하는 방식에 부정적인 영향을 미치는 일반적이고 심각한 의학적 질병을 말한다.

정리하건대, 우울은 생활에 대해 비관적이고 부정적으로 인식하는 특징을 지니는 마음 상태라고 볼 수 있다(노병일·모선희, 2007). 그리고 우울에 대해 이렇게 정리할 경우, 노인 우울은 노인이 자기 삶에 대해 부정적으로 인식하는 탓에, 느끼고 생각하고 행동하는 데 어려움을 크게 겪는 마음 상태라고 볼 수 있다.

3) 노인 우울의 증상

노인이 우울한 상태에 있을 경우, 여러 가지 증상이 나타날 수 있

6) 의기는 "어떤 일을 하려고 [꾀하는 것]"을 말한다(국립국어원 표준국어대사전, 2024).

7) 저하는 "정도, 수준, 능률 따위가 떨어져 [낮아지는 것]"을 말한다(국립국어원 표준국어대사전, 2024).

8) 수반은 "어떤 일과 더불어 [생기는 것]"을 말한다(국립국어원 표준국어대사전, 2024).

9) 증후군은 "몇 가지 증후가 늘 함께 나타나지만, 그 원인이 명확하지 아니하거나 단일하지 아니한 병적인 증상들을 통틀어 이르는 말"이다(국립국어원 표준국어대사전, 2024).

다. 그리고 우울한 상태에 놓이면, 우울 증상이 2주가 넘게 계속되는 경우가 많다.

우울을 보여주는 증상을 구체적으로 제시하면 다음과 같다(Geriatric Mental Health Foundation, 2024).

① 잠을 자는 데 어려움을 겪는다. 예를 들어, 너무 많이 자거나, 너무 적게 잔다.
② 식욕이 변한다. 이에 따라서 체중이 줄거나 는다.
③ 신체적으로 고통을 느낀다.
④ 어떤 것을 적극적으로 하려 하지 않는다.
⑤ 민감하고, 견디지 못한다.
⑥ 흥미가 없어지거나, 즐거움이 없어진다.
⑦ 가치가 없다고 느끼거나, 죄의식을 느낀다.
⑧ 집중하는 데 어려움을 겪거나, 결정을 내리는 데 어려움을 겪는다.
⑨ 크게 들뜨거나, 느리게 움직인다.
⑩ 죽음이나 자살에 대해 계속 생각한다.
⑪ 성적 욕구가 변한다.

그러나 어떤 두 노인도 우울을 똑같은 방식으로 경험하지 않고 있다. 따라서 우울 증상을 겪는 정도와 우울이 계속되는 기간은 노인에 따라 차이가 나고 있다(National Mental Health Association, 2004).

4) 노인에게 우울을 유발하는 요인

노인에게 우울을 유발하는 요인에는 여러 가지가 있을 수 있다. 노인에게 우울을 유발하는 주요한 요인으로 상실과 관련된 요인, 인구적·사회적 요인, 건강과 관련된 요인, 학대와 관련된 요인이 있다.

(1) 상실과 관련된 요인

상실(loss)은 모든 사람의 생활에서 나타나지만, 노년기에는 상실이 더 많이 나타나기 때문에 노인은 우울을 더 경험하게 된다(노병일, 2022b; 노병일·모선희, 2007). 따라서 노년기의 상실은 노인에게 우울을 유발하는 근본적인 요인이라고 볼 수 있다.

(2) 인구적·사회적 요인

그동안의 연구에 따르면, 성별, 나이, 소득, 결혼 상태, 교육 수준, 경제적 상태, 가족 형태는 노인의 우울에 영향을 미칠 가능성이 큰 요인에 속하고 있다. 이에 대해 구체적으로 제시하면 다음과 같다(노병일·모선희, 2007; 노병일·오영선, 2005).

① 성별의 경우, 여성노인은 남성노인에 비해 우울을 겪을 가능성이 더 큰 것으로 알려져 있다.

② 나이의 경우, 노인의 나이가 많아질수록 우울을 겪을 가능성이 더 큰 것으로 알려져 있다.

사진을 찍으러 다니는 노인 부부: 배우자가 있는 노인에 비해서, 배우자가 없는 노인은 우울을 겪을 가능성이 더 크다. [출처: 네덜란드에서 저자 촬영©]

③ 소득의 경우, 노인의 소득이 적을수록 우울을 겪을 가능성이 더 큰 것으로 알려져 있다.
④ 결혼 상태의 경우, 노인에게 배우자가 없을 때 우울을 겪을 가능성이 더 큰 것으로 알려져 있다.
⑤ 교육 수준의 경우, 노인의 교육 수준이 낮을수록 우울을 겪을 가능성이 더 큰 것으로 알려져 있다.
⑥ 경제적 상태의 경우, 노인의 경제적 수준이 낮을수록 우울을 겪을 가능성이 더 큰 것으로 알려져 있다.
⑦ 가족 형태의 경우, 노인이 혼자 살수록 우울을 겪을 가능성이 더 큰 것으로 알려져 있다.

(3) 건강과 관련된 요인

그동안의 연구에 따르면, 신체적 건강, 주관적 건강, 기능적 건강은[10] 노인의 우울에 영향을 미칠 가능성이 큰 요인에 속하고 있다. 이에 대해 구체적으로 제시하면 다음과 같다(노병일·모선희, 2007; 노병일·오영선, 2005).

① 신체적 건강의 경우, 노인의 신체적 건강 상태가 좋지 않을수록 우울을 겪을 가능성이 더 큰 것으로 알려져 있다.
② 주관적 건강의 경우, 노인이 자신의 건강이 좋지 않다고 인식할수록 우울을 겪을 가능성이 더 큰 것으로 알려져 있다.
③ 기능적 건강의 경우, 노인이 모든 일상적 활동을 제대로 하는 데 어려움을 겪을수록 우울을 겪을 가능성이 더 큰 것으로 알려져 있다.

(4) 학대와 관련된 요인

노인에 대한 학대는 노인에게 우울을 유발하는 것으로 알려져 있

---

10) 일반적으로 기능적 건강은 모든 일상적 활동을 제대로 할 수 있는 상태와 관련되고 있다.

다.[11] 실제로 여러 국가에서 노년기의 우울은 노인학대와 크게 관련되는 경우가 많은 것으로 나타나고 있다(Park, 2019).

5) 우울이 미치는 영향

노년기의 우울은 노인과 가족의 일반적 건강에 매우 부정적인 영향을 미치고 있다. 그 결과, 노년기의 우울은 노인과 가족의 삶의 질에 부정적으로 작용하고 있다.

노인이 우울을 겪을 경우, 노인은 다음과 같은 상태에 놓일 가능성이 큰 것으로 알려져 있다(노병일·모선희, 2007; 노병일·오영선, 2005; Park, 2019; World Health Organization, 2023).

① 일상적으로 활동하고 일상적으로 제 역할을 하는 데 제약을 받는다.

② 자신이 외롭다고 느끼거나 가치가 없다고 느낀다.

③ 여러 가지 신체적 문제를 겪는다.

④ 자살을 시도한다.

⑤ 사망한다.

결국, 노인이 우울을 경험할 경우, 전체적으로 노인의 복리 수준은 더 낮아지게 된다(노병일, 2022b).

Point

- 노인에게 우울이 발생하는 비율은 높은 편이다. 노인의 우울은 노인이 자기 삶에 대해 비관적이고 부정적으로 인식하는 마음 상태이다.
- 노인이 우울한 상태에 있으면 여러 증상이 나타날 수 있다.
- 노인에게 우울을 유발하는 요인으로 상실과 관련된 요인, 인구적·사회적 요인, 건강과 관련된 요인, 학대와 관련된 요인이 있다.
- 노인이 우울을 경험하면 전체적으로 노인의 복리 수준은 더 낮아진다.

11) 노인학대가 노인의 우울을 유발하는 것에 대해서는 노인학대를 다루는 장(제7장)에서 자세히 설명한다.

10. 노인의 불안

1) 노년기와 불안

모든 사람은 살면서 불안한 감정을 가질 수 있다. 따라서 불안하다고 느끼는 것은 모든 연령층에게 공통적으로 나타나는 현상이다.

그러나 불안은 노년기에 자주 나타나는 증상에 속하고 있다. 노인이 불안한 감정을 크게 가질 경우, 노인은 불안장애(anxiety disorder)를 겪을 수 있다.[12)] 실제로 노인은 불안장애를 경험하는 경우가 많다. 사실, 불안장애는 노인에게 영향을 미치는 가장 일반적인 정신건강문제에 속하고 있다(Geriatric Mental Health Foundation, 2024; Andreescu & Varon, 2015; Harvard Health Publishing, 2020).

노인의 불안은 노년기의 건강과 삶에 부정적인 영향을 미치고 있다. 그러나 노인의 불안이나 불안장애에 대해서는 신경을 쓰지 않거나 소홀히 나루는 경우가 많다. 따라서 노인의 불안은 제대로 진단되지 않는 경우가 많다. 이런 탓에, 노인이 겪는 불안이나 불안장애를 파악하지 못하는 경우가 많고, 이에 따라 노인의 불안이나 불안장애를 치료하지 못하는 경우가 많다(Geriatric Mental Health Foundation, 2024; Andreescu & Varon, 2015; Harvard Health Publishing, 2020).

그러므로 노인복지 영역에서 활동하는 전문가는 노인의 불안이나 불안장애에 대해 크게 관심을 가지고 있다.

2) 불안과 불안장애의 정의

(1) 불안과 노인 불안의 정의

여러 사전과 기관과 학자는 불안에 대해 정의해 왔다. 그동안 불안에 대해 정의한 것을 구체적으로 제시하면 다음과 같다(Cambridge

12) 불안과 관련해서는 불안장애에 더 주목하는 경우도 많다.

Dictionary, 2024; Barker, 2003).

① 외국의 유명한 사전에 따르면, 불안장애는 개인이 너무 불안해해서 자신의 일상생활에 영향을 미치는 정신질병을 말한다.
② 미국 불안·우울협회에 따르면, 불안장애는 매우 큰 걱정이나 두려움을 포함하는 장애를 말한다.

정리하건대, 불안장애는 매우 크게 걱정하거나 두려워하는 탓에 일상생활을 하는 데 어려움을 겪는 상태라고 볼 수 있다. 따라서 노인 불안장애는 노인이 매우 걱정하거나 두려워하기 때문에, 노인이 일상생활을 하기가 어려운 상태에 있는 것이라고 볼 수 있다.

(2) 불안장애와 노인 불안장애의 정의

여러 사전과 기관과 학자는 불안장애에 대해서도 정의해 왔다. 그동안 불안장애에 대해 정의한 것을 구체적으로 제시하면 다음과 같다(Cambridge Dictionary, 2024; Anxiety and Depression Association of America, 2024).

① 외국의 유명한 사전에 따르면, 불안장애는 개인이 너무 불안해해서 자신의 일상생활에 영향을 미치는 정신질병을 말한다.
② 미국 불안·우울협회에 따르면, 불안장애는 매우 큰 걱정이나 두려움을 포함하는 장애를 말한다.

정리하건대, 불안장애는 매우 크게 걱정하거나 두려워하는 탓에 일상생활을 하는 데 어려움을 겪는 상태라고 볼 수 있다. 따라서 노인 불안장애는 노인이 매우 걱정하거나 두려워하기 때문에, 노인이 일상생활을 하기가 어려운 상태에 있는 것이라고 볼 수 있다.

3) 노인 불안의 증상

노인 불안의 증상에는 여러 가지가 있다. 그러나 노인 불안의 상황과 관련해서는, 노인 불안의 증상보다는 노인 불안장애의 증상을 이해하는 것이 더 쓸모가 있다.

노인 불안장애의 증상을 몇 가지 제시하면 다음과 같다(Geriatric Mental Health Foundation, 2024).

① 과도하게 걱정하거나 두려워한다.
② 일상 활동을 하는 것을 거부하거나, 일상적인 것에 너무 집착한다.
③ 사회적으로 교류하려 하지 않는다.
④ 안전에 대해 매우 관심이 많다.
⑤ 숨을 제대로 쉬지 못하고, 떨고, 메스꺼워하고, 땀을 많이 흘린다.
⑥ 잠을 잘 자지 못한다.
⑦ 근육이 긴장되고, 약하다고 느낀다.
⑧ 우울하다.
⑨ 알코올이나 신경과 관련된 기타 약물을 의사의 처방 없이 사용한다.

아는 사람들끼리 교류하는 노인들: 사회적으로 교류하려 하지 않는 것은 불안장애의 증상일 수 있다. [출처: 네덜란드에서 저자 촬영ⓒ]

4) 노인 불안의 특징

노인에게 불안이 나타나는 과정과 젊은 성인에게 불안이 나타나는 과정은 서로 차이가 나고 있다. 이렇게 되는 이유들 가운데 하나는, 노년기에는 상실과 고립을 더 겪기 때문이다(Andreescu & Varon, 2015).

그리고 불안한 상태에서 살아가는 노인은 자신이 젊었을 때 불안장애를 겪은 경우가 많다. 그러나 이런 노인은 젊었을 때 불안장애라고 진단받지 않은 탓에, 불안장애를 치료받지 않았을 수 있다(Geriatric Mental Health Foundation, 2024).

그러므로 노인이 겪는 불안장애는 다음과 같은 특징을 지니는 경우가 많다(Andreescu & Varon, 2015).

① 오래 계속된다.

② 노년기 이전에 시작되었다.

또한 노인에게 불안장애만 홀로 나타나는 경우는 드물다. 따라서 불안장애를 겪고 있는 노인은 다른 정신건강문제도 겪고 있는 경우가 많다. 이때, 이런 정신건강문제의 예로 우울과 약물남용이 있다(Harvard Health Publishing, 2020).

5) 노인에게 불안을 유발하는 요인

나이가 들면 나타날 수 있는 스트레스와 변화는 노인에게 불안을 크게 유발하는 요인이 될 수 있다. 나이가 들면 나타날 수 있는 스트레스와 변화의 예로 건강 상태가 좋지 않게 되는 것, 기억하는 데 어려움을 겪는 것, 상실을 경험하는 것이 있다.

또한 노화에 대해 일반적으로 가지는 두려움은 노인에게 불안을 유발하는 요인이 될 수 있다. 예를 들어, 노인은 다음과 같은 상황에 대해 두려워하는 경우가 많은데, 이런 상황은 노인에게 불안을 유발할 수 있다(Geriatric Mental Health Foundation, 2024).

① 넘어진다.
② 생활비와 의료비를 확보할 수 없다.
③ 학대를 당한다.
④ 다른 사람에게 의존한다.
⑤ 홀로 남겨진다.
⑥ 사망한다.

그리고 노인에게 불안장애를 유발하는 일반적 요인에는 여러 가지가 있을 수 있다. 이런 일반적 요인과 관련된 상황을 몇 가지 제시하면 다음과 같다(Geriatric Mental Health Foundation, 2024).

① 스트레스나 마음의 상처를 크게 받는다.
② 배우자가 사망해서 계속 슬퍼한다.
③ 알코올이나 카페인이나 기타 약물을 사용한다. 이때, 약물은 처방받은 약물, 일반 상점에서 구할 수 있는 약물, 불법 약물을 포함한다.
④ 가족구성원 중에 불안장애를 겪은 사람이 있다.
⑤ 기타 질병이나 정신건강과 관련된 질병이 있다.
⑥ 알츠하이머병이나 기타 치매와 같은 신경 계통 질병이 있다.

노인 불안의 긍정적·부정적 측면

질병에 걸리는 것, 새롭게 사회적으로 교류하는 것, 무서운 사건에 대해서 노인이 불안해하는 것은 당연한 것이다. 그리고 노인이 불안하다고 느끼는 것은 문제를 해결하고 이상한 상황에 대처하는 데 도움을 줄 수 있다. 또한 불안하다고 느끼는 것은 위험한 상황을 피하는 데 도움을 줄 수도 있다(Geriatric Mental Health Foundation, 2024).

그러나 다음과 같을 경우, 불안은 질병일 수도 있다(Geriatric Mental Health Foundation, 2024).

① 불안을 자주 느낀다.
② 너무 심각하게 불안을 느낀다.
③ 불안이 일상생활, 사회생활, 사람들과의 관계에 영향을 미친다.

6) 불안이 노인에게 미치는 영향

노인이 심각하게 불안해하는 상태에 있는 것은 노인에게 부정적인 영향을 미칠 수 있다. 예를 들어 노인이 불안을 심각하게 경험할 경우, 노인이 다음과 같은 상태에 놓일 가능성이 커지게 된다(Andreescu & Varon, 2015; Harvard Health Publishing, 2020; Geriatric Mental Health Foundation, 2024).

① 스트레스를 겪는다.
② 기억하는 데 어려움을 겪는다.
③ 장애 상태에 놓인다.
④ 목숨을 잃는다.

노인의 불안장애는 뇌졸중 및 심장과 관련된 질병이 발생할 가능성이 더 커지는 것과 관련되고 있다. 또한 노년기에 겪는 불안장애의 경우, 인지적 능력이 약간 낮아지는 상태에 있다가 알츠하이머병에 걸리는 상태로 바뀔 가능성이 큰 것과 관련되고 있다(Andreescu & Varon, 2015).

결국, 노년기에 심각한 불안을 겪을 경우, 노인의 삶의 질이 크게 낮아지거나 노인이 죽음에 이르게 된다.

Point

- 노인은 불안장애를 경험하는 경우가 많다. 그러나 노인의 불안이나 불안장애를 소홀히 다루는 경우가 많다.
- 불안은 현재나 미래에 발생하는 것에 대해 걱정하고 긴장하는 감정이고, 불안장애는 매우 크게 걱정하거나 두려워하는 탓에 일상생활을 하는 데 어려움을 겪는 상태이다.
- 노인 불안과 노인 불안장애의 증상에는 여러 가지가 있다.
- 노인이 겪는 불안장애는 오래 계속되고 노년기 이전에 시작된 경우가 많다. 불안장애를 겪는 노인은 다른 정신건강문제도 겪는 경우가 많다.
- 나이가 들면 나타날 수 있는 스트레스·변화와 노화에 대해 가지는 두려움은 노인에게 불안을 유발하는 요인이 될 수 있다.
- 노년기에 심각한 불안을 겪으면, 삶의 질이 크게 낮아지거나 죽음에 이르게 된다.

11. 노인의 죽음과 정신건강

1) 노년기의 죽음과 정신건강

노년기의 삶은 죽음으로 끝나게 된다. 따라서 노인에게 죽음은 당연한 현상이다(노병일·노대겸, 2015). 그러나 죽음은 인간이 이 세상의 삶과 영원히 이별하는 사건이기 때문에, 인간은 죽음에 대해 불안해하고 두려워할 가능성이 크다. 이것은 심각한 질병을 겪고 있어 죽음이 충분히 예측되는 상황에 있는 노인의 경우에도 마찬가지이다.

결국, 노년기의 죽음은 여러 가지 정신건강과 밀접하게 관련될 수밖에 없다. 이런 탓에, 노인이 죽음을 맞이하는 것은 노인에게 정신건강문제를 유발하는 주요한 상황이 될 가능성이 크다.

지역사회에 있는 묘지: 노년기의 죽음은 여러 가지 정신건강과 밀접하게 관련될 수 있다. [출처: 미국에서 저자 촬영ⓒ]

2) 죽음에 대한 반응

노인이 죽음을 맞이할 때 지니는 감정은 노인 개인마다 다를 수 있다. 그러나 노인은 죽음에 대해 어느 정도 일반적인 감정을 가질 수 있다. 따라서 일부 학자는 죽음의 단계를 제시한 바 있는데, 이 중에서 가장 유명한 것은 퀴블러-로스(Kübler-Ross)가 제시한 단계이다.

퀴블러-로스의 연구는 죽음이 가까운 환자의 심리를 이해하기 위해 처음으로 실시된 체계적인 연구이다. 죽음과 관련해 퀴블러-로스가 제시한 단계는 현재까지 가장 많이 인용되고 있다(류성곤, 2016).

퀴블러-로스의 경우, 죽음을 앞둔 환자는 심리적으로 다섯 단계의 변화를 거친다고 보고 있다. 퀴블러-로스가 죽음과 관련해 제시한 다섯 단계를 구체적으로 살펴보면 다음과 같다(류성곤, 2016).

① 죽음의 첫째 단계는 부인(denial) 단계이다. 부인 단계에서는 죽음과 관련된 사실과 정보와 현실 등을 의식적·무의식적으로 거부한다.

② 죽음의 둘째 단계는 분노(anger) 단계이다. 분노 단계에서는 분노를 겉으로 드러낸다. 이 경우, 분노는 개인의 성격에 따라 다른 방법으로 드러낸다.

③ 죽음의 셋째 단계는 협상(bargaining) 단계이다. 협상 단계에서는 자신의 사회적 배경을 중심으로 신이나 절대자에게 맡긴다.

④ 죽음의 넷째 단계는 우울(depression) 단계이다. 우울 단계에서는 비통함을 준비한다. 어떤 의미에서, 우울 단계는 현실을 받아들이는 준비 과정이라고도 볼 수 있다.

⑤ 죽음의 다섯째 단계는 수용(acceptance) 단계이다. 수용 단계에서는 자신의 삶을 되돌아보고 죽음을 맞이한 현실 속에서 긍정적 측면을 생각하거나 자신이 할 수 있는 최선의 방법을 찾아본다.

앞에서 보듯이, 죽음의 다섯 단계는 정신건강과 밀접하게 관련되어 있다.

Point

- 노인이 죽음을 맞이하는 것은 정신건강문제를 유발하는 주요한 상황이 될 수 있다.
- 퀴블러-로스에 따르면, 죽음을 앞둔 환자는 부인 단계, 분노 단계, 협상 단계, 우울 단계, 수용 단계를 거친다.

Chapter 07

노인과 학대

차례

1. 노년기와 학대

노년기에도 일반 성인기에서와 마찬가지로 활발하게 활동하며 독립적으로 생활할 수 있다. 그러나 인간이 노년기에 이르면, 신체적 건강과 정신건강이 좋지 않게 될 가능성이 커지게 된다. 이에 따라 노인은 가족구성원이나 전문가의 돌봄을 받아야 하는 경우가 많아지게 된다(노병일, 2022b). 이렇게 될 경우, 가족구성원이나 주변 사람이 노인을 학대할 가능성이 커지게 된다. 특히 노인의 인지적 능력이 낮아질 경우, 노인이 학대를 당할 가능성은 더 커질 수 있다. 이것은 노인에게 치매가 있을 때 특히 그렇다.

실제로 노인은 학대를 당할 가능성이 큰 집단에 속하고 있다. 이런 탓에, 매년 많은 노인은 학대를 당하고 있다. 하지만 여러 가지 이유 때문에, 노인학대는 신고되지 않는 경우가 많다. 따라서 오늘날에도 노인학대는 겉으로 크게 드러나지 않는 경우가 많다(노병일, 2022b; World Health Organization, 2017; World Health Organization, 2023; National Institute on Aging, 2024a; Lacher, Wettstein, Senn, Rosemann & Hasler, 2016).

학대를 당하는 노인은 여러 가지 영역에서 큰 어려움을 겪게 된다. 왜냐하면 노인학대는 노인의 삶에 매우 부정적인 영향을 미치기 때문이다.

노인학대는 잘사는 나라와 못사는 나라 모두에서 발생하고 있다. 특히 노인학대는 선진국에서도 많이 발생하고 있다. 따라서 세계의 많은 국가에서 노인학대는 심각한 사회문제가 되고 있다. 실제로 오늘날의 경우, 노인학대는 중요한 사회문제라는 점을 보여주는 상황이 많이 나타나고 있다(노병일, 2020b).

이런 탓에, 「세계적으로 노인학대를 예방하기 위한 토론토 선언(Toronto Declaration on the Global Prevention of Elder Abuse)」의 경우, 오늘날과 같이 노인 인구가 많아지는 사회에서는 모든 사람이 노인학대에 관심을 가져야 한다고 주장하고 있다(World Health Organization, 2002).

「세계적으로 노인학대를 예방하기 위한 토론토 선언」 자료의 표지(일부): 노인 인구가 많아지는 사회에서는 모든 사람이 노인학대에 관심을 가져야 한다. [출처: World Health Organization(2002)]

이런 상황 때문에, 유엔은 6월 15일을 '세계 노인학대 인식의 날'로 정한 바 있다. 우리나라에서도 노인학대에 대한 관심을 키우기 위해서 6월 15일을 '노인학대예방의 날'로 정하였다(국가법령정보센터, 2024).

그러므로 노인복지 영역에서 활동하는 전문가의 경우, 노인학대에 대해 관심을 가질 필요가 있다.

Point

- 노인은 학대를 당할 가능성이 큰 집단이다.
- 유엔과 우리나라는 6월 15일을 노인학대와 관련된 날로 정하였다.

2. 노인학대의 정의

여러 사전과 기관과 법에서는 노인학대에 대해 나름대로 정의해 왔다. 그러나 노인학대가 구체적으로 무엇인가에 대해서는 정의마다 서로 차이가 나고 있다(Dubin, 2023).

그동안 노인학대에 대해 정의한 것을 몇 가지 제시하면 다음과 같다(국가법령정보센터, 2024; World Health Organization, 2017).

① 세계보건기구에 따르면, 노인학대는 "신뢰가 예상되는 관계 속에서 노인에게 해를 끼치거나 어려움을 줄 수 있는" 행동을 말한다.

② 우리나라 「노인복지법」에 따르면, 노인학대는 "노인에 대하여 신체적·정신적·정서적·성적 폭력 및 경제적 착취 또는 가혹행위를 하거나 유기[1] 또는 방임을[2] 하는 것"을 말한다.[3]

---

1) 유기는 "내다 [버리는 것]"을 말한다(국립국어원 표준국어대사전, 2024).

2) 방임은 "돌보거나 간섭하지 않고 제멋대로 내버려[두는 것]"을 말한다(국립국어원 표준국어대사전, 2024).

3) 이런 식의 정의 속에는 노인학대의 형태가 포함되어 있다.

정리하건대, 노인학대는 노인에게 신체적·정서적·성적·경제적으로 어려움을 주는 행위라고 볼 수 있다(노병일, 2022b).

Point

- 노인학대는 노인에게 신체적·정서적·성적·경제적으로 어려움을 주는 행위이다.

3. 노인학대의 형태와 노인학대를 보여주는 상황

1) 노인학대의 형태

(1) 노인학대 형태의 분류

노인학대의 형태에는 여러 가지가 있다. 그러나 노인학대의 형태를 분류하는 것은 기관이나 학자에 따라 약간 차이가 나고 있다.

노인학대의 형태를 분류하는 예로 세계보건기구가 분류한 것, 미국 국립 노화연구소(National Institute on Aging)가 분류한 것, 래처(Lacher) 등이 분류한 것이 있다.

(가) 세계보건기구의 분류

세계보건기구의 경우, 노인학대의 형태를 다음과 같이 분류하고 있다(World Health Organization, 2017; World Health Organization, 2023).

① 신체적 학대가 있다.
② 언어적 학대가 있다.
③ 정서적 학대가 있다.
④ 재정적 학대가 있다.
⑤ 성적 학대가 있다.
⑥ 유기가 있다.
⑦ 방임이 있다.

⑧ 위엄을 크게 갖지 못하게 하는 것이 있다.
⑨ 존경을 크게 받지 못하게 하는 것이 있다.

(나) 미국 국립 노화연구소의 분류

미국 국립 노화연구소의 경우, 노인학대의 형태를 다음과 같이 분류하고 있다(National Institute on Aging, 2024a).

① 신체적 학대가 있다. 신체적 학대는 누군가가 노인을 때리거나 밀어서 신체적으로 해를 끼칠 때 나타난다.
② 정서적 학대가 있다. 정서적 학대는 정서적으로 해를 끼칠 때 나타난다. 때에 따라서는 정서적 학대를 심리적 학대라고도 부른다. 정서적 학대의 예를 몇 가지 제시하면 다음과 같다.
   ㉠ 돌봄제공자가 노인에게 상처를 주는 말을 한다.
   ㉡ 노인에게 소리친다.
   ㉢ 노인을 위협한다.
   ㉣ 노인을 반복적으로 무시한다.
   ㉤ 노인에게 친한 친구나 친척을 만나지 못하게 한다.
③ 방임이 있다. 방임은 돌봄제공자가 노인의 욕구를 충족해주려고 하지 않을 때 나타난다.
④ 유기가 있다. 유기는 노인을 돌볼 계획을 짜지 않은 채 노인을 홀로 둘 때 나타난다.
⑤ 성적 학대가 있다. 성적 학대는 돌봄제공자가 노인에게 성적 행위를 보도록 강요하거나 성적 행위를 하도록 강요할 때 나타난다.
⑥ 재정적 학대가 있다. 재정적 학대는 노인의 돈이나 물건을 훔칠 때 나타난다. 재정적 학대는 점점 더 많이 나타나고 있다. 그러나 재정적 학대는 다른 사람이 찾아내기 어려울 수 있다. 재정적 학대의 예를 몇 가지 제시하면 다음과 같다.
   ㉠ 노인의 퇴직금이나 연금을 가져간다.
   ㉡ 노인의 허락 없이 노인의 신용카드나 은행계좌를 사용한다.

ⓒ 노인의 허락 없이 유언장, 보험증권, 집 등기부에 있는 이름을 다른 사람으로 변경한다.

⑦ 의료 사기(healthcare fraud)가 있다. 의료 사기는 의사, 병원의 직원, 의료 영역에서 일하는 사람이 사기를 칠 때 나타난다. 의료 사기의 예를 몇 가지 제시하면 다음과 같다.

㉠ 노인에 대한 의료비를 더 많이 청구한다.

㉡ 노인이 이용한 서비스에 대해 비용을 두 번 청구한다.

㉢ 노인에게 제공하지 않은 서비스에 대해 비용을 청구한다.

(다) 래처(Lacher) 등의 분류

래처(Lacher) 등의 경우, 노인학대의 형태를 다음과 같이 분류하고 있다(Lacher et al., 2016).

① 신체적 학대가 있다. 신체적 학대는 신체에 해를 끼치거나, 신체적으로 고통을 주거나, 장애를 유발하는 방식으로 신체적 힘을 사용하는 것을 말한다.

② 심리적 학대가 있다. 심리적 학대는 정서적으로 고통이나 스트레스를 주는 것을 말한다. 정서적 학대의 예를 구체적으로 제시하면 다음과 같다.

㉠ 노인에게 언어로 쏘아댄다.

㉡ 노인을 모욕한다.

㉢ 노인을 위협한다.

㉣ 노인과 대화하기를 거절한다.

③ 재정적 학대가 있다. 재정적 학대는 노인의 자금이나 재산이나 자산을 불법적으로 사용하거나 적절하지 않게 사용하는 것을 말한다.

④ 반헌법적(anticonstitutional) 학대가 있다. 반헌법적 학대는 헌법에 보장된 인권을 지키지 않는 것을 말한다. 반헌법적 학대의 예를 구체적으로 제시하면 다음과 같다.

㉠ 노인의 신분을 나타내는 서류를 훔친다.

㉡ 노인이 자신의 권리를 포기하게끔 강요하거나 거짓으로 핑계를 댄다.

(2) 노인학대의 형태와 관련해 고려할 점과 정리

세계보건기구에서 분류하는 노인학대 형태 중에서, '위엄을 크게 잃는 것'과 '존경을 크게 받지 못하는 것'은 정서적 학대에 포함될 수 있을 것으로 보인다. 또한 미국 국립 노화연구소와 래처 등이 제시하는 '정서적 학대'의 내용에는 언어적 학대의 측면이 포함되어 있다.

그리고 미국 국립 노화연구소에서 제시하는 '의료 사기'는 래처 등이 제시하는 '반헌법적 학대'에 해당할 수 있고, 어떤 면에서는 '재정적 학대'에 해당할 수도 있다. 그리고 모든 형태의 학대는 래처 등이 제시하는 '반헌법적 학대'에 해당할 수 있다.

정리하건대, 노인학대의 주요한 형태는 신체적 학대, 언어적 학대, 정서적(심리적) 학대, 성적 학대, 재정적 학대, 유기, 방임이라고 볼 수 있다.

(3) 발생하는 노인학대 형태와 관련된 경향

발생하는 노인학대의 형태는 국가나 상황에 따라 다를 수 있다. 그러나 일반적으로 노인에게는 신체적 학대보다는 정서적 학대가 더 많이 발생하는 경우가 많다. 실제로 그동안의 연구에 따르면, 정서적 학대가 신체적 학대보다 더 많이 나타나고 있다. 그리고 일부 연구의 경우, 가장 많이 발생하는 형태의 노인학대는 정서적 학대인 것으로 나타나고 있다(Park, 2019; Lacher et al., 2016).

자라는 식물을 바라보고 있는 노인: 노인에게는 신체적 학대보다는 정서적 학대가 더 많이 발생하는 경우가 많다. [출처: 저자 촬영ⓒ]

한편 노인에게는 겉으로 드러나는 형태의 노인학대보다는 겉으로 드러나지 않는 형태의 노인학대가 더 많이 발생하는 경향을 보이고 있다. 예를 들어 우리나라의 경우, 겉으로 드러나지 않는 형태의 노인학대가 겉으로 드러나는 형태의 노인학대보다 더 많이 발생하는 것으로 알려져 있다. 이 경우, 겉으로 드러나지 않는 노인학대 형태의 예로 정서적 학대와 방임이 있고, 겉으로 드러나는 노인학대 형태의 예로 재정적 학대와 신체적 학대가 있다. 우리나라의 이런 상황은 유럽과 미국에서 조사한 결과와 일치하고 있다(Park, 2019; Lacher et al., 2016).

2) 노인학대를 보여주는 상황

노인이 학대를 당할 경우, 이것을 보여주는 상황(낌새, sign)이 나타나게 된다. 노인학대를 보여주는 상황을 구체적으로 제시하면 다음과 같다(National Institute on Aging, 2024a).[4]

① 잠자는 데 어려움을 겪는다.
② 우울하거나 혼란스러워한다.
③ 아무런 이유 없이 몸무게가 줄어든다.
④ 마음이 상처받은 증상을 보인다. 이런 증상의 예로 몸을 앞뒤로 흔드는 것이 있다.
⑤ 흥분하거나 폭력적으로 행동한다.
⑥ 집안에 틀어박혀 있다.
⑦ 자신이 좋아하는 활동에 참여하지 않는다.
⑧ 설명할 수 없는 타박상, 화상, 상처가 있다.
⑨ 외모가 지저분해 보인다. 이런 예로 머리를 감지 않고 있는 것, 옷이 더러운 것이 있다.
⑩ 욕창이[5] 나타나거나, 기타 예방할 수 있는 증상이 보인다.

---

4) 다만, 이런 상황이 나타난다고 해서, 노인이 반드시 노인학대를 겪었거나 겪고 있다는 것은 아니다.

5) 욕창은 "병으로 오랜 시간을 누워 지내는 환자의 엉덩이나 등이 개개어서 생기는 부스럼"을 말한다(국립국어원 표준국어대사전, 2024).

Point

- 노인학대의 주요한 형태는 신체적 학대, 언어적 학대, 정서적(심리적) 학대, 성적 학대, 재정적 학대, 유기, 방임이다.
- 노인에게는 정서적 학대가 신체적 학대보다 더 많이 나타나고, 겉으로 드러나는 형태의 학대보다는 겉으로 드러나지 않는 형태의 학대가 더 많이 발생하는 경향을 보인다.
- 노인학대를 당할 때는 이것을 보여주는 상황이 나타난다.

4. 노인학대의 피해자

1) 노인학대의 대상

노인학대는 어느 노인에게나 발생할 수 있다. 즉, 노인학대는 나이, 성별, 종교 등에 상관없이 누구에게나 발생할 수 있다. 따라서 모든 층의 노인은 노인학대의 피해자가 될 수 있다(Dubin, 2023; National Institute on Aging, 2024a).

2) 학대에 취약한 노인

앞에서 설명한 바와 같이, 모든 노인은 학대의 대상이 될 수 있다. 하지만 일부 노인은 학대에 특히 더 취약할 수 있다. 일반적으로 다음과 같은 노인은 학대를 당할 가능성이 더 큰 것으로 알려져 있다(World Health Organization, 2002; Park, 2019; National Institute on Aging, 2024a).

① 나이가 매우 많은 노인이 있다.

② 일반적 역할을 하는 데 어려움을 겪는 노인이 있다. 따라서 일상적으로 활동하는 데 다른 사람의 도움이 필요한 노인은 학대를 당하는 경우가 많다. 일상적으로 하는 활동의 예로 목욕하는 것, 옷을 갈아입는 것, 약을 먹는 것이 있다. 특히 신체적·정신적으로 약한 노인은 학대를 당할 가능성이 크다. 예를 들어, 다

음과 같은 상태에 있는 노인은 학대를 당할 가능성이 크다.

㉠ 장애가 있다.

㉡ 기억하는 데 어려움을 겪는다.

㉢ 치매가 있다.

③ 여성노인이 있다. 실제로 노인학대의 피해자 중에는 여성노인이 많다.

④ 주위에 가족이나 친구가 없는 노인이 있다.

⑤ 빈곤한 노인이 있다.

잠깐 쉬고 있는 여성노인들: 노인학대의 피해자 중에는 여성이 많다. [출처: 독일에서 저자 촬영ⓒ]

Point

- 모든 층의 노인은 노인학대의 피해자가 될 수 있다.
- 나이가 매우 많은 노인, 일반적 역할을 하는 데 어려움을 겪는 노인, 여성노인, 주위에 가족이나 친구가 없는 노인, 빈곤한 노인은 학대를 당할 가능성이 더 크다.

5. 노인학대를 하는 사람과 노인학대의 발생 장소

1) 노인학대를 하는 사람

여러 종류의 사람이 노인을 학대할 수 있다. 이 중에서 노인을 학대할 가능성이 있는 사람의 예로 노인의 성인 자녀, 노인의 친척, 노인을 법적으로 보호하는 사람, 노인에게 돌봄 서비스를 제공하는 사람을 들 수 있다(Barker, 2003; Dubin, 2023).

그러나 「세계적으로 노인학대를 예방하기 위한 토론토 선언」에 따르면, 노인학대를 하는 사람은 노인학대의 피해자가 잘 알고 있는 사람인 경우가 많다(World Health Organization, 2002). 따라서 가정에서 노인을 학대하는 주요한 인물은 노인의 가족구성원과 노인을 돌보는 사람인 경우가 많다. 실제로, 선진국에서 노인을 학대하는 주요한 집단은 가족구성원과 기타 돌봄제공자인 것으로 나타난 바 있다(Lacher et al., 2016; World Health Organization, 2023).

2) 노인학대의 발생 장소

「세계적으로 노인학대를 예방하기 위한 토론토 선언」에 따르면, 노인학대는 어느 곳에서나 발생하고 있다. 실제로 노인학대는 다양한 장소에서 발생하고 있다. 노인학대가 발생할 수 있는 장소의 예로 노인이 사는 집, 가족구성원의 집, 노인이 도움을 받는 시설, 요양원이 있다(National Institute on Aging, 2024a; World Health Organization, 2002).

Point

- 노인학대를 하는 사람은 노인학대의 피해자가 잘 알고 있는 사람인 경우가 많다.
- 노인학대는 어느 곳에서나 발생한다.

6. 노인학대를 유발하는 요인

1) 노인학대를 유발하는 주요한 요인

노인학대를 유발하는 요인에는 여러 가지가 있다. 그리고 노인학대를 유발하는 요인은 여러 측면과 관련될 수 있다. 이런 측면의 예로 노인학대의 피해자와 관련된 측면, 노인학대를 하는 사람과 관련된 측면, 노인의 돌봄제공자와 관련된 측면, 사회와 관련된 측면을 들 수 있다.

(1) 노인학대의 피해자와 관련된 요인

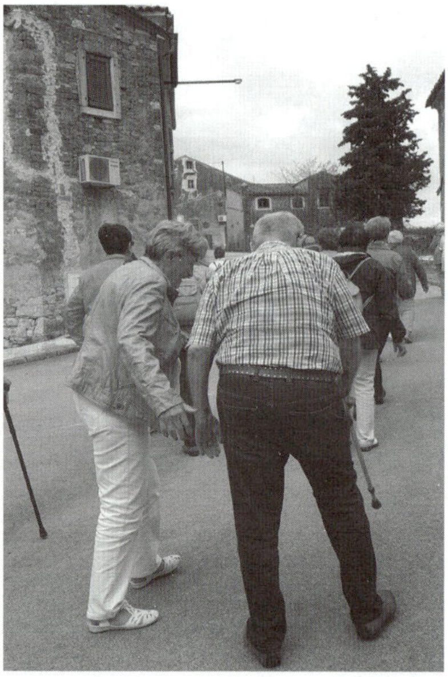

걷는 데 어려움을 겪는 노인: 노인학대의 피해자와 관련된 측면은 노인학대를 유발하는 요인이 될 수 있다. [출처: 오스트리아에서 전영신 님 촬영·제공ⓒ]

노인학대의 피해자와 관련된 측면은 노인학대를 유발하는 요인이 될 수 있다. 예를 들어, 노인이 다음과 같은 상태에 있는 것은 노인학대를 유발하는 요인이 될 수 있다(Dubin, 2023; Lacher et al., 2016; Park, 2019).

① 돌봄이 필요하다.
② 치매가 있다.
③ 공격적 행동을 한다.
④ 중독과 관련된 질병이 있다.
⑤ 치매나 중독 이외의 정신적 질병이 있다.
⑥ 사회적으로 고립되어 지낸다.

(2) 노인학대를 하는 사람과 관련된 요인

노인학대를 하는 사람과 관련된 측면은 노인학대를 유발하는 요인이 될 수 있다. 예를 들어, 노인학대를 하는 사람이 다음과 같은 상태에 있는 것은 노인학대를 유발하는 요인이 될 수 있다(Lacher et al., 2016).

① 노인을 돌보는 것과 관련해 하는 일이 너무 많다.
② 피해자와 함께 산다.
③ 노인학대의 피해자가 노인학대를 하는 사람에게 의지해 산다.
④ 중독과 관련된 질병이 있다.
⑤ 중독 이외의 정신적 질병이 있다.

(3) 노인의 돌봄제공자와 관련된 요인

노인의 돌봄제공자와 관련된 측면은 노인학대를 유발하는 요인이 될 수 있다. 예를 들어, 가정에서 노인을 돌보는 사람이 다음과 같은 상태에 있는 것은 노인학대를 유발하는 요인이 될 수 있다(Dubin, 2023).

① 정신건강에 문제가 있다.
② 경제적으로 어렵다.
③ 노인을 계속 돌보아야 하기 때문에 휴식을 취하지 못한다.
④ 가족이 불안정하다.
⑤ 노인이 원하는 것을 확실하게 알지 못한다.

(4) 사회와 관련된 요인

사회와 관련된 측면은 노인학대를 유발하는 요인이 될 수 있다. 예를 들어, 사회의 상황이나 분위기가 다음과 같은 것은 노인학대를 유발하는 요인이 될 수 있다(중앙노인보호전문기관, 2013).

① 사회에서 노인을 차별하는 경우가 많다.
② 가족 구조가 변하고 있다.
③ 사회의 가치가 변하고 있다.
④ 사회에 노인복지시설이 부족하다.

2) 고려할 점

노인의 경우, 앞에서 제시한 여러 가지 요인 중에서 한 가지 요인 때문에 노인학대를 당할 수 있다. 그러나 노인이 학대를 당할 때는, 두 가지 이상의 요인과 관련되는 경우가 많다. 실제로 선진국의 경우, 노인학대를 유발하는 요인이 두 가지 이상인 사례가 많은 것으로 나타난 바 있다(Lacher et al., 2016).

Point

- 노인학대의 피해자와 관련된 측면, 노인학대를 하는 사람과 관련된 측면, 노인의 돌봄제공자와 관련된 측면, 사회와 관련된 측면은 노인학대를 유발하는 요인이 될 수 있다.

7. 노인학대가 미치는 영향

1) 일반적 영향

노인학대는 학대를 당하는 노인에게 매우 부정적인 영향을 미치고 있다. 무엇보다도 노인학대는 노인의 정서적 영역에 매우 부정적인 영향을 미치고 있다. 따라서 노인학대는 노인에게 정신건강문제를 유발하고 있다(World Health Organization, 2023).

학대를 당하는 노인: 노인학대는 정서적 영역에 매우 부정적인 영향을 미친다. [출처: 전영신 님 그림©]

학대를 당하는 노인이 겪을 수 있는 상황을 몇 가지 제시하면 다음과 같다(노병일, 2022b; World Health Organization, 2017; Dubin, 2023).

① 신체적으로 어려움을 크게 겪는다. 이것은 몸을 다치는 것을 의미한다.
② 정서적으로 어려움을 겪는다. 때에 따라서 이런 정서적 어려움은 오랫동안 계속될 수 있다.
③ 수치스러워한다.
④ 우울해진다.[6)]
⑤ 신뢰를 잃어버린다.
⑥ 경제적으로 어려움을 겪는다.
⑦ 사망할 가능성이 커진다. 예를 들어 일반 노인에 비해서, 학대를 당한 노인은 사망할 가능성이 세 배 더 높은 것으로 나타난 바 있다. 이것은 심하지 않은 학대를 당한 노인에게도 해당한다.

2) 우울 및 불안과 관련된 영향

그동안의 연구에 따르면, 노인학대는 노인에게 우울과 불안을 유발하고 있다. 특히, 모든 형태의 노인학대는 학대를 당한 노인에게 우울을 유발할 수 있다(National Institute on Aging, 2024a; World Health Organization, 2023).

이런 탓에, 노인학대는 노인에게 다음과 같이 부정적인 영향을 미치고 있다(Park, 2019).

① 노인의 삶의 질을 낮춘다.
② 노인이 자살할 생각을 가지게 한다.

6) 노인학대가 우울에 미치는 영향에 대해서는 아래에서 자세히 설명한다.

Point

- 노인학대는 노인에게 매우 부정적인 영향을 미친다.
- 노인학대는 노인에게 우울을 유발한다.

8. 노인학대의 파악과 신고

1) 노인학대의 파악

노인학대에 대처하기 위해서는 노인학대를 파악하는 것이 무엇보다도 중요하다. 그러나 노인학대를 파악하는 것은 어려운 일이다. 실제로, 학대를 당한 노인의 수가 얼마나 되는지를 확실하게 파악하기는 어렵다.

특히 일부 전문가의 경우, 노인학대를 파악하는 방법에 대해 잘 알지 못하거나, 교육을 제대로 받지 않을 수 있다. 이렇게 될 경우, 전문가는 노인학대를 보여주는 상황을[7] 제대로 파악하지 못할 수 있다 (Dubin, 2023).

2) 노인학대의 신고

(1) 신고자

노인학대는 바로 신고할 필요가 있다. 이에 따라서, 대부분의 국가에서 노인학대는 신고하도록 되어 있다. 예를 들어 미국의 경우, 대부분의 주에서 의사와 변호사는 노인학대에 대해 의무적으로 신고하도록 되어 있다. 또한 미국의 경우, 가족구성원과 친구도 노인학대를 신고할 수 있다(National Institute on Aging, 2024a).

우리나라에서도, 노인학대를 알게 된 때는 누구든지 노인보호전문

7) 노인학대를 보여주는 상황에 대해서는 앞에서 설명한 바 있다.

기관이나 수사기관에 신고할 수 있도록 되어 있다. 더불어 우리나라 「노인복지법」에 따르면, 다음에 해당하는 사람이 직무를 수행하다가 노인학대에 대해 알게 된 때는 즉시 노인보호전문기관이나 수사기관에 신고하도록 되어 있다(국가법령정보센터, 2024).

① 의료기관에서 의료 서비스를 제공하는 의료인과 의료기관의 장이 있다.
② 방문요양과 돌봄이나 안전 확인 등의 서비스를 제공하는 사람, 노인복지시설의 장과 직원, 노인복지상담원이 있다.
③ 장애인복지시설에서 장애노인에 대한 상담·치료·훈련이나 요양업무를 하는 사람이 있다.
④ 가정폭력 관련 상담소와 가정폭력피해자 보호시설의 장과 직원이 있다.
⑤ 사회복지전담 공무원, 사회복지관의 장과 직원, 부랑인 및 노숙인보호를 위한 시설의 장과 직원이 있다.
⑥ 장기요양기관의 장과 직원이 있다.
⑦ 119구급대의 구급대원이 있다.
⑧ 건강가정지원센터의 장과 직원이 있다.
⑨ 다문화가족지원센터의 장과 직원이 있다.
⑩ 성폭력피해상담소와 성폭력피해자보호시설의 장과 직원이 있다.
⑪ 응급구조사가 있다.
⑫ 의료기사가 있다.
⑬ 국민건강보험공단의 요양직 직원이 있다.
⑭ 지역보건의료기관의 장과 종사자가 있다.
⑮ 노인복지시설의 설치와 관리 업무를 담당하는 공무원이 있다.
⑯ 사회복지시설에서 복무하는 사회복무요원(노인을 직접 대면하는 업무에 복무하는 사람으로 한정함)이 있다.

노인복지관 건물: 노인복지시설의 장과 직원은 노인학대를 신고하도록 되어 있다. [출처: 저자 촬영ⓒ]

(2) 노인학대 신고의 실태

노인학대에 대해서는 말하기를 꺼리는 경향이 아직도 있다. 그 결과, 노인학대는 신고되지 않는 경우가 많다(노병일, 2022b; Lacher et al., 2016; Aging in Place, 2020a; World Health Organization, 2017).

노인이 노인학대를 신고하기를 꺼리는 이유를 몇 가지 제시하면 다음과 같다(National Institute on Aging, 2024a; Dubin, 2023).

① 자신이 학대당하고 있다는 사실을 너무 수치스럽게 생각하기 때문이다.

② 신고한 사실을 학대한 사람이 알게 되어 보복할 것을 두려워하기 때문이다.

③ 친척이나 기타 돌봄제공자에게 문제를 일으키기를 원하지 않기 때문이다.

④ 자신의 의견을 전달할 수 있는 능력이 부족하기 때문이다.

특히 우리나라에는 가족 내부의 문제를 외부에 드러나지 않게 함으로써, 다른 사람이 자기 가족에 대해 좋은 인상을 갖게 하려는 사회적 분위기가 존재한다. 이와 같은 분위기 때문에, 우리나라에서는 노인이 자신이 학대당하고 있다는 사실을 감추는 경우가 많다. 그 결과, 우리나라에서 노인학대의 전체 상황을 파악하는 것은 매우 어려울 수 있다(Park, 2019).

선진국과 우리나라에서 노인학대를 신고하기를 꺼리기 때문에, 노인이 실제로 학대를 당하는 사례는 신고된 사례보다 훨씬 더 많을 가능성이 크다. 예를 들어 미국의 경우, 노인을 보호하는 기관에 노인학대를 신고하는 비율은 매우 낮은 것으로 나타난 바 있다(노병일, 2022b; Dubin, 2023; Lacher et al., 2016).

이런 탓에, 학대를 당하고 있는 노인은 다음 중에서 한 가지를 선택하여야 하는 상황에 있는 경우가 많다(U.S. Department of Justice, 2024).

① 자신이 학대를 당하고 있다는 사실을 다른 사람에게 이야기하거나 해당 기관에 신고한다.

② 자신을 학대하는 사람에게서 계속 학대를 당한다.

Point

- 노인학대를 파악하는 것은 어렵다.
- 대부분의 국가에서는 노인학대를 신고하도록 되어 있다. 그러나 노인은 학대를 신고하지 않는 경우가 많다.

9. 노인학대의 예방과 노인학대에 대한 개입

1) 노인학대의 예방

노인학대를 없애거나 줄이기 위해 가장 좋은 방법은, 노인학대를 예방하는 것이다. 노인학대를 예방하는 방법에는 여러 가지가 있을 수 있다. 그리고 노인학대를 예방하는 방법은 노인학대를 유발하는 요인과[8] 밀접하게 관련되어 있다.

(1) 일반적 방법

일반적으로 다음과 같은 방법은 노인학대를 예방하는 데 크게 도움이 될 수 있다(Dubin, 2023).

① 일반인이 노인학대에 대해 더 알도록 한다.

② 노인을 돌보는 사람(돌봄제공자)이[9] 휴식을 취하도록 한다.

(2) 돌봄제공자의 스트레스 감소와 관련된 방법

(가) 돌봄제공자의 상황

노인을 돌보는 것은 힘들고 어려운 일이다. 따라서 돌봄제공자는 어려운 상황을 겪는 경우가 많다.

돌봄제공자가 겪는 어려운 상황을 구체적으로 살펴보면 다음과 같다(National Institute on Aging, 2024a).

① 돌봄제공자는 노인을 여러 영역에서 돌보기 위해 쉬지 않고 일하여야 하는 상황에 있을 수 있다. 돌봄제공자가 하는 일을 몇 가지 제시하면 다음과 같다.

㉠ 노인을 위한 식사를 준비한다.

㉡ 노인의 간호와 관련된 서비스를 제공한다.

㉢ 노인의 방을 청소하고, 노인의 옷을 세탁한다.

㉣ 노인을 병원에 모시고 간다.

② 가족구성원이 노인을 돌볼 경우, 가족구성원인 돌봄제공자는 노인을 돌보는 일을 새로 하여야 하므로, 유급 일자리를 할 수 없이 포기할 수 있다.

앞에서 설명한 여러 가지 상황 때문에, 돌봄제공자는 스트레스를 크게 겪을 수 있다. 특히 노인의 신체적·정신적 상태가 더 나아질 가

---

8) 노인학대를 유발하는 요인에 대해서는 앞에서 설명한 바 있다.

9) 돌봄제공자에 대해서는 아래에서 자세히 설명한다.

능성이 거의 없을 경우, 돌봄제공자는 노인에 대해 긍정적으로 생각하기가 어려울 수 있다. 이런 상황은 돌봄제공자에게 스트레스를 유발할 수 있다. 그리고 이렇게 될 경우, 돌봄제공자가 노인을 학대하는 상황에 이를 수 있다. 때에 따라서는, 돌봄제공자는 자신이 노인을 학대하고 있다는 사실을 알지 못할 수도 있다(National Institute on Aging, 2024a).

(나) 돌봄제공자를 위한 방법

앞에서와 같은 상황 탓에, 돌봄제공자가 자신이 겪는 스트레스에 잘 대처하게 해주는 것은 노인학대를 예방하는 방법이 될 수 있다. 이 경우, 돌봄제공자가 돌봄과 관련해 자신이 겪는 스트레스에 잘 대처하도록 도와주기 위한 방법에는 여러 가지가 있을 수 있다.

돌봄제공자의 스트레스를 줄여주기 위해 가장 좋은 방법의 하나는, 돌봄제공자가 휴식을 취하게 해주는 것이다. 사실, 돌봄제공자가 휴식을 취하게 하는 것은, 노인학대를 예방하는 가장 좋은 방법의 하나라고 볼 수 있다(Aging in Place, 2020a).

돌봄제공자가 휴식을 취하게 해주기 위한 방법을 구체적으로 제시하면 다음과 같다(노병일, 2022b; National Institute on Aging, 2024a).

① 가족구성원이나 친구에게 주말에 도와달라고 요구하거나, 평일에 몇 시간만이라도 도와달라고 요구한다. 이렇게 할 경우, 돌봄제공자는 자신을 위한 시간을 가질 수 있게 된다.

② 지역사회에서 관련 서비스를 제공하는 기관에게 도움을 청한다. 예를 들어, 일부 지역사회 기관에서는 휴식보호(respite care)를 제공한다. 휴식보호는 돌보는 책임에서 일정 기간 벗어나게 해주는 서비스이다.[10] 따라서 돌봄제공자는 이런 서비스를 이용할

---

10) 아동을 돌보는 부모에게도 휴식보호를 제공하고 있다. 아동복지 영역에서는 특별한 욕구를 가진 아동을 기르느라 부모가 스트레스를 너무 많이 받는 경우나, 가족문제가 복잡해서 부모가 스트레스를 너무 많이 받는 경우에 휴식보호를 제공하고 있다(노병일, 2020b).

수 있다.

이 외에, 돌봄제공자가 돌봄 때문에 겪는 스트레스를 줄이는 데 도움을 주는 방법으로 경제적으로 지원하는 것, 심리적으로 도와주는 것이 있다(World Health Organization, 2023).

2) 노인학대에 대한 개입

(1) 개입 절차

노인이 학대를 당할 때는 즉시 개입하여야 한다. 이 경우, 다음과 같은 순서로 개입할 수 있다(National Institute on Aging, 2024a).

① 사회복지사나 기타 전문가에게 노인이 학대를 당하고 있는 것으로 보일 경우, 노인과 이야기를 나누어서 상황이 어떤지를 파악한다. 이렇게 이야기를 나눔으로써, 사회복지사나 기타 전문가는 학대하는 사람이 누구인지를 알 수 있게 된다. 다만, 노인이 학대를 당하고 있다고 판단될 경우, 노인이 혼자 있을 때 노인과 이야기를 나눌 필요가 있다. 이 경우, 무엇인가 잘못되고 있다고 노인에게 이야기할 필요가 있다. 그리고 노인이 걱정이 된다고 이야기할 필요가 있다.

② 노인과 이야기를 나누어 상황을 파악한 후에, 사회복지사나 기타 전문가는 노인이 도움을 받을 수 있도록 한다. 예를 들어, 노인이 지역사회의 노인보호기관에서 도움을 받도록 해 줄 수 있다. 이 경우, 노인보호기관은 노인에게 지지집단을 소개해 줄 수 있고 또한 상담 서비스를 제공할 수 있다. 이런 지지집단과 상담 서비스는 학대를 당한 노인이 자신의 상처를 치료하는 데 도움을 줄 수 있다.

(2) 고려할 점

학대를 당하고 있는 노인에게 개입할 경우, 해당 노인을 계속 도와주는 것이 중요하다. 왜냐하면 노인을 학대하는 사람이 노인학대를 하다가 갑자기 노인학대를 중단할 가능성은 크지 않기 때문이다 (National Institute on Aging, 2024a).

Point

- 노인학대를 없애거나 줄이기 위해 가장 좋은 방법은 노인학대를 예방하는 것이다.
- 돌봄과 관련된 어려운 상황 때문에 돌봄제공자는 스트레스를 크게 겪을 수 있고, 이것은 돌봄제공자가 노인을 학대하는 상황을 유발할 수 있다. 이 경우, 돌봄제공자가 스트레스에 잘 대처하게 해주는 것은 노인학대를 예방하는 방법이 될 수 있다.
- 노인이 학대를 당할 때는 즉시 개입하여야 한다. 학대를 당하는 있는 노인에게 개입할 때는 노인을 계속 도와주어야 한다.

10. 노인복지 전문가와 국가의 역할

1) 노인복지 전문가의 역할

노인복지 영역에서 활동하는 사회복지사와 기타 전문가의 경우, 노인학대와 관련해 다음과 같이 할 필요가 있다.

(1) 일반적 역할

(가) 노인 대상의 노인학대 교육 관련

노인학대는 인간의 기본적 인권을 파괴하는 행위이다. 그러므로 노인복지 영역에서 활동하는 사회복지사와 기타 전문가의 경우, 노인에게 노인학대에 대한 일반적 내용과 노인학대를 신고하는 방법에 대해 교육할 필요가 있다. 그리고 노인이 능력을 갖게 하는 프로그램도 더불어 실시할 필요가 있다(노병일, 2024).

(나) 일반인 대상의 노인학대 교육과 홍보 관련

일반인은 노인학대에 대해 잘 모를 수 있다. 그리고 일반인의 경우, 노인은 반응이 적고 인내심이 있기 때문에 노인은 학대를 인식하지 못한다고 생각할 수도 있다(노병일, 2022b). 따라서 노인학대를 예방하기 위해서는 일반인에게 노인학대에 대해 교육하고 홍보하는 것이 중요하다. 「세계적으로 노인학대를 예방하기 위한 토론토 선언」에서도, 노인학대에 대해 교육하고 노인학대에 대한 정보를 널리 제공하는 것은 중요하다고 주장하고 있다(World Health Organization, 2002).

노인학대 예방과 관련된 포스터(일부): 일반인에게 노인학대에 대해 교육할 필요가 있다. [출처: 보건복지부 제작]

그러므로 노인복지 영역에서 활동하는 사회복지사와 기타 전문가의 경우, 일반인에게 노인학대에 대해 교육하고 일반인이 노인학대를 알게 하는 운동을 실시할 필요가 있다.

다만, 일반인을 대상으로 교육하고 정보를 제공할 경우, 다음과 같은 것을 모두 할 필요가 있다(World Health Organization, 2002).

① 공식 영역을 활용한다. 즉, 공식 영역에서 전문 교육을 실시한다.
② 매체를 활용한다. 즉, 매체를 통해서, 노인에 대한 잘못된 인식을 바로 잡고, 노인에 대해 편견을 가지지 않도록 도와준다.

(2) 구체적 역할

(가) 돌봄제공자 관련

노인을 돌보는 사람은 여러 가지 스트레스를 경험할 가능성이 크고, 이에 따라 노인을 학대할 가능성이 커지게 된다. 그러므로 노인복지 영역에서 활동하는 사회복지사와 기타 전문가의 경우, 돌봄제공자에게 다음과 같이 할 필요가 있다(Lacher et al,, 2016).

① 노인을 돌보는 것 때문에 겪는 어려움에 대해 자주 물어본다.
② 노인을 돌보는 것에 대한 부담을 줄이는 서비스를 받을 기회를 마련해 준다.

(나) 꾸준한 개입 관련

노인을 학대하는 사람은 해당 노인을 계속 학대할 가능성이 크다(National Institute on Aging, 2024a). 그러므로 노인복지 영역에서 활동하는 사회복지사와 기타 전문가의 경우, 학대를 당한 노인을 꾸준히 도와줄 필요가 있다.

2) 국가의 역할

국가의 경우, 노인학대와 관련해 다음과 같이 할 필요가 있다.

(1) 일반적 역할

(가) 체계적 관심 관련

세계적으로 노인 인구는 더 많아지고 있다. 따라서 앞으로 노인학대는 계속해서 큰 사회문제가 될 가능성이 크다(Dubin, 2023). 그러므로 국가의 경우, 노인학대에 대해 계속해서 체계적으로 관심을 가질 필요가 있다.

(나) 사회적 분위기의 형성 관련

「세계적으로 노인학대를 예방하기 위한 토론토 선언」의 경우, 노인학대를 성공적으로 예방하기 위해서는 다음과 같은 특성을 지니는 분위기를 형성할 필요가 있다고 주장하고 있다(World Health Organization,

2002).

① 세대 사이에 공동체 의식을 더 가진다.
② 폭력을 사용하지 않는다.

그러므로 국가의 경우, 세대 사이에 공동체 의식을 더 느끼고 폭력을 거부하는 사회적 분위기를 더 형성하는 데 적극적으로 관여할 필요가 있다.

네 세대(할머니, 엄마, 아들, 손녀)가 함께 모여 즐거운 한때를 보내는 모습: 국가는 세대 사이에 공동체 의식을 더 느끼게 하는 데 적극적으로 관여할 필요가 있다. [출처: 심희숙 님 제공ⓒ]

(2) 구체적 역할

(가) 노인학대 신고체계 관련

세계적으로 노인학대는 제대로 신고되지 않는 경우가 많다. 그러므로 국가의 경우, 노인이 학대를 당할 때마다 이런 사실을 신고할 수 있는 체계를 제대로 갖출 필요가 있다.

(나) 서비스 관련

「세계적으로 노인학대를 예방하기 위한 토론토 선언」에 따르면, 노인학대의 사례를 파악하는 것만으로는 충분하지 않다(World Health Organization, 2002). 그러므로 국가의 경우, 노인학대를 예방하는 서비스를 제공하는 체계를 갖출 필요가 있다. 이런 서비스의 예로 의료 서비스, 사회 서비스, 법적으로 보호하는 서비스, 경찰에게 의뢰하는 서비스가 있다(World Health Organization, 2002).

(다) 학대노인을 위한 쉼터 관련

노인이 가정에서 학대를 당할 경우, 노인은 갈 곳이 없으므로 학대를 그대로 계속 당할 가능성이 크다. 그러므로 국가의 경우, 학대를 당하는 노인이 이용할 수 있는 쉼터와 같은 공간을 더 많이 제공할 필요가 있다(노병일, 2022b).

Point

- 사회복지사·전문가의 경우, 노인에게 노인학대의 일반적 내용과 신고에 대해 교육하고, 일반인에게 노인학대에 대해 교육·홍보하고, 돌봄제공자에게 어려움에 대해 자주 묻고 돌봄 부담을 줄이는 서비스를 받을 수 있게 하고, 학대를 당한 노인을 계속 도와줄 필요가 있다.
- 국가의 경우, 노인학대에 대해 체계적으로 관심을 가지고, 세대 간 공동체 의식을 느끼고 폭력을 거부하는 사회적 분위기를 형성하고, 학대를 신고할 수 있는 체계를 제대로 갖추고, 노인학대를 예방하는 서비스를 제공하는 체계를 갖추고, 쉼터와 같은 공간을 더 많이 제공할 필요가 있다.

Chapter 08

노인과 자살

차례

1. 노년기와 자살

노년기에는 다양한 형태의 상실을 경험하고 있다.[1)] 따라서 노년기에는 여러 영역에서 활동하는 데 제약을 받을 가능성이 크다. 우선, 노년기에는 신체적 능력이 줄어들고 있다. 그 결과, 노인은 독립적으로 활동하는 데 제약을 받을 가능성이 크다. 또한 노년기에는 기억하는 능력이 줄어들고 있다. 그 결과, 노인은 여러 가지 형태의 정신건강문제를 겪을 가능성이 크다.

그리고 노년기에는 그동안 하던 주요한 경제 활동을 그만두는 경우가 많다. 그 결과, 노인은 경제적으로 어려움을 겪을 가능성이 크

1) 노화에 따른 상실에 대해서는 노년기의 특성을 다루는 장(제1장)에서 이미 설명한 바 있다.

다. 또한 노년기에는 배우자나 친구나 주변의 친척이 세상을 떠나고 있다. 그 결과, 노인은 자신이 의지할 곳이 점점 없어지고 있다고 인식할 가능성이 크다. 그리고 노인은 취약한 상황에 있기 때문에 학대를 당할 가능성이 크다.2)

앞에서 제시한 상황과 기타 여러 가지 상황은, 노인에게 크게 좌절을 안겨줄 수 있다. 이런 상황이 심각해질 경우, 노인은 세상과의 마지막 연결고리를 스스로 끊을 수 있다. 이와 관련되는 것이 노인자살이다.

대개의 경우, 자살하는 비율은 나이가 많아짐에 따라 더 높아지는 경향이 있다. 따라서 노인은 자살하는 비율이 높은 집단에 속하고 있다. 실제로 세계의 여러 국가에서 노인이 자살하는 비율은 높은 것으로 나타난 바 있다(노병일, 2022b). 예를 들어 미국의 경우, 노인이 자살하는 비율은 특히 높은 것으로 나타난 바 있다. 또한 많은 국가에서 노인이 자살하는 비율은 다른 연령층이 자살하는 비율보다 더 높은 것으로 나타난 바 있다(Suicide Prevention Resource Center, 2020; Rostami, Younesi, Shahboulaghi, Malakouti & Foroughan, 2018). 우리나라에서도 주위에서 노인이 자살하는 사례는 드물지 않게 찾아볼 수 있다.

힘들어 쉬고 있는 노인들: 노인자살은 많은 국가에서 사회문제가 되고 있다. [출처: 포르투갈에서 저자 촬영ⓒ]

노인이 스스로 목숨을 끊는다는 것은 매우 비극적인 사건이 아닐 수 없다. 노인자살은 자살을 하는 노인에게뿐만 아니라, 노인의 가족과 사회에게도 매우 부정적인 영향을 미치고 있다. 따라서 노인이 자살하는 것은 많은 국가에서 주요한 사회문제가 되고 있다(Conejero, Olie, Courtet & Calati, 2018;

2) 학대에 대해서는 노인학대를 다루는 장(제7장)에서 이미 설명한 바 있다.

Suicide Prevention Resource Center, 2020).

무엇보다도 전체 인구에서 노인이 차지하는 비율이 높아지고 있는 상황에서, 앞으로 자살하는 노인의 수는 증가할 가능성이 크다. 이런 탓에, 노인자살의 특징과 과정 등을 이해하는 것은 중요하다(Rostami et al., 2018). 그러므로 노인복지 영역에서는 노인자살에 대해 관심을 가질 필요가 있다.

Point

- 여러 국가에서 노인이 자살하는 비율은 높은 편이다.
- 노인복지 영역에서는 노인자살에 대해 관심을 가질 필요가 있다.

2. 자살과 노인자살의 정의와 요소

1) 자살의 정의와 요소

노인자살이 무엇을 의미하는지를 알기 위해서는, 자살이 무엇을 의미하는지를 먼저 알고 있어야 한다. 그동안 자살에 대해 정의한 것을 몇 가지 제시하면 다음과 같다(Barker, 2003; Freedenthal, 2011; Figueiredo, da Silva, Mangas, Vieira, Furtado, Gutierrez & de Sousa, 2012).

① 미국 전국사회복지사협회에서 발간한 사전에 따르면, 자살은 의도적으로 자신을 죽이는 행위를 말한다.

② 프리덴탈(Freedenthal)에 따르면, 자살은 자기 스스로 의도적으로 하는 죽음을 말한다.

③ 쉬네이드먼(Shneidman)에 따르면, 자살은 자신을 의식적으로 파괴하는 행위를 말한다.

정리하건대, 자살은 자기 목숨을 스스로 끊는 행위라고 볼 수 있다(노병일, 2022b).

그리고 자살은 여러 가지 요소로 구성되어 있다. 구체적으로 볼 때, 자살은 죽고자 하는 바람(desire to die), 자살생각(suicidal thought), 의도적 자해(intentional self-harm), 자살에 따른 죽음(death resulting from suicide)의 요소를 포함하고 있다(Rostami et al., 2018).

2) 노인자살의 정의와 요소

단순하게 볼 때, 노인자살은 노인이 자살하는 것을 말한다. 그러나 앞에서 제시한 '자살'의 정의에 근거할 경우, 노인자살은 노인이 자신의 목숨을 스스로 끊는 행위를 말한다.

그리고 일반적인 자살에서와 마찬가지로, 노인자살도 여러 가지 요소로 구성되어 있다. 즉, 노인자살도 노인이 죽기를 바라는 것, 노인이 자살을 생각하는 것, 노인이 의도적으로 자신의 몸에 해를 가하는 것, 자살에 따라 노인이 죽는 것을 포함하고 있다.

Point

- 자살은 자기의 목숨을 스스로 끊는 행위이다. 자살은 여러 요소로 구성된다.
- 노인자살은 노인이 자기 목숨을 스스로 끊는 행위이다. 노인자살은 노인이 죽기를 바라는 것, 자살을 생각하는 것, 의도적으로 몸에 해를 가하는 것, 자살에 따라 죽는 것을 포함한다.

3. 노인자살의 특징과 노인자살 가능성을 보여주는 상황

1) 노인자살의 특징

인간이 자살하는 것은 나이에 상관없이 공통적인 특징을 지니고 있다. 그러나 노인이 자살하는 것은 다른 인구층이 자살하는 것과는 구분되는 특징도 지니고 있다. 예를 들어, 일반인에 비해서 노인은 다음과 같이 하는 경우가 많은 것으로 알려져 있다(노병일, 2022b).

① 더 극단적으로 자살을 시도한다.

② 자살과 관련해 도움을 청하지 않는다.

생을 마감하려는 노인을 그린 그림: 노인은 자살과 관련해 도움을 청하는 경우가 적은 편이다. [출처: 전영신 님 그림ⓒ]

노인이 자살할 가능성은 나이가 많아짐에 따라 커지고 있다. 예를 들어, 75~85세 노인은 65~75세 노인보다 자살률이 더 높고, 85세 이상 노인은 노인집단 중에서 자살률이 가장 높은 것으로 나타나고 있다. 또한 다른 인구층에 비해서, 노인은 부부가 동시에 자살하는 비율이 더 높은 경향이 있는 것으로 알려져 있다(Aging in Place, 2023a).

그리고 젊은 층이 자살을 시도할 때에 비해서, 노인이 자살을 시도할 때는 사망할 가능성이 훨씬 더 큰 것으로 알려져 있다. 이렇게 되는 이유를 몇 가지 제시하면 다음과 같다(Suicide Prevention Resource Center, 2020; Rostami et al., 2018).

① 노인은 더 조심스럽게 자살을 계획하기 때문이다.
② 노인은 죽을 가능성이 더 큰 방법을 사용하기 때문이다.
③ 노인은 자살을 시도한 후에 발견되었을 때 치료될 가능성이 더 적기 때문이다.
④ 노인은 신체적으로 약한 탓에, 자살을 시도한 후에 원래대로 회복할 가능성이 더 적기 때문이다.

한편 젊은 층의 자살은 충동적인 경우가 적지 않다. 그러나 노인자살은 충동적으로 나타나는 행위가 아니라는 특징을 지니고 있다. 왜냐하면 노인자살은 오랫동안 생각한 후에 이루어지는 경우가 매우 많기 때문이다. 물론 겉으로 보기에, 노인자살이 충동적인 행위로 비칠 수도 있다. 그러나 노인은 자살을 행동에 옮기기 전에 매우 오랫동안 자살에 대해 생각해 보았을 가능성이 크다(Worthington, 2024).

2) 노인자살의 가능성을 보여주는 상황

노인이 자살하기 전에 어떤 상황이 나타날 수 있다. 노인이 자살을 고려하고 있다고 볼 수 있는 상황에는 여러 가지가 있을 수 있다. 이런 상황을 몇 가지 제시하면 다음과 같다(Aging in Place, 2023a).

① 우울하다고 이야기하거나, 희망이 없다고 이야기한다.
② 사회구성원과 어울리며 지내지 않는다.
③ 변화를 바라지 않는다.
④ 위험한 행동을 한다.
⑤ 약물을 더 많이 사용하거나, 더 많이 잘못 사용한다.
⑥ 자신이 가진 귀중한 물건이 더 이상 중요하지 않아서 버릴 수 있다고 이야기한다.

Point

- 노인이 자살하는 것은 다른 인구층이 자살하는 것과는 구분되는 특징이 있다.
- 노인자살의 가능성은 나이가 많아짐에 따라 커지고, 노인이 자살을 시도할 때는 사망할 가능성이 훨씬 더 크다.
- 노인이 자살하기 전에 어떤 상황이 나타날 수 있다.

4. 노인자살을 유발하는 요인

노인에게 자살을 유발하는 요인에는 여러 가지가 있을 수 있다. 사실, 노인에게 자살을 유발하는 요인은, 다른 인구층에서 자살을 유발하는 요인보다 더 복잡하고 더 다양한 경우가 많다(노병일, 2022b).

1) 노인자살의 가능성을 유발하는 구체적 요인

노인에게 자살을 유발하는 주요한 요인을 구체적으로 제시하면 다음과 같다(노병일, 2022b; Conejero et al., 2018; Suicide Prevention Resource Center, 2020; Rostami et al., 2018).

① 정신건강문제와 관련된 요인이 있다. 노인의 자살은 정신건강문제와 크게 관련된다. 이때에 노인의 자살에 특히 영향을 미치는 정신건강문제는 우울이다.[3] 또한 노인의 심각한 불안은 자살을 유발하는 요인으로 알려져 있다.

② 사랑하는 사람이 최근에 사망한 것과 관련된 요인이 있다.

③ 빈곤 상태에 있는 것과 관련된 요인이 있다.

④ 신체적으로 아픈 것과 관련된 요인이 있다. 자살과 관련해 점점 더 주목하고 있는 신체적 질병은 암이다. 예를 들어, 비뇨기과 암에 걸린 환자들이 자살할 가능성을 조사한 결과, 노년기에

3) 물론, 아래에 설명하는 요인 때문에 노인에게 우울이 나타날 수 있다(노병일·모선희, 2007).

는 암 때문에 자살할 가능성이 더 큰 것으로 나타난 바 있다.

⑤ 신체적 장애를 가진 것과 관련된 요인이 있다.

⑥ 인지적 능력이 낮아지는 것과 관련된 요인이 있다. 신경과 관련된 일부 질병(예컨대, 뇌졸중)은 노인의 인지적 능력과 노인이 언어로 표현하는 능력에 부정적인 영향을 미칠 수 있다. 이렇게 될 경우, 노인이 결정을 내리는 능력이 없어지거나 줄어들 수 있다. 이런 상황 때문에, 노인은 자살을 시도할 수 있다. 예를 들어 노인이 치매에 걸릴 경우, 자살할 가능성이 더 커질 수 있다.[4)]

⑦ 고통을 통제할 수 없는 것이나 생명을 연장하는 것을 두려워하는 것과 관련된 요인이 있다.

⑧ 건강이 좋지 않다고 인식하는 것과 관련된 요인이 있다.

⑨ 사회적으로 고립되고 외로운 것과 관련된 요인이 있다.

계단을 힘들게 내려가는 노인 부부: 노인이 건강이 좋지 않다고 인식하는 것은 자살을 유발할 수 있다. [출처: 오스트리아에서 전영신 님 촬영·제공©]

4) 치매와 자살에 대해서는 치매를 다루는 장(제9장)에서 자세히 설명한다.

⑩ 사회적 역할이 크게 변하는 것과 관련된 요인이 있다. 사회적 역할이 크게 변하는 상황의 예로 퇴직하는 것이 있다.
⑪ 사고방식과 관련된 요인이 있다. 융통성 있게 생각하지 못하고 쫓기는 성격은 노인자살을 유발하는 요인이 될 수 있다. 왜냐하면 이런 사고방식은 노년기에 겪는 어려움에 대처하는 능력에 부정적인 영향을 미치기 때문이다.
⑫ 약물을 남용하는 것과 관련된 요인이 있다. 예를 들어, 노인이 알코올을 많이 사용하는 것은 자살을 유발하는 중요한 요인이 될 수 있다. 약물에는 처방받은 약도 포함된다.
⑬ 독립성을 상실하는 것과 관련된 요인이 있다.
⑭ 지역적 요인이 있다. 예를 들어, 지역에 노인 체육시설과 여가 시설이 많을수록, 노인이 자살하는 비율은 낮아지는 것으로 알려져 있다.

2) 고려할 점

한 가지 요인만이 노인에게 자살을 유발하는 경우는 적다. 실제로 대부분의 연구에 따르면, 노인이 자살을 생각하고 자살을 행동에 옮기는 데는 두 가지 이상의 요인이 영향을 미치고 있다(Rostami et al., 2018).

그리고 노인에게 자살을 유발하는 여러 요인은 서로 관련될 수 있다. 예를 들어, 노인이 신체적 질병을 가지고 있을 경우나 인지적 능력이 낮을 경우, 노인이 사회적으로 고립될 가능성은 커지고 있다. 그 결과, 노인이 자살할 가능성은 더 커질 수 있다.

시설노인과 자살

일반 노인에 비해서, 장기요양시설에서 생활하는 노인은 자살하는 비율은 더 낮으나 자살을 생각하는 비율은 더 높은 것으로 나타난 바 있다. 이렇게 되는 이유에는 여러 가지가 있을 수 있다.

우선, 개인 수준에서 볼 때, 장기요양시설에서 생활하는 노인이 자살을 생각하는 것은 다음과 같은 상황과 관련되고 있다(Conejero et al., 2018).

① 우울한 상태에 있다.
② 사회적으로 고립되어 있다.
③ 외로운 상태에 있다.
④ 역할을 제대로 하지 못한다.

그리고 조직 수준에서 볼 때, 장기요양시설의 특징과 관련된 요인도 장기요양시설에서 생활하는 노인이 자살을 생각하는 것에 영향을 미칠 수 있다. 이런 요인의 예로 다음과 같은 것이 있다(Conejero et al., 2018).

① 시설에서 직원이 바뀌는 정도가 있다.
② 시설의 규모가 있다.

Point

- 노인자살을 유발하는 주요한 요인으로 정신건강문제, 사랑하는 사람의 사망, 빈곤, 신체적 아픔, 신체적 장애, 인지적 능력의 감소, 고통을 통제할 수 없거나 생명을 연장하는 것을 두려워하는 것, 건강이 좋지 않다고 인식하는 것, 사회적 고립과 외로움, 사회적 역할의 변화, 사고방식, 약물남용, 독립성의 상실, 지역적 요인이 있다.
- 한 가지 요인만이 노인자살을 유발하는 경우는 적다.

5. 노인자살이 미치는 영향

자살은 모든 사람에게 부정적인 영향을 미치고 있다. 이것은 노인자살에도 그대로 해당하고 있다. 그러나 노인자살이 가장 큰 영향을 미치는 대상은 노인의 배우자와 가족구성원일 수밖에 없다.

1) 배우자에게 미치는 영향

배우자가 살아있을 경우, 노인의 자살은 배우자에게 가장 심각한 영향을 미칠 가능성이 크다. 왜냐하면 노인의 자살은 배우자가 기댈 수 있는 여러 가지 형태의 지지가 없어지는 것을 의미하기 때문이다. 이에 따라서 노인의 배우자가 나중에 자살할 가능성도 커지게 된다.[5]

2) 가족구성원에게 미치는 영향

노인이 자살로 삶을 마칠 경우, 남겨진 가족구성원은 당황하고 슬퍼하고 고통을 겪게 된다. 무엇보다도, 노인이 자살한 후에 가족구성원은 정서적으로 어려운 상황에 놓이게 된다. 이런 상황을 몇 가지 제시하면 다음과 같다(Figueiredo et al., 2012).

① 죄의식을 느낀다.
② 설명할 수 없는 감정을 지닌다.
③ 사회적 편견에 시달린다.

노인이 자살한 후에, 가족구성원은 서로 힘을 합치고 서로 지지하는 방향으로 나아갈 수도 있다. 그러나 노인이 자살한 후에 가족구성원이 서로를 멀리하는 경우도 많다. 이것은 가족구성원들 사이에 금전과 재산문제로 갈등이 생길 때 특히 그렇다. 이런 상황은 가족구성원에게 스트레스를 유발하는 요인이 될 수 있다. 이에 따라서, 노인자살은 가족구성원들끼리 더 갈등하는 상황을 유발할 수 있다. 노인이 자살한 후에 가족구성원들끼리 갈등하는 정도는, 가족구성원들 사이에 좋은 관계를 유지해 온 정도에 따라 달라질 수 있다(Figueiredo et al., 2012).

노인이 자살한 후에 가족구성원들끼리 멀어질 경우, 가장 취약한

5) 앞에서 이미 설명한 바와 같이, 사회적 지지가 없는 것은 노인자살을 유발하는 요인에 속하고 있다.

가족구성원은 신체적 건강과 정신건강에서 어려움을 겪을 가능성이 크다. 그리고 가장 취약한 가족구성원은 사회적으로 고립될 가능성이 있다(Figueiredo et al., 2012).

한편 노인이 자살한 가족은 노인자살 사실을 오랫동안 떨쳐버리지 못할 수도 있다. 이렇게 될 경우, 가족구성원은 자신의 삶을 제대로 계획하며 살아가지 못할 수도 있다(Figueiredo et al., 2012). 특히 가족구성원이 노인자살에 대해 죄의식을 크게 느낄수록, 노인자살은 가족구성원에게 오랫동안 고통을 주는 기억으로 자리 잡을 가능성이 크다.

Point

- 노인자살은 배우자와 가족구성원에게 큰 영향을 미친다.

6. 안락사

1) 안락사의 정의 및 자살과 관련된 특징

문자 그대로 볼 때, 안락사(euthanasia, 安樂死)는 편안하고 즐겁게 죽은 것을 가리킨다. 그러나 구체적으로 볼 때, 안락사는 매우 아프거나 나이가 매우 많은 사람이 더 이상 고통을 겪지 않기 위해 목숨을 끊는 행위를 말한다(Cambridge Dictionary, 2024).

노인의 경우, 안락사는 자살과는 다른 특징을 지니고 있다. 예를 들어, 노인이나 노인 가족의 희망에 따라 안락사를 선택할 수도 있다. 그러나 노인의 안락사는 의도적으로 목숨을 끊는다는 점에서 노인자살과 비슷한 특징도 지니고 있다.

2) 안락사의 배경과 실태

노인 인구가 많아지기 때문에, 삶의 말기에 노인을 돌보는 것이 점점 더 중요해지고 있다. 실제로 노년기에는 여러 가지 질병 때문에 아픈 경우가 많다. 그리고 일부 연구에 따르면, 인간은 나이가 듦에 따라서 자신의 주관적 건강을 더 낮게 평가하는 경향이 있다(Conejero et al., 2018). 이런 상황은 노인이 안락사를 선택하는 배경이 될 수 있다.

일반적으로 다음과 같은 상황에서 참을 수 없는 고통을 겪고 있는 환자에게 안락사를 고려하는 경우가 많다(Conejero et al., 2018).

① 건강 상태가 더 나아질 가망이 없다.

② 치료할 수 있는 적절한 방법이 없다.

일부 연구에서는, 안락사로 세상을 떠난 사람은 60~85세이고 교육 수준이 높고 남성인 암 환자가 많은 것으로 나타난 바 있다(Conejero et al., 2018).

한편 일부 사람은 인간은 안락사에 대한 권리를 가지고 있다고 주장하고 있다. 하지만 안락사는 아직까지 많은 국가에서는 법에 어긋나는 것으로 되어 있다. 그러나 일부 국가에서는 안락사를 법적으로 인정하고 있다(Cambridge Dictionary, 2024; Conejero et al., 2018).

Point

- 안락사는 매우 아프거나 나이가 매우 많은 사람이 더 이상 고통을 겪지 않기 위해 목숨을 끊는 행위이다. 노인의 경우, 안락사는 자살과 다른 특징도 지니고 비슷한 특징도 지닌다.
- 일부 상황에서 참을 수 없는 고통을 겪는 환자에게 안락사를 고려하는 경우가 많다.

7. 노인자살의 예방

1) 노인자살의 예방을 위한 기본적 접근방식

노인자살을 없애거나 줄이기 위해 가장 좋은 방법은, 노인이 자살하는 것을 예방하는 것이다(Figueiredo et al., 2012). 노인자살을 예방하기 위해 기본적으로 취하여 할 접근방식은, 한편으로는 노인자살을 유발하는 요인(risk factor)을 없애거나 줄여주고,[6] 다른 한편으로는 노인자살에 대해 보호해주는 요인(protective factor)을 늘려주는 것이다. 따라서 자살을 예방하는 방안의 경우, 자살을 유발하는 요인은 줄이고 자살에 대해 보호해주는 요인은 더 키우는 식으로 접근하고 있다(Suicide Prevention Resource Center, 2020).

2) 노인자살에 대해 보호해주는 요인

노인자살에 대해 보호해주는 요인은 노인이 자살을 시도할 가능성이나 자살로 사망할 가능성을 줄여줄 수 있는 요인을 말한다. 노인자살에 대해 보호해주는 요인에는 여러 가지가 있을 수 있다. 일부 영역의 경우, 노인자살에 대해 보호해주는 요인은 노인자살을 유발하는 요인의 반대가 될 수 있다. 예를 들어, 사회적 교류가 적은 것은 노인자살을 유발하는 요인이 될 수 있다. 따라서 이와 반대로, 사회적 교류가 많은 것은 노인자살에 대해 보호해주는 요인이 될 수 있다.

노인자살에 대해 보호해주는 요인과 관련된 상황을 몇 가지 제시하면 다음과 같다(Suicide Prevention Resource Center, 2020; Freedenthal, 2011).

① 신체적 건강이나 정신건강과 관련된 문제를 치료한다.

② 사회적 지지를 형성한다.

③ 사회적으로 교류한다.

---

6) 노인자살을 유발하는 요인에 대해서는 앞에서 이미 설명한 바 있다.

단체 여행 온 노인들: 노인이 사회적으로 교류하는 것은 자살을 예방하는 데 도움이 된다. [출처: 인도에서 지지 촬영ⓒ]

④ 신앙에 관심을 가지거나, 종교 활동에 참여한다.

⑤ 가족과 친한 관계를 형성한다. 특히, 자신이 사랑하는 사람에 대해 책임감을 갖는다.

⑥ 정서적 측면에서 극단적으로 생각하지 않는다.

⑦ 변화에 대처하고 적응하는 능력을 키운다.

Point

- 자살을 예방하는 방안에서는, 자살을 유발하는 요인은 줄이고 자살에 대해 보호해주는 요인은 더 키우는 식으로 접근한다.
- 노인자살에 대해 보호해주는 요인은 자살을 시도할 가능성이나 자살로 사망할 가능성을 줄여줄 수 있는 요인이다.

8. 노인복지 전문가와 국가의 역할

1) 노인복지 전문가의 역할

노인복지 영역에서 활동하는 사회복지사와 기타 전문가의 경우, 노인자살과 관련해 다음과 같이 할 필요가 있다.

(1) 일반적 역할

(가) 다차원적 요인 관련

일반적으로 노인자살은 한 가지 요인 때문이 아니라 여러 가지 요인 때문에 발생하고 있다. 그러므로 노인복지 영역에서 활동하는 사회복지사와 기타 전문가의 경우, 여러 가지 요인을 고려하면서 노인자살과 관련된 프로그램을 설계하고 개발할 필요가 있다.

(나) 노인자살의 예방 관련

자살의 경우, 노인자살보다는 청소년자살이나 일반인 자살에 더 관심을 가지는 경향이 있다. 그리고 노인에게는 정신건강 서비스를 더 적게 제공하고 있고, 노인은 자살과 관련해 도움을 덜 청하는 경향이 있는 것으로 알려져 있다(Kim, Choi, Oh, Lee & Kweon, 2011). 그러므로 노인복지 영역에서 활동하는 사회복지사와 기타 전문가의 경우, 노인자살을 예방하는 프로그램을 더 많이 실시할 필요가 있다(노병일, 2022b).

그리고 일반적으로 노인이 다음과 같은 상황에 있는 것은 자살과 크게 관련되고 있다(Conejero et al., 2018).

① 자신은 쓸모가 없는 존재라고 인식한다.
② 사회적으로 고립되어 있다고 느낀다.
③ 계속되는 신체적 질병 때문에, 심리적으로 고통스럽다.

그러므로 노인복지 영역에서 활동하는 사회복지사와 기타 전문가의 경우, 앞에서 제시한 상황을 잘 파악할 필요가 있다. 이것은 노인과 직접 접촉하며 활동하는 의료 전문가와 일반 전문가의 경우에 특히 그렇다.

(2) 구체적 역할

(가) 우울 관련

노인의 우울은 노인자살에 특히 영향을 미치고 있다. 사실, 우리나라와 선진국에서 노인의 우울은 자살을 유발하는 주요한 요인이 되고 있다. 그러므로 노인복지 영역에서 활동하는 사회복지사와 기타 전문가의 경우, 노인의 우울을 줄이는 데 특히 주목할 필요가 있다(노병일, 2022b).

(나) 사회적 지지 관련

그동안의 연구에 따르면, 노인의 사회적 지지는 노인의 건강 상태에 영향을 미치고 있다. 이에 따라서 노인의 사회적 지지는 노인이 자살을 생각하고 자살을 행동에 옮기는 것에도 영향을 미치고 있다. 그러므로 노인복지 영역에서 활동하는 사회복지사와 기타 전문가의 경우, 노인의 사회적 지지에 크게 주목할 필요가 있다.

(다) 의료 전문가와의 협력 관련

노인자살의 가능성을 실제로 잘 알 수 있는 사람은 의료 영역의 전문가일 수 있다. 왜냐하면 의료 영역에서 활동하는 전문가는 자살할 가능성이 있는 노인과 자주 접촉하는 인물이기 때문이다. 그러므로 노인복지 영역에서 활동하는 사회복지사와 기타 전문가의 경우, 의료 전문가와 가깝게 협력할 필요가 있다.

(라) 가족구성원 관련

노인이 자살할 경우, 배우자를 포함한 남은 가족구성원은 여러 가지 형태의 정서적 어려움을 크게 겪게 된다. 그러므로 노인복지 영역에서 활동하는 사회복지사와 기타 전문가의 경우, 가족구성원이 노인자살 때문에 겪는 감정을 표현하게 해줄 필요가 있다(Figueiredo et al.,

2012).

그리고 노인자살은 매우 복잡한 문제이다. 따라서 각각의 노인자살 사례는 서로 차이가 나고 있다. 이런 탓에, 각각의 가족구성원과 가족 전체에 대해서 동일한 해결 방안을 적용할 수는 없다(Figueiredo et al., 2012). 그러므로 노인복지 영역에서 활동하는 사회복지사와 기타 전문가의 경우, 자살한 노인의 가족구성원에게 서비스를 제공할 때는 해당 가족의 특이한 점을 고려할 필요가 있다.

2) 국가의 역할

국가의 경우, 노인자살과 관련해 다음과 같이 할 필요가 있다.

(1) 노인자살의 예방 관련

국가의 제도는 노인이 자살하는 정도에 영향을 미치고 있다. 그러므로 국가의 경우, 노인자살을 예방하는 제도를 체계적으로 갖추는 데 적극적으로 관여할 필요가 있다.

자살예방상담 전화를 안내하는 현수막: 국가는 노인자살을 예방하는 제도를 갖출 필요가 있다. [출처: 저자 촬영©]

(2) 사회 분위기 관련

사회 분위기는 노인을 존경하는 정도에 영향을 미치고 있다. 그 결과, 사회 분위기는 노인이 자살하는 정도에 영향을 미치고 있다. 그러므로 국가의 경우, 노인이 자살하는 사례를 '근본적으로' 줄이기 위해서, 사회에서 노인을 존경하는 분위기를 형성하는 데 적극적으로 관여할 필요가 있다(노병일, 2022b).

(3) 노인 고용 관련

노인이 유급 일자리에서 일하는 것은, 노인에게 경제적 보상을 제공하는 것 이외에도 여러 영역에서 긍정적인 영향을 미치고 있다(노병일, 2021a). 따라서 노인이 일하는 것은 자살을 예방하는 데 크게 도움을 줄 수 있다. 그러므로 국가의 경우, 노인에게 일자리를 제공하는 데 적극적으로 관심을 가질 필요가 있다.

Point

- 사회복지사·전문가의 경우, 여러 요인을 고려하면서 노인자살과 관련된 프로그램을 설계·개발하고, 노인자살 예방 프로그램을 더 많이 실시하고, 노인의 우울을 줄이고, 노인의 사회적 지지에 크게 주목하고, 의료 전문가와 가깝게 협력하고, 가족구성원이 노인자살 때문에 겪는 감정을 표현하게 해줄 필요가 있다.
- 국가의 경우, 노인자살을 예방하는 제도를 체계적으로 갖추는 데 관여하고, 사회에서 노인을 존경하는 분위기를 형성하는 데 관여하고, 노인에게 일자리를 제공하는 데 관심을 가질 필요가 있다.

Chapter 09

노인과 치매

차례

1. 노년기와 치매

노년기에는 신체적 활동과 정신적 활동이 약화되기 때문에, 기억하고 인식하는 능력이 줄어들 수 있다. 따라서 노년기에는 인지적 능력이 낮아질 가능성이 크다. 노년기에 인지적 능력은 낮아지지만 이에 대해 근본적으로 치료하는 약물이나 방법이 없을 경우, 노인은 어려움을 크게 겪을 수밖에 없다. 오늘날에 이런 상황과 관련된 대표적인 증상으로 치매(癡呆, dementia)를 꼽을 수 있다.

치매는 노화를 겪으면 일반적으로 나타나는 증상은 아니다. 하지만 치매는 노년기에 나타날 가능성이 큰 증상에 속하고 있다. 그리고 치매와 관련된 연구를 많이 하고 있지만, 치매를 완전히 치료하는 방법은 아직까지 없는 것으로 알려져 있다.

이런 상황에서 치매는 노인의 삶에 매우 부정적인 영향을 미치고 있다. 우선, 치매에 걸린 노인은 엄청난 고통을 경험하게 된다. 무엇보다도, 치매에 걸리면 기억하는 힘이 매우 줄어들기 때문에, 치매에 걸린 노인의 삶의 질은 매우 낮아지게 된다.

또한 치매는 치매에 걸린 노인의 가족구성원 모두에게 여러 가지 측면에서 큰 어려움을 유발하고 있다. 사실, 치매는 치매에 걸린 노인의 가족에게 이루 말할 수 없는 정도의 신체적·정서적·경제적 고통을 주고 있다. 그리고 치매는 사회와 국가에게도 엄청난 비용을 부담시키고 있다.

'치매 극복의 날' 현수막: 치매는 치매에 걸린 노인과 가족구성원과 사회에 큰 어려움을 유발한다. [출처: 저자 촬영ⓒ]

그러나 오늘날에 세계에서 치매에 걸린 노인의 수는 증가하고 있다. 특히 인간의 수명이 늘어남에 따라서, 치매에 걸린 노인이 많아지고 있다. 그리고 앞으로 치매에 걸린 노인의 수는 크게 증가할 것으로 예상되고 있다(World Health Organization, 2017). 따라서 오늘날의 사회에서 노인의 치매는 심각한 사회문제가 되고 있다. 이런 탓에, 우리나라에서도 전국에 치매와 관련된 의료기관과 지역 센터를 세워서, 해당 노인에게 여러 가지 서비스를 제공하고 있다.

그러므로 노인복지 영역에서는 치매에 대해 관심을 가질 필요가 있다.

Point

- 치매는 노년기에 나타날 가능성이 큰 증상이다. 치매는 노인에게 매우 부정적인 영향을 미친다.
- 노인복지 영역에서는 치매에 대해 관심을 가질 필요가 있다.

2. 치매의 정의와 고려할 점

1) 치매의 정의

치매는 일상생활을 하기가 어려울 정도로 정신적 능력이 심각하게 낮아지는 것을 가리키는 일반적인 용어이다(Alzheimer's Association, 2024c). 즉, 치매는 특정한 질병보다는 어떤 상태를 가리킨다.

여러 기관과 법에서는 치매에 대해 나름대로 정의해 왔다. 그동안 치매에 대해 정의한 것을 몇 가지 제시하면 다음과 같다(대한치매학회, 2020; 국가법령정보센터, 2024; National Institute on Aging, 2022; World Health Organization, 2017).

① 세계보건기구에 따르면, 치매는 기억하는 것, 생각하는 것, 일상 활동을 하는 행동과 능력이 줄어드는 것을 말한다.

② 미국 국립노화연구소에 따르면, 치매는 개인의 일상생활과 일상 활동을 하는 데 어려움을 유발할 정도로 인지적 능력을 상실하는 것을 말한다.

③ 대한치매학회에 따르면, 치매는 인간의 지적 능력과 인간이 사회 활동을 할 수 있는 능력이 없어진 것을 말한다.

④ 우리나라 「치매관리법」에 따르면, 치매는 "퇴행성[1] 뇌질환 또는 뇌혈관계[2] 질환 등으로 인하여 기억력, 언어능력, 지남력[3], 판단력 및 수행능력 등의 기능이 저하됨으로써 일상생활에서 지장을 초래하는 후천적인 다발성[4] 장애"를 말한다.

정리하건대, 치매는 생각하고 기억하는 능력이 줄어들어서 개인이

1) 퇴행성은 "몸의 기관 따위가 많이 사용되거나 노화하여 그 기능이 [줄어드는] 성질"을 말한다(국립국어원 표준국어대사전, 2024).

2) 뇌혈관은 "뇌 속을 흐르는 혈관"을 말한다(국립국어원 표준국어대사전, 2024).

3) 지남력(orientation)은 마음이 세 가지 차원을 인식하는 기능을 말한다. 이 경우, 세 가지 차원은 시간, 장소, 인간을 가리킨다(Wikipedia, 2024b).

4) 다발성은 "여러 가지 일이 함께 일어나는 성질"을 말한다(국립국어원 표준국어대사전, 2024).

일상생활과 활동을 하는 데 어려움을 겪는 장애라고 볼 수 있다.

2) 치매 용어와 관련해 고려할 점

앞에서 치매에 대해 정의한 것에서 알 수 있듯이, 치매라는 용어는 특정한 질병을 의미하는 것이 아니다. 즉, 치매라는 용어는 개인이 일상 활동을 하기가 어려울 정도로 기억이나 기타 생각하는 능력이 줄어드는 것과 관련된 여러 가지 증상을 나타내는 일반적인 용어이다(Alzheimer's Association, 2024c; Mayo Clinic, 2024a).

과거에는 치매를 노인성 치매라고 부른 경우가 많았다. 그러나 이런 표현은 잘못된 것이다. 왜냐하면 과거에는 정신적 능력이 크게 낮아지는 것은 노화의 정상적 과정이라고 잘못 알았던 탓에, 치매를 노인성 치매라고 불렀기 때문이다(Alzheimer's Association, 2024c; Mayo Clinic, 2024a).

Point

- 치매는 생각하고 기억하는 능력이 줄어들어서 개인이 일상생활과 활동을 하는 데 어려움을 겪는 장애이다.
- 치매라는 용어는 개인이 일상 활동을 하기 어려울 정도로 기억이나 기타 생각하는 능력이 줄어드는 것과 관련된 여러 증상을 나타내는 일반적 용어이다.

3. 치매의 증상과 진행

1) 치매의 증상

치매에 걸리면 여러 가지 증상이 나타날 수 있다. 이 중에서, 치매에 걸릴 때 나타나는 주요한 증상으로 기억하지 못하는 것을 꼽을 수 있다. 사실, 기억하지 못하는 것은 치매에 걸렸음을 보여주는 초기 증상인 경우가 많다.

무엇보다도, 치매에 걸린 사람은 단기적으로 기억하는 것과 관련해 어려움을 겪을 수 있다. 이와 관련된 예를 몇 가지 제시하면 다음과 같다(Alzheimer's Association, 2024a; Alzheimer's Association, 2024c; Mayo Clinic, 2024a).

① 지갑을 찾는 데 어려움을 겪는다.
② 비용을 지불하는 데 어려움을 겪는다.
③ 식사를 계획하고 준비하는 데 어려움을 겪는다.
④ 약속을 기억하는 데 어려움을 겪는다.
⑤ 동네 밖으로 다니는 데 어려움을 겪는다.

자유롭게 여행하는 노인: 치매에 걸린 노인은 동네 밖으로 다니는 데 어려움을 겪는다. [출처: 스웨덴에서 저자 촬영ⓒ]

그러나 기억하지 못한다고 해서, 반드시 치매에 걸렸다고 볼 수는 없다. 왜냐하면 치매가 아닌 다른 원인 때문에 기억하지 못할 수도 있기 때문이다(Mayo Clinic, 2024a).

치매의 증상은 치매의 원인에 따라 차이가 나고 있다. 그러나 치매의 일반적 증상은 인지적 영역과 심리적 영역으로 나누어 살펴볼 수 있다.

우선, 인지적 영역에서 나타나는 치매 증상을 구체적으로 제시하면 다음과 같다(Mayo Clinic, 2024a).

① 기억하지 못한다. 기억하지 못하는 것은 다른 사람이 알아차리는 경우가 많다.
② 의견을 주고받거나 단어를 찾는 데 어려움을 겪는다.
③ 시각적 능력과 공간적 능력에 문제가 있다. 이런 예로 운전하다가 길을 잃는 것이 있다.
④ 논리적으로 생각하거나 문제를 해결하는 데 어려움을 겪는다.
⑤ 복잡한 작업을 하는 데 어려움을 겪는다.
⑥ 계획하고 정리하는 데 어려움을 겪는다.
⑦ 움직이는 것을 제대로 통제하지 못한다.
⑧ 혼란스러워하고, 방향 감각을 상실한다.

그리고 심리적 영역에서 나타나는 치매 증상을 구체적으로 제시하면 다음과 같다(Mayo Clinic, 2024a).

① 성격이 변한다.
② 우울하다.
③ 불안하다.
④ 흥분해 있다.
⑤ 적절치 않은 행동을 한다.
⑥ 의심한다.
⑦ 존재하지 않는 것을 본다. 이런 증상을 환각(hallucination)이라고 부른다.

치매에 걸린 사람의 증상

치매에 걸린 사람은 여러 가지 구체적인 증상을 보일 수 있다. 치매 때문에 흔하게 나타나는 증상을 구체적으로 제시하면 다음과 같다(대한치매학회, 2020).

① 건망증이 심해진다.
② 새로운 정보를 배우지 못하고, 지시한 사항을 따르지 못한다.
③ 같은 이야기를 계속해서 반복하거나, 같은 질문을 여러 차례 되풀이한다.
④ 적절한 단어를 찾지 못하고, 말이나 글을 끝내지 못한다.
⑤ 이치에 맞지 않는 말을 한다.
⑥ 물건을 잃어버리거나 감추고, 다른 사람이 물건을 훔쳤다고 비난한다.
⑦ 시간에 대한 의미가 분명하지 않다.
⑧ 다른 사람을 알아보지 못한다.
⑨ 공포를 느끼고, 초조해하고, 슬퍼하고, 분노하고, 불안해한다. 즉, 감정이 크게 변한다.
⑩ 음식을 만드는 것, 식사하는 것, 운전하는 것, 목욕하는 것과 같은 일상적인 일을 하지 못한다.

2) 치매의 진행

치매는 서서히 진행되는 경우가 많다. 즉, 치매 증상은 서서히 나타나기 시작해서 점점 더 심해지는 경우가 많다. 그리고 치매 증상을 보일 때 뇌에서 나타나는 대부분의 변화는 영원히 계속되고, 이런 상황은 시간이 지나면서 더 나빠지고 있다(Alzheimer's Association, 2024c).

Point

- 치매의 주요한 증상은 기억하지 못하는 것이다. 치매의 일반적 증상은 인지적 영역과 심리적 영역으로 나누어 살펴볼 수 있다.
- 치매 증상은 서서히 나타나기 시작해서 점점 더 심해지는 경우가 많다.

4. 치매를 유발하는 원인

1) 근본적인 원인

여러 가지 질병이 치매의 원인이 될 수 있다. 그러나 치매를 유발하는 근본적인 원인은 뇌세포와 관련이 있다. 구체적으로 볼 때, 치매는 뇌세포에 문제가 생기기 때문에 발생하고 있다. 뇌세포에 문제가 생기는 것은, 뇌세포가 다른 사람과 서로 의사소통할[5] 수 있게 하는 능력에 부정적인 영향을 미치고 있다(Mayo Clinic, 2024a; Alzheimer's Association, 2024c). 그리고 그 결과, 치매가 나타나고 있다.

2) 치매를 유발하는 질병

치매를 유발하는 질병은 치매의 원인이 되고 있다. 치매를 유발하는 질병에는 여러 가지가 있다. 치매를 유발하는 것으로 알려진 대표적인 질병으로 알츠하이머병(Alzheimer's disease), 혈관성 치매(vascular dementia), 파킨슨병(Parkinson's disease)이 있다. 그리고 그 외 여러 질병도 치매를 유발하는 것으로 알려져 있다.

(1) 알츠하이머병

(가) 알츠하이머병의 정의와 발생 정도

알츠하이머병은 독일인 의사인 알로이스 알츠하이머(Alois Alzheimer)의 이름을 따서 붙여진 병이다. 알츠하이머협회(Alzheimer's Association)에 따르면, 알츠하이머병은 기억하고 생각하고 추리하는 능력이 서서히 줄어드는 뇌 질병을 말한다(Alzheimer's Association, 2024a).

알츠하이머병은 치매를 일으키는 많은 질병 중에서 가장 흔한 질

5) 의사소통은 "말·글·제스처 등을 통해 상대에게 자기의 뜻을 전달하거나 상대의 뜻을 알아듣는 일"을 말한다(Oxford Languages, 2024).

병이다. 따라서 치매와 관련된 여러 질병 중에서 가장 대표적인 질병은 알츠하이머병이라고 볼 수 있다. 실제로 치매 사례 중에서 알츠하이머병이 원인인 사례가 차지하는 비율은 매우 높은 것으로 알려져 있다(대한치매학회, 2020; Alzheimer's Association, 2024c).

치매환자를 위한 요양원을 안내하는 법인 대표: 치매와 관련해 가장 대표적인 질병은 알츠하이머병이다. [출처: 저사 촬영ⓒ]

(나) 알츠하이머병의 증상

알츠하이머병에 걸린 것을 보여주는 증상에는 여러 가지가 있다. 알츠하이머협회의 경우, 알츠하이머병과 관련된 증상으로 다음과 같은 것을 제시하고 있다(Alzheimer's Association, 2024a).

① 일상생활을 하는 것이 어려울 정도로 기억력이 크게 나빠진다. 알츠하이머병에 걸릴 때 가장 일반적으로 나타나는 증상의 하나는, 최근에 배운 정보를 잊어버리는 것이다. 이것은 알츠하이머병에 걸린 초기 단계에 특히 그렇다.

② 어떤 것을 계획하거나 문제를 해결하는 데 어려움을 겪는다. 이런 상황을 구체적으로 살펴보면 다음과 같다.

㉠ 일반적인 조리법을 따라서 요리하는 데 어려움을 겪는다.

㉡ 매달 정기적으로 납부하여야 하는 비용을 제대로 처리하는 데 어려움을 겪는다.

ⓒ 집중하는 데 어려움을 겪는다.

ⓔ 어떤 일을 하는 데 있어 이전보다 훨씬 더 오랜 시간이 걸린다.

③ 가정생활이나 직장생활이나 여가생활에서 일반적 일을 하는 데 어려움을 겪는다. 예를 들어 알츠하이머병에 걸린 사람의 경우, 때에 따라서는 다음과 같은 것을 하는 데 어려움을 겪을 수 있다.

ⓐ 잘 아는 장소로 운전해 간다.

ⓑ 직장에서 예산을 관리한다.

ⓒ 자신이 좋아하는 게임의 규칙을 기억한다.

④ 시간이나 장소를 혼동한다. 알츠하이머병에 걸린 사람의 경우, 날짜와 계절을 제대로 알지 못할 수 있고, 시간이 지나는 것을 제대로 알지 못할 수 있다. 그리고 알츠하이머병에 걸린 사람의 경우, 때에 따라서는 자신이 어디에 있는지를 알지 못할 수 있고, 자신이 거기에 어떻게 갔는지를 알지 못할 수 있다.

⑤ 시각적 이미지를 이해하는 데 어려움을 겪고, 공간에서의 관계를 이해하는 데 어려움을 겪는다. 일부 사람에게는, 시각적 문제를 겪는 것이 알츠하이머병의 증상일 수도 있다. 이런 사람은 읽고, 거리를 재고, 색깔을 결정하는 데 어려움을 겪을 수 있다. 그리고 이렇게 될 경우, 운전하는 데 어려움을 겪을 수 있다.

⑥ 말하거나 글을 쓸 경우, 이전에는 어려움을 겪지 않았으나 이제는 어려움을 겪는다. 이런 상황을 구체적으로 살펴보면 다음과 같다.

ⓐ 대화하다가 중간에 멈춘다.

ⓑ 대화를 어떻게 계속할지에 대해 알지 못한다.

ⓒ 대화하면서 같은 내용을 계속해서 이야기한다.

ⓓ 올바른 단어를 찾는 데 어려움을 겪는다.

ⓔ 어떤 것을 잘못된 이름으로 부른다.

⑦ 물건을 원래의 위치가 아닌 장소에 놓고, 이런 물건을 찾아서 원래 위치에 다시 갖다 놓지 못한다. 알츠하이머병에 걸린 사람

의 경우, 때에 따라서는 자신이 찾는 물건을 다른 사람들이 훔쳤다고 비난할 수 있다. 이런 상황은 시간이 지나면서 더 자주 일어날 수 있다.

⑧ 판단하는 능력이 줄어들거나, 판단을 잘하지 못한다. 이런 상황을 구체적으로 살펴보면 다음과 같다.

㉠ 현금을 다룰 때 판단을 제대로 하지 못한다. 따라서 점원에게 원래 가격보다 더 많은 양의 현금을 낼 수 있다.

㉡ 자신의 차림새를 단정하게 하거나 몸을 깨끗하게 하는 데 관심을 덜 가진다.

⑨ 일을 하지 않으려 하거나, 사회 활동을 하지 않으려 한다. 이런 상황을 구체적으로 살펴보면 다음과 같다.

㉠ 자신이 좋아하는 스포츠 팀과 계속 교류하는 데 어려움을 겪는다.

㉡ 자신이 좋아하는 취미 활동을 하는 방법을 기억하는 데 어려움을 겪는다.

㉢ 사회적으로 활동하기를 꺼린다.

⑩ 기분과 성격이 변한다. 이런 상황을 구체적으로 살펴보면 다음과 같다.

㉠ 혼란스러워하고, 의심을 품고, 우울해하고, 두려워하고, 불안해한다.

㉡ 가정이나 직장이나 친구와의 관계에서 쉽게 당황한다.

(2) 혈관성 치매

(가) 혈관성 치매의 정의와 발생 정도

혈관성 치매는 혈액이 뇌에 적절하게 흐르지 않은 탓에 뇌에 문제가 발생하기 때문에, 판단하고 계획을 세우고 기억하는 데 문제가 있고 또한 이 외에 생각하는 과정에 문제가 있는 것을 일반적으로 나타내는 용어이다(Mayo Clinic, 2024c).

혈관성 치매는 치매의 원인 중에서 두 번째로 흔한 질병이다. 즉, 혈관성 치매는 치매의 원인이 되는 형태 중에서 알츠하이머병 다음으로 가장 일반적으로 나타나고 있다(대한치매학회, 2020; Alzheimer's Association, 2024a).

(나) 혈관성 치매의 증상

혈관성 치매의 증상에는 여러 가지가 있다. 혈관성 치매의 증상을 몇 가지 제시하면 다음과 같다(Mayo Clinic, 2024c).

① 혼란스러워한다.
② 주목하고 집중하는 데 어려움을 겪는다.
③ 체계적으로 생각하거나 행동하는 능력이 줄어든다.
④ 상황을 분석하고, 이런 상황에 따라 계획을 효과적으로 짜고, 이런 계획을 다른 사람에게 전달하는 능력이 줄어든다.
⑤ 다음에 무엇을 할 것인지를 결정하는 데 어려움을 겪는다.
⑥ 기억하는 데 어려움을 겪는다.
⑦ 들떠 있고, 흥분해 있다.
⑧ 불안정하게 걷는다.
⑨ 소변을 갑자기 보려 하거나 자주 보려 하고, 소변보는 것을 조절하지 못한다.
⑩ 우울하거나, 무관심하다.

(다) 뇌졸중과 혈관성 치매

뇌졸중(stroke)은 뇌의 일부분에 혈액을 공급하는 것이 갑자기 변하는 것을 말하는데(Cambridge Dictionary, 2024), 뇌졸중은 혈관성 치매를 유발하는 원인이 될 수 있다. 구체적으로, 뇌에 있는 동맥이[6] 뇌졸중 때문에 막힌 후에 혈관성 치매가 나타날 수 있다. 따라서 혈관성 치

6) 동맥은 "심장에서 피를 신체 각 부분에 보내는 혈관"을 말한다(국립국어원 표준국어대사전, 2024).

매는 뇌졸중을 겪은 후에 나타나는 경우가 많다.

그러나 뇌졸중을 겪는다고 해서, 반드시 혈관성 치매가 나타나는 것은 아니다(Mayo Clinic, 2024c; Alzheimer's Association, 2024c).

(3) 파킨슨병

(가) 파킨슨병의 정의

파킨슨병은 움직이는 데 영향을 미치면서 서서히 진행하는 신경체계 장애를 말한다(Mayo Clinic, 2024b).

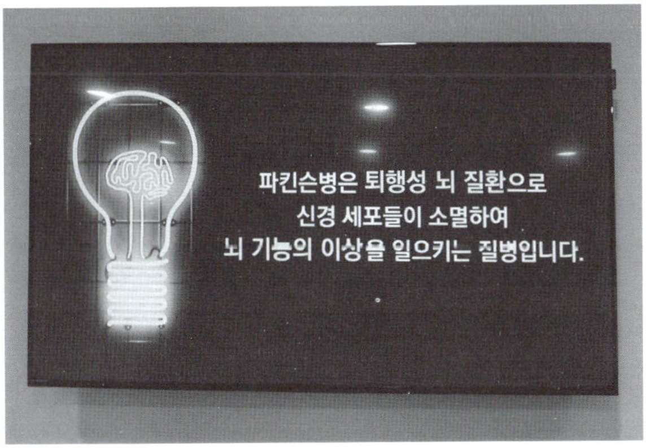

파킨슨병을 소개하는 영상(병원 대기실): 파킨슨병은 움직이는 데 영향을 미치면서 서서히 진행한다. [출처: 저자 촬영ⓒ]

(나) 파킨슨병의 증상

파킨슨병의 증상은 서서히 나타나고 있다. 때에 따라서 파킨슨병의 증상은 한쪽 손에서만 거의 알아채지 못할 정도로 떨리면서 시작하고 있다. 무엇보다도 파킨슨병의 경우, 떨리는 증상이 일반적으로 나타나고 있다. 그러나 파킨슨병에서는 동작이 뻣뻣하거나 느려지는 증상이 나타나는 경우가 많다(Mayo Clinic, 2024b).

파킨슨병을 보여주는 구체적 증상에는 여러 가지가 있다. 파킨슨병의 구체적 증상을 몇 가지 제시하면 다음과 같다(Mayo Clinic, 2024b).

① 떤다. 떨거나 흔드는 것은 손발에서 시작되는 경우가 많다. 무엇보다도, 이런 증상은 손이나 손가락에서 시작되는 경우가 많다.

② 움직이는 것이 느려진다. 따라서 단순한 일을 하는 것도 어렵게 되고, 시간을 많이 보내게 된다. 이런 예를 몇 가지 살펴보면 다음과 같다.

㉠ 걸을 때 걸음이 더 짧아질 수 있다.

㉡ 의자에서 일어나는 것이 어려울 수 있다.

㉢ 걸을 때 발을 끌 수 있다.

③ 근육이 굳어진다. 근육이 굳어지는 증상은 신체의 어느 부분에서나 나타날 수 있다. 근육이 굳어질 경우, 움직이는 범위가 줄어들 수 있다.

④ 자세를 유지하기가 어려워지고, 균형을 잡기가 어려워진다. 예를 들어, 자세가 구부러질 수 있다.

⑤ 자율적으로 하는 동작을 하지 못한다. 예들 들어, 무의식적 동작을 하는 능력이 줄어들 수 있다. 이때, 무의식적 동작의 예로 눈을 깜빡거리는 것, 웃는 것, 걸을 때 팔을 흔드는 것이 있다.

⑥ 말하는 방식이나 모습이 변한다. 이런 예를 몇 가지 살펴보면 다음과 같다.

㉠ 힘없이 말한다.

㉡ 빨리 말한다.

㉢ 분명하지 않게 발음한다.

㉣ 말하기 전에 망설인다.

한편 파킨슨병에 걸린 사람들 중에서 많은 사람은 파킨슨병의 말기에 치매 증상을 보이게 된다(대한치매학회, 2020).

(4) 기타 질병

이 외에, 치매를 유발하는 질병으로 루이 소체(Lewy body)병(또는 루이 소체 치매), 헌팅톤병(Huntington disease), 크로이츠펠트 - 야콥병

(Creutzfeldt-Jakob disease),[7] 픽병(Pick's disease)이 있다(대한치매학회, 2020).

Point

- 치매는 뇌세포에 문제가 생기기 때문에 발생한다.
- 치매를 유발하는 질병은 치매의 원인이 된다. 치매를 유발하는 주요한 질병으로 알츠하이머병, 혈관성 치매, 파킨슨병이 있다.
- 알츠하이머병은 기억·생각·추리하는 능력이 서서히 줄어드는 뇌 질병이다. 알츠하이머병은 치매를 일으키는 많은 질병 중에서 가장 흔한 질병이다.
- 혈관성 치매는 혈액이 뇌에 적절하게 흐르지 않은 탓에 뇌에 문제가 발생하기 때문에, 판단·계획·기억하는 데 문제가 있고 또한 이 외에 생각하는 과정에 문제가 있는 것을 일반적으로 나타내는 용어이다. 혈관성 치매는 치매의 원인 중에서 두 번째로 흔한 질병이다. 혈관성 치매는 뇌졸중을 겪은 후에 나타나는 경우가 많다.
- 파킨슨병은 움직이는 데 영향을 미치면서 서서히 진행되는 신경체계 장애이다. 파킨슨병의 증상은 서서히 나타난다.

5. 치매가 미치는 영향

노년기의 치매는 치매에 걸린 노인, 가족, 국가, 사회에게 매우 부정적인 영향을 미치고 있다.

1) 치매에 걸린 노인에게 미치는 영향

치매에 걸리면 일상생활을 정상적으로 하는 것이 어렵기 때문에, 치매에 걸린 노인은 사회구성원으로서 제 역할을 하기가 어렵게 된다. 이런 상황은 치매에 걸린 노인의 정신건강에 부정적인 영향을 미치고 있다. 또한 치매에 걸리면 기억하는 능력이 크게 줄기 때문에, 치매는 노인이 노년기를 품위 있게 보내는 데 가장 큰 걸림돌로 작용

7) 우리나라에서는 이 병을 '크로이츠펠트-야콥병', '크루츠펠트-야콥병', '크루츠펠트-제이야콥병', '크루츠펠트-제이콥병'으로 번역하고 있다. 우리나라 질병관리본부에서는 '크로이츠펠트-야콥병'이라고 번역하고 있다(질병관리본부, 2024).

하고 있다.

프로그램에 참여하고 있는 치매 노인: 치매에 걸린 노인은 사회구성원으로서 제 역할을 하기가 어렵다. [출처: 전영신 님 촬영·제공©]

그리고 노인이 치매에 걸리면 학대를 당할 가능성이 커질 수 있다.[8] 실제로 일반 노인에 비해서, 치매에 걸린 노인은 학대를 당할 가능성이 더 큰 것으로 알려져 있다(Dubin, 2023).

또한 노인이 치매에 걸리면 자살할 가능성이 커질 수 있다. 실제로 치매는 자살을 생각하고 자살을 행동에 옮기는 것과 관련된 요인으로 알려져 있다. 예를 들어, 알츠하이머병은 자살을 어느 정도 유발하는 요인과 관련이 있는 것으로 알려져 있다(Conejero et al., 2018).

2) 가족에게 미치는 영향

노인이 치매에 걸리면, 노인의 가족구성원은 여러 영역에서 엄청난 어려움을 겪게 된다. 따라서 치매는 가족구성원의 삶에 매우 부정적인 영향을 미치고 있다.

치매에 걸린 노인의 가족이 겪는 어려움을 몇 가지 영역으로 나누어 살펴보면 다음과 같다.

8) 노인학대의 일반적 측면에 대해서는 노인학대를 다루는 장(제7장)에서 이미 설명한 바 있다.

(1) 신체적 영역

치매에 걸린 노인을 가정에서 돌볼 경우, 가족구성원은 노인의 여러 가지 일상 활동을 직접·간접으로 도와주어야 한다. 따라서 치매에 걸린 노인을 가족구성원이 가정에서 돌보는 것은 신체적으로 매우 힘이 드는 일이다. 치매에 걸린 노인을 가정에서 돌보는 것을 요양보호사와[9] 같은 전문가가 도와준다고 해도, 가족구성원이 신체적으로 겪는 어려움이 완전히 없어지는 것은 아니다.

그러므로 노인의 치매는 노인을 직접·간접으로 돌보는 가족구성원에게 신체적 어려움을 줄 가능성이 크다.

(2) 경제적 영역

노인이 치매에 걸릴 경우, 가족은 이에 대한 비용을 부담하여야 한다. 오늘날의 경우, 노인의 치매와 관련된 복지제도(예컨대, 노인장기요양보험제도)에서는 치매에 걸린 노인에게 제공하는 서비스에 대한 비용을 크게 부담하고 있다. 하지만 그렇다고 해서, 치매에 걸린 노인을 돌보는 것과 관련해 가족이 비용을 전혀 부담하지 않는 것은 아니다.

그러므로 노인의 치매는 가족구성원에게 경제적 어려움을 줄 가능성이 크다.

(3) 심리적 영역

노인이 치매에 걸릴 경우, 가족구성원은 노인의 현재 상황과 미래 상황에 대해 크게 신경을 쓰게 된다. 그러나 치매를 완전하게 치료하는 방법이 없는 탓에, 가족구성원은 치매에 걸린 노인의 미래에 대해 확실하게 알 수 없게 된다. 치매에 걸린 노인을 돌보는 것이 현재에도 신체적·경제적으로 힘든 상황에서, 노인의 미래 상황에 대해 잘

---

9) 요양보호사는 노인장기요양보험에서 서비스를 제공하는 주요한 전문가이다(노병일, 2020a). 노인장기요양보험에 대해서는 노인과 관련된 사회보장제도를 다루는 장(제13장)에서 자세히 설명한다.

알 수 없는 것은 가족구성원에게 심리적 고통을 유발할 수 있다. 그러므로 노인의 치매는 가족구성원에게 심리적으로 커다란 어려움을 줄 가능성이 크다.

특히, 치매에 걸린 노인을 돌보는 것은 가족구성원에게 스트레스를 크게 유발할 가능성이 크다. 우선, 치매 때문에 겪는 신체적·경제적 부담은 가족구성원에게 스트레스를 유발할 가능성이 크다. 그리고 노인이 치매에 걸릴 경우, 가족구성원은 노인을 돌보느라 자신의 일상생활을 제대로 하기가 어려울 가능성이 크다. 이런 상황은 가족구성원에게 스트레스를 유발할 가능성이 크다.

(4) 가족관계 영역

치매에 걸린 노인의 가족구성원이 많은 경우, 노인을 돌보고 방문하고 비용을 부담하는 문제와 관련해 가족구성원들끼리 갈등할 수 있다. 치매에 걸린 노인을 돌보느라고 지쳐 있는 상황에서는, 사소한 문제도 가족구성원들 사이에 갈등을 크게 유발할 가능성이 크다.

그러므로 노인의 치매는 가족관계에 어려움을 줄 가능성이 크다.

3) 국가와 사회에 미치는 영향

치매에 걸린 노인이 많아질 경우, 국가는 치매에 걸린 노인을 위한 복지정책을 설계하는 데 더 관심을 가지게 된다. 이 경우, 국가는 치매와 관련된 복지제도와 복지시설을 갖추는 데 비용을 더 많이 지출하는 방향으로 나아가게 된다.

그리고 치매에 걸린 노인이 많아서 국가가 치매와 관련된 복지제도와 복지시설을 더 갖추어야 할 경우, 이에 대한 비용을 사회의 구성원도 부담하여야 한다.

그러므로 노인의 치매는 국가와 사회에 매우 부정적인 영향을 미치고 있다.

Point

- 노년기의 치매는 치매에 걸린 노인, 가족, 국가, 사회에게 매우 부정적인 영향을 미친다.

6. 치매의 진단과 치료

1) 치매의 진단

(1) 진단의 중요성

노인에게 치매와 관련된 증상이 나타날 경우, 즉시 진단을 받아야 한다. 치매를 완전히 치료하는 방법이 없으므로, 노인에게 조기 진단은 무엇보다도 중요하다.

치매 안심 마을: 치매에 대해서는 조기 진단이 중요하다. [출처: 저자 촬영ⓒ]

전문가에게 치매에 대해 조기 진단을 받는 것이 중요한 이유를 몇 가지 제시하면 다음과 같다(Alzheimer's Association, 2024c).

① 전문가가 현재 상태를 치료할 수 있는지를 결정할 수 있기 때문

이다.

② 증상이 치매로 나타날 경우, 다음과 같이 할 수 있기 때문이다.

㉠ 현재 이용할 수 있는 치료 방법을 가장 유리하게 적용한다.

㉡ 의학 실험이나 연구에 자원해 참여할 기회를 가진다.

③ 치매로 진단될 경우, 미래를 준비할 시간을 가질 수 있기 때문이다.

(2) 치매의 진단

치매에 걸렸는지를 결정할 경우에는 두 가지 이상의 검사 방법을 사용하고 있다. 예를 들어 의사의 경우, 다음과 같은 것을 근거로 해서 치매의 형태를 진단하고 있다(Alzheimer's Association, 2024c).

① 그동안 받은 의료 서비스의 내용이 있다.

② 신체검사의 결과가 있다.

③ 실험실에서 검사한 결과가 있다.

④ 생각과 일상 활동과 행동에서 두드러지게 변화한 것이 있다.

치매 진단을 받을 경우, 다음과 같은 것을 알 수 있게 된다(대한치매학회, 2020).

① 무슨 병을 앓고 있는지를 알 수 있다.

② 병을 낫게 할 수 있거나 치료할 수 있는지를 알 수 있다.

③ 장애의 형태나 뇌 기능 장애는 어느 정도인지를 알 수 있다.

④ 현재 정상적으로 기능할 수 있는 뇌의 영역은 어디인지를 알 수 있다.

⑤ 앞으로 예상되는 변화들은 무엇인지를 알 수 있다.

⑥ 환자를 보살피는 데 도움이나 지원을 받을 수 있는 방법은 무엇인지를 알 수 있다.

간이 인지기능 검사

간이 인지기능 검사는 인지적 능력이 낮아지는 것으로 의심되는 환자에게 일차적으로 실시할 수 있는 검사이다. 이런 검사의 예를 들면 다음과 같다(구본대 외 18인, 2011).

① 간이 정신상태 검사(Mini-Mental State Examination, MMSE)가 있다.[10)] 이 검사는 치매 상태인지를 파악하기 위해 가장 널리 사용하고 있다. 이 검사는 적용하기가 쉽고, 짧은 시간에 비교적 간단하게 실시할 수 있다.

② 임상 치매평가 척도(Clinical Dementia Rating)를 사용하는 검사가 있다. 이 검사에서는 환자 및 보호자와 면담해서 환자의 인지적 능력과 사회적 능력을 평가한다. 구체적으로 이 검사의 경우, 기억력, 지남력, 판단력과 문제해결 능력, 사회 활동, 집안생활과 취미, 위생과 몸치장의 여섯 가지에 대해 살펴본다.

(3) 고려할 점

의사가 치매의 형태를 정확하게 결정하는 것은 너 어려울 수 있나. 왜냐하면 치매의 형태가 다를지라도 증상과 뇌에서의 변화는 서로 중복될 수 있기 때문이다. 이런 탓에 때에 따라서는, 의사가 '치매'라고 진단할 수는 있지만, 치매의 형태를 구체적으로 제시하지 못할 수 있다. 이렇게 될 경우, 신경과 전문 의사나 노인심리 전문가와 같은 전문가를 찾아가 볼 필요가 있다(Alzheimer's Association, 2024c).

그리고 노인이 치매에 걸린 것으로 진단되었을 경우, 이런 사실을 가족구성원에게 당연히 알려주어야 한다. 다만, 이 경우, 치매로 진단받은 것을 알려주는 것이 치매에 걸린 노인에게 미치는 영향을 고려할 필요가 있다. 특히, 치매로 진단받은 것을 알려주는 것이 우울과 자살 생각에 미치는 영향을 고려할 필요가 있다. 왜냐하면 치매로 진단받은 노인은 자살을 생각하고 자살을 행동에 옮길 가능성이 더 클 수 있기 때문이다(Conejero et al., 2018).[11)]

10) 간이 정신상태 검사에 대해서는 노화를 다루는 장(제2장)에서 이미 설명한 바 있다.

2) 치매의 치료

치매를 치료하기 위해서 세계에서 많은 연구를 하고 있다. 하지만 서서히 진행되는 대부분의 치매 형태의 경우, 치매가 진행되는 것을 늦추거나 멈추게 하는 완전한 치료 방법은 없는 것으로 알려져 있다(Alzheimer's Association, 2024c).

노인시설의 치매 치료실: 치매 치료를 위해 세계에서 많은 연구를 하고 있다. [출처: 저자 촬영ⓒ]

그러나 약물로 치료할 경우, 치매와 관련된 어려움이 일시적으로 줄어들 수도 있다. 그리고 약물을 사용하지 않는 치료 방법도 치매의 일부 증상을 줄이는 데 도움이 될 수 있다(Alzheimer's Association, 2024c).

11) 여기에 대해서는 노인자살을 다루는 장(제8장)에서 이미 설명한 바 있다.

Point

- 치매를 완전히 치료하는 방법이 없으므로, 노인에게 조기 진단은 중요하다.
- 치매에 걸렸는지를 결정할 때는 두 가지 이상의 검사 방법을 사용한다.
- 의사가 치매의 형태를 정확하게 결정하는 것은 더 어려울 수 있다.
- 노인이 치매에 걸린 것으로 진단되었을 경우, 이런 사실을 가족구성원에게 알려주어야 한다. 하지만 이때, 치매로 진단받은 것이 노인에게 미치는 영향을 고려할 필요가 있다.
- 서서히 진행되는 대부분의 치매에 대해서 진행을 늦추거나 멈추게 하는 완전한 치료 방법은 없는 것으로 알려져 있다.

7. 치매의 예방

1) 주목할 측면

노인과 가족구성원이 치매와 관련된 문제를 겪지 않기 위해 가장 좋은 방법은, 치매를 예방하는 것이다. 그러나 치매를 예방하기 위해서는, 치매를 유발하는 요인들 중에서 변화시킬 수 있는 부분에 주목할 필요가 있다. 왜냐하면 치매를 유발하는 요인들 중에서 일부 요인은 변화시킬 수 없기 때문이다. 이런 요인의 예로 나이와 유전적 요인이 있다(Alzheimer's Association, 2024c).

2) 치매 예방과 관련된 영역

오늘날, 치매를 겪을 가능성을 줄이고 치매를 예방하는 것과 관련해 여러 가지 연구를 하고 있다. 이와 관련해, 가장 활발하게 연구하고 있는 영역의 예를 제시하면 다음과 같다(Alzheimer's Association, 2024c; Verghese et al., 2006).

① 혈관과 관련된 영역이 있다. 뇌에서 혈관이 변하는 것은 혈관성 치매를 유발할 수 있다.

② 신체적 건강과 관련된 영역이 있다. 규칙적으로 운동할 경우,

일부 형태의 치매가 나타날 가능성이 더 적어질 수 있다. 예를 들어 신체적 여가 활동에 더 많이 참여할 경우, 치매를 겪을 가능성이 더 적어질 수 있다.

③ 음식과 관련된 영역이 있다. 개인이 먹는 음식은 심장의 건강에 영향을 미치기 때문에, 먹는 음식은 뇌의 건강에 가장 큰 영향을 미칠 수 있다.[12] 따라서 개인이 먹는 음식은 치매가 나타날 가능성을 줄이는 데 도움이 될 수 있다.

3) 뇌를 건강하게 유지하는 방법

앞에서도 설명한 바와 같이, 치매를 예방하기 위해서는 뇌의 건강 상태를 좋게 하는 것이 무엇보다도 중요하다. 따라서 노년기에 치매를 예방하기 위해서는 뇌를 건강하게 유지할 필요가 있다.

뇌를 건강하게 유지하는 방법에는 여러 가지가 있을 수 있다. 알츠하이머협회의 경우, 뇌를 건강하게 잘 유지하는 방법으로 다음과 같은 것을 제시하고 있다 (Alzheimer's Association, 2024b).

그리기를 배우는 노인: 적극적으로 배우는 것은 뇌 건강을 좋게 하고, 그 결과로 치매를 예방하는 데 도움이 된다. [출처: 전영신 님 그림©]

① 땀을 흘리는 운동이나 활동을 한다. 신체적 활동을 할 경우, 인지적 능력이 낮아질 가능성이 줄어들 수 있다.

② 적극적으로 배운다. 정식 교육을 받을 경우, 인지적 능력이 낮아질 가능성이 줄어들 수 있다.

③ 담배를 끊는다. 담배를 피울 경우, 인지적 능력이 낮아질 가능성이 커질 수 있다.

④ 심장을 잘 보살핀다.

⑤ 뇌를 보호한다. 이를 위해서는 다음과 같이 할 필요가 있다.

12) 뇌(뇌세포)를 건강하게 유지하는 방법에 대해서는 아래에서 자세히 설명한다.

㉠ 차에서는 안전벨트를 맨다.
㉡ 신체적으로 접촉하는 운동을 하거나 자전거를 탈 때는 헬멧을 쓴다.
㉢ 넘어지지 않도록 한다.

⑥ 건강한 음식을 먹는다. 지방이 적고 채소와 과일이 많은 균형 잡힌 음식을 먹는 것은, 인지적 능력이 낮아질 가능성을 줄이는 데 도움을 주고 있다.

⑦ 잠을 충분히 잔다. 불면증과 같은 증상 때문에 잠을 충분하게 자지 못할 경우, 기억하고 생각하는 데 어려움을 유발할 수 있다.

⑧ 좋은 정신건강을 유지한다.

⑨ 사회적으로 교류한다. 사회적으로 교류하는 것은 뇌의 건강에 유리하게 작용할 가능성이 크다.

⑩ 적극적으로 도전한다. 정신에 자극을 주는 활동을 하는 것은 단기적·장기적으로 뇌에 긍정적인 영향을 미칠 수 있다. 정신에 자극을 주는 활동의 예를 몇 가지 살펴보면 다음과 같다.
㉠ 가구를 조립한다.
㉡ 퍼즐을 완전히 맞춘다.
㉢ 예술적인 것을 한다.
㉣ 지적으로 생각하게 하는 게임을 한다.

신나게 4륜 오토바이를 타는 노인여성: 적극적으로 도전하는 것은 치매를 예방하는 데 도움을 준다. [출처: 전영신 님 제공©]

Point

- 치매 예방을 위해서는, 치매를 유발하는 요인 중에서 변화시킬 수 있는 부분에 주목할 필요가 있다.
- 치매를 겪을 가능성을 줄이고 치매를 예방하는 것과 관련해 활발하게 연구하고 있는 영역으로 혈관과 관련된 영역, 신체적 건강과 관련된 영역, 음식과 관련된 영역이 있다.
- 노년기에 치매를 예방하기 위해서는 뇌를 건강하게 유지할 필요가 있다.

8. 노인복지 전문가와 국가의 역할

1) 노인복지 전문가의 역할

노인복지 영역에서 활동하는 사회복지사와 기타 전문가의 경우, 노인이 겪는 치매와 관련해 다음과 같이 할 필요가 있다.

(1) 일반적 역할

(가) 기억·사고 능력이 줄어드는 노인에 대한 관심과 개입 관련

오늘날에 치매는 노인과 가족에게 큰 고통을 주고 있다. 그러므로 노인복지 영역에서 활동하는 사회복지사와 기타 전문가의 경우, 기억하거나 생각하는 데 어려움을 겪는 노인에게 특히 더 관심을 가지고 개입할 필요가 있다. 무엇보다도 이런 노인을 만날 경우, 노인이 기억하거나 생각하는 데 어려움을 겪는 원인을 파악하기 위해서 빨리 진단을 받게 해줄 필요가 있다(Alzheimer's Association, 2024c).

(나) 치매의 예방 관련

현재까지는 치매에 걸린 노인을 완전히 치료하는 방법은 없는 것으로 알려져 있다. 따라서 치매를 예방하는 것이 무엇보다도 중요할 수밖에 없다. 그러므로 노인복지 영역에서 활동하는 사회복지사와 기타 전문가의 경우, 치매를 예방하는 방법을 교육하고 홍보하는 데 적극적으로 관여할 필요가 있다.

(2) 구체적 역할

(가) 치매에 걸린 노인과 가족 관련

치매에 걸린 노인과 그 가족을 지원하고 가족구성원이 더 나은 삶을 살게 해주기 위한 방안에는 여러 가지가 있을 수 있다. 이런 방안을 몇 가지 제시하면 다음과 같다(World Health Organization, 2017).

① 노인이 치매에 걸렸는지를 조기에 진단한다.

② 노인이 가장 좋은 신체적 건강과 정신건강을 유지하게 해주고, 가장 잘 활동할 수 있게 해주고, 높은 수준의 복리를 누리게 해준다.

③ 치매에 걸렸을 때 나타나는 신체적 질병을 파악해 치료한다.

④ 노인의 문제 행동을 파악하고 관리한다.

⑤ 치매에 걸린 노인을 돌보는 사람에게 치매와 관련된 정보를 제공하고, 이 사람을 장기적으로 계속해서 도와준다.

그러므로 노인복지 영역에서 활동하는 사회복지사와 기타 전문가의 경우, 앞에서 제시한 방안과 관련해 적극적으로 관여할 필요가 있다.

(나) 생활 방식 관련

그동안의 연구에서는 생활 방식을 바꾸면 노년기에 치매가 발생할 가능성이 낮아지는 것으로 나타나고 있다. 그러므로 노인복지 영역에서 활동하는 사회복지사와 기타 전문가의 경우, 노인이 생활 방식을 바꾸도록 하는 데 적극적으로 관여할 필요가 있다.

치매노인을 보호하는 시설을 방문한 노인복지 전문가들: 사회복지사·전문가는 치매노인과 가족을 위해 적극적으로 관여할 필요가 있다. [출처: 홍정미 님 제공©]

(다) 정신건강 관련

노인이 치매에 걸리면 품위 있는 생활을 하기 어렵기 때문에, 치매는 노인의 정신건강에 매우 부정적인 영향을 미치고 있다.

그러므로 노인복지 영역에서 활동하는 사회복지사와 기타 전문가의 경우, 치매에 걸린 노인에게 질 좋은 정신건강 서비스를 제공할 필요가 있다(World Health Organization, 2023).

2) 국가의 역할

국가의 경우, 노인이 겪는 치매와 관련해 다음과 같이 할 필요가 있다.

(1) 일반적 역할

(가) 치매의 예방 관련

아직까지는 치매를 완전히 치료하는 방법은 없는 실정이다. 그러므로 국가의 경우, 노인과 가족을 대상으로 치매에 대해 홍보하고 교육하는 체계를 갖춤으로써 치매를 예방하는 데 관심을 가질 필요가 있다.

(나) 치매의 진단 관련

치매를 완전히 치료하는 방법이 없는 상황에서는 치매를 조기에 진단하는 것이 중요하다. 그러므로 국가의 경우, 모든 노인이 치매를 조기에 진단할 수 있는 체계를 더 갖출 필요가 있다.

(2) 구체적 역할

(가) 서비스의 제공 관련

노인이 치매에 걸릴 경우, 노인과 돌봄제공자는 여러 영역에서 도움이 필요하게 된다. 그러므로 국가의 경우, 치매에 걸린 노인과 돌봄제공자에게 의료 영역, 사회 영역, 재정 영역, 법적 영역, 기타 영역에서 폭넓게 지원해 줄 필요가 있다(World Health Organization, 2017).

(나) 치매에 걸린 가족의 경제적 부담 관련

노인이 치매에 걸리면 해당 가족은 비용을 부담하게 된다. 이 경우, 소득 수준이 높은 가족은 경제적으로 큰 문제가 없을 수 있다. 그러나 소득 수준이 높지 않은 가족에게는, 노인이 치매에 걸리는 것은 경제적으로 큰 문제가 될 수밖에 없다. 그리고 이런 경제적 부담은 심리적 부담으로 이어질 수 있고, 더 나아가서 이런 상황은 가족관계가 더 좋지 않게 되는 상황으로 이어질 수 있다.

그러므로 국가의 경우, 치매에 걸린 노인을 보살피는 것과 관련된 사회복지제도를 더 체계적으로 갖춤으로써, 치매에 걸린 노인의 가족 구성원이 겪는 경제적 부담을 줄여줄 필요가 있다.

Point

- 사회복지사·전문가의 경우, 기억·생각하는 데 어려움을 겪는 노인에게 특히 더 관심을 가지고 개입하고, 치매를 예방하는 방법을 교육·홍보하는 데 관여하고, 치매에 걸린 노인의 가족구성원이 더 나은 삶을 살게 해주는 방안에 관여하고, 노인이 생활 방식을 바꾸도록 하는 데 관여하고, 질 좋은 정신건강 서비스를 제공할 필요가 있다.
- 국가의 경우, 치매에 대해 홍보·교육하는 체계를 갖추고, 모든 노인이 치매를 조기에 진단할 수 있는 체계를 더 갖추고, 치매에 걸린 노인·돌봄제공자에게 여러 영역에서 폭넓게 지원하고, 치매에 걸린 노인의 가족구성원이 겪는 경제적 부담을 줄여줄 필요가 있다.

Part 03

노인의 활동과 노동 및 주거

Chapter 10

노인과 활동

차례

1. 노년기와 활동

인간은 태어나면서부터 활동하고 있다. 인간의 활동은 성인기에 가장 활발하게 이루어지고 있지만, 노년기에도 활동은 계속되고 있다.

그러나 노인은 신체적 건강 영역과 정신건강 영역에서 취약할 가능성이 크다. 따라서 젊은 시기에 비해서 노년기에는 활동을 더 적게 할 가능성이 크다.

하지만 노년기에도 활동은 여전히 중요하다. 노년기에도 활동이 중요한 이유를 몇 가지 제시하면 다음과 같다.

① 활동은 인간이 기본적으로 제 역할을 하면서 생활하는 데 필요하기 때문이다. 따라서 노년기에도 활동을 통해서 기본적 역할을 계속하도록 해줄 필요가 있다.

② 노년기에는 신체적·정신적 능력이 줄어들 가능성이 크기 때문이다. 따라서 노년기에도 활동을 통해서 신체적·정신적 기능을 계속 유지하도록 해줄 필요가 있다.[1]

③ 노년기에는 자신의 존재에 대해 부정적으로 인식할 가능성이 크기 때문이다. 따라서 노년기에도 활동을 통해서 자신이 사회에 이바지할 수 있는 귀한 존재라고 인식시켜 줄 필요가 있다. 이와 관련된 대표적인 활동으로 자원봉사 활동을 들 수 있다.

어떤 측면에서 볼 때, 활동은 노년기에 더 중요할 수 있다. 따라서 일부 학자는 활동에 주목하는 노화 이론을 제시한 바 있다. 노화를 설명하는 이론의 하나인 '활동 이론'에서는 노인의 활동이 중요하다는 점을 특히 강조하고 있다.[2)]

한편 활동은 노인의 삶에서 여러 가지 긍정적인 역할을 하고 있다(노병일·노대겸, 2015). 실제로 그동안의 여러 연구에서, 활동은 노인의 복리 수준을 높이는 데 크게 이바지하는 것으로 나타나고 있다. 예를 들어, 우리나라 노인을 대상으로 조사한 결과, 일상 활동을 할 수 있는 능력은 삶의 질에서 매우 중요한 것으로 나타난 바 있다(Cha et al., 2023).

노인복지관의 야외 활동 프로그램에 참여하면서 서로 교류하는 노인들: 활동은 노인의 복리 수준을 높이는 데 크게 이바지한다. [출처: 노대겸 님 촬영·제공©]

1) 치매를 포함한 정신건강 영역에서도 규칙적 활동을 강조하고 있다. 치매와 정신건강에 대해서는 별도의 장(제6장과 제9장)에서 자세히 설명한 바 있다.
2) 활동 이론에 대해서는 노화 이론을 살펴보는 장(제2장)에서 자세히 설명한 바 있다.

특히 노인에게 사회 활동은 중요하다. 왜냐하면 노인이 사회적으로 활동할 경우, 노인은 적극적으로 사회에 관여할 수 있게 되고 자기 능력을 더 펼칠 수 있게 되기 때문이다. 따라서 노년기에 의미 있는 사회 활동은 정신건강, 생활만족, 삶의 질에 매우 긍정적인 영향을 미치고 있다. 예를 들어, 의미 있는 사회 활동은 노인의 우울을 줄이는 데 도움을 주고 있다(Chen, 2001; World Health Organization, 2023; Cha et al., 2023).

앞으로 노인의 수는 더 많아질 것으로 보인다. 따라서 자신이 마음대로 쓸 수 있는 시간을 많이 가진 노인의 수도 더 많아질 것으로 보인다. 그러므로 노인복지 영역에서는 여러 가지 형태의 활동에 대해 관심을 가질 필요가 있다.

Point

- 노년기에도 활동은 중요하다.
- 노인복지 영역에서는 여러 형태의 활동에 관심을 가질 필요가 있다.

2. 활동의 정의와 중요성 및 노년기의 주요한 활동

1) 활동의 정의와 중요성

문자 그대로 볼 때, 활동은 살아 움직이는 것을 말한다. 일반 사전에서도 활동에 대해 이와 비슷하게 정의하고 있다. 예를 들어 외국의 유명한 사전에 따르면, 활동(activity)은 사람들이 움직이는 상황을 말한다(Cambridge Dictionary, 2024).

활동은 뇌의 역할과 구조에 영향을 미치고 있다(Radford, 2005). 따라서 활동은 인간이 제대로 일상생활을 하는 데 매우 중요하다.

2) 노년기의 주요한 활동

노년기에 할 수 있는 활동의 형태에는 여러 가지가 있을 수 있다(노병일·노대겸, 2015). 그러나 노년기에는 자유로운 시간이 많기 때문에, 노인은 여가 활동을 하는 경우가 많다. 사실, 노년기에는 유급 일자리에서 정규직으로 일하지 않는 경우가 많다. 따라서 다른 시기에 비해서, 노년기에는 여가 활동을 할 수 있는 시간이 더 많은 편이다.

그리고 일부 노인은 경제적 영역에서 활동하면서 소득을 얻고 있다. 하지만 일반적인 퇴직 연령이 지난 후에도 경제적 영역에서 꾸준히 활동하는 노인은 많지 않을 수 있다(노병일, 2021a).[3]

그러므로 노년기에는 여가 활동이 주요한 활동인 경우가 많다. 그리고 다양한 형태의 여가 활동 중에서, 자원봉사 활동은 노인이 자기 자신보다는 다른 사람이나 지역사회를 위해서 하는 활동이다. 따라서 여가 활동의 한 형태인 자원봉사 활동은 나름의 독특한 특징을 지니는 활동이라고 볼 수 있다.

Point

- 활동은 사람들이 움직이는 상황이다.
- 노년기에는 여가 활동이 주요한 활동인 경우가 많다.
- 자원봉사 활동은 노인이 다른 사람이나 지역사회를 위해서 하는 여가 활동이다.

3. 노년기의 여가 활동

1) 여가 활동의 정의

일부 학자는 여가 활동에 대해 정의해 왔다. 그동안 여가 활동에

3) 노인의 경제적 활동에 대해서는 노인의 노동을 다루는 장(제11장)에서 자세히 설명한다.

대해 정의한 것을 몇 가지 제시하면 다음과 같다(Verghese, LeValley, Derby, Kuslansky, Katz, Hall & Lipton, 2006; Paggi, Jopp & Hertzog, 2016).

① 버지즈(Verghese) 등에 따르면, 여가 활동은 유급 일자리에서 하는 일이나 일상생활에서 하는 활동과는 관련이 없이, 개인이 즐거움이나 복리를 위해서 하는 활동을 말한다.

② 패기(Paggi) 등에 따르면, 여가 활동은 개인이 자유로운 시간에 참여하는 활동을 말한다.

정리하건대, 여가 활동은 개인이 자유로운 시간에 자신의 즐거움을 위해 하는 활동이라고 볼 수 있다.

2) 노년기 여가 활동의 중요성

노년기에 여가 활동에 참여하는 것은, 자신을 개발하는 기회가 되거나 자신이 바라는 것을 사회적으로 이룩하는 기회가 되고 있다. 따라서 노년기의 여가 활동은 노인의 사회적 욕구와 심리적 욕구를 충족해주고 있다. 또한 노년기의 여가 활동은 노인이 자신의 신체적 상태, 경제적 상태, 기타 상태를 더 고려하면서 지역사회에 이바지할 새로운 기회를 제공하고 있다.

일반적으로 여가 활동은 더 높은 수준의 삶의 질을 유지하는 데 도움을 주는 가장 중요한 방법의 하나로 알려져 있다. 이것은 노인에게도 해당하고 있다. 따라서 노년기의 여가 활동은 노인의 삶의 질을 높이는 데 도움을 주는 중요한 방법이 되고 있다(Lange & Grossman, 2018; Choi & Bum, 2019).

낚시하는 노인들: 노년기의 여가 활동은 삶의 질을 높이는 데 도움이 된다. [출처: 오스트리아에서 전영신 님 촬영·제공ⓒ]

3) 노년기 여가 활동의 형태와 고려할 점

(1) 노년기 여가 활동의 형태

노년기에 할 수 있는 여가 활동에는 여러 가지 형태가 있다. 노년기에 할 수 있는 여가 활동을 분류한 예를 구체적으로 제시하면 다음과 같다(Verghese et al., 2006; Iwasa & Yoshida, 2018).

① 버지즈(Verghese) 등의 경우, 노인을 대상으로 실시한 연구에서 여가 활동의 형태를 인지적 여가 활동과 신체적 여가 활동으로 분류한다. 이때 인지적 여가 활동의 예로 읽는 것, 글 쓰는 것, 카드 게임을 하는 것, 집단 토론을 하는 것이 있다. 그리고 신체적 여가 활동의 예로 테니스를 치는 것, 수영하는 것, 자전거를 타는 것, 춤을 추는 것, 걷는 것이 있다.

② 이와사와 요시다(Iwasa & Yoshida)의 경우, 노인의 여가 활동을 신체적 여가 활동, 공적 성격의 사회적(social-public) 여가 활동, 식물을 기르는 여가 활동, 지적 게임을 하는 여가 활동, 사적 성격의 사회적(social-private) 여가 활동, 경쟁이 심한 게임을 하는 여가 활동, 기술을 사용하는 여가 활동, 여행하는 여가 활동, 창의적 여가 활동, 발달과 관련된 여가 활동, 문화적 여가 활동으

로 분류한다.

앞에서 알 수 있듯이, 노년기에 할 수 있는 여가 활동의 형태를 분류하는 방식은 학자에 따라 차이가 나고 있다.

(2) 고려할 점

노인의 신체적·정신적 건강이 좋을 경우, 노인은 모든 형태의 여가 활동을 할 수도 있을 것이다. 그러나 젊은 시절에 비해서 노년기에는 신체적·정신적 건강이 좋지 않을 가능성이 크다. 따라서 노년기에는 모든 형태의 여가 활동을 하지 못할 수 있다. 특히 노년기에는 척추와 관절에 문제가 생기는 경우가 많으므로, 노인이 할 수 있는 여가 활동의 형태는 제약될 수 있다. 예를 들어, 일반 노인은 축구하는 여가 활동에 참여하기 어려울 수 있다.

그리고 노인이 할 수 있는 여가 활동의 형태는 성별에 따라 차이가 날 수 있다. 예를 들어 중국 노인들을 대상으로 연구한 결과, 참여하는 여가 활동의 형태는 성별에 따라 차이가 있는 것으로 나타난 바 있다(Zhang, Feng, Lacanienta & Zhen, 2017).

그러므로 노년기에는 노인의 신체적·정신적 발달 및 변화에 어울리는 여가 활동을 선택하는 것이 중요하다.

4) 노년기 여가 활동의 장소와 규모 및 내용

(1) 노년기 여가 활동의 장소

노인은 여가 활동을 아무 곳에서나 할 수 있다. 이것은 여가 활동의 커다란 장점에 속하고 있다.

노인복지관에서 당구치는 노인들: 노인은 여가 활동을 아무 곳에서나 할 수 있다. [출처: 저자 촬영ⓒ]

우선, 노인은 가정에서 여가 활동을 할 수 있다. 따라서 신체적 장애가 있는 노인도 가정에서 여가 활동을 할 수 있다.

또한 노인은 복지시설에서 여가 활동을 할 수 있다. 이 경우, 복지시설에서 생활하는 노인은 혼자 여가 활동을 할 수도 있고, 여러 사람이 함께 모여서 여가 활동을 할 수도 있다.

그리고 노인은 가정 밖의 지역사회에서 여가 활동을 할 수 있다. 이 경우, 노인은 지역사회에서 혼자 여가 활동을 할 수 있다. 예를 들어, 노인은 지역사회의 체육시설에서 혼자 운동을 하거나 걸을 수 있다. 또는 노인은 지역사회에서 여러 사람이 함께 모여서 여가 활동을 할 수 있다. 예를 들어, 여러 노인들이 모여서 지역사회에서 운동을 할 수 있다.

노인여가복지시설

노인은 여가 활동을 여가복지시설에서 할 수도 있다. 우리나라 「노인복지법」에서는 노인을 위한 여가복지시설을 노인여가복지시설이라고 부르고 있다. 노인여가복지시설은 노인의 여가와 직접 관련된 시설을 말한다.[4)]

우리나라 「노인복지법」에 따르면, 노인여가복지시설의 형태에는 다음과 같은 것이 있다(국가법령정보센터, 2024).

① 노인복지관이 있다. 노인복지관은 "노인의 교양·취미생활 및 사회참여활동 등에 대한 각종 정보와 서비스를 제공하고, 건강증진 및 질병예방과 소득보장·재가복지, 그 밖에 노인의 복지증진에 필요한 서비스를 제공함을 목적으로 하는 시설"을 말한다.

② 경로당이 있다. 경로당은 "지역노인들이 자율적으로 친목도모[5]·취미활동·공동작업장 운영 및 각종 정보교환과 기타 여가활동을 할 수 있도록 하는 장소를 제공함을 목적으로 하는 시설"을 말한다.

③ 노인교실이 있다. 노인교실은 "노인들에 대하여 사회활동 참여욕구를 충족시키기 위하여 건전한 취미생활·노인건강유지·소득보장 기타 일상생활과 관련한 학습프로그램을 제공함을 목적으로 하는 시설"을 말한다.

(2) 노년기 여가 활동의 규모와 내용

노인을 위한 여가 활동은 규모가 크지 않아도 된다. 또한 노인을 위한 여가 활동은 화투를 치는 것과 같이 경쟁적인 분위기에서 하지 않아도 된다. 그리고 노인을 위한 여가 활동은 단순해도 상관이 없다(Trebicka, 2017).

5) 노년기 여가 활동에 영향을 미치는 요인

다양한 요인이 노년기 여가 활동의 여러 측면에 영향을 미치고 있다. 우선, 신체적 건강은 노인이 여가 활동에 참여하는 정도에 영향을 미치고 있다. 또한 신체적 건강은 노인이 참여하는 여가 활동의 형태에 영향을 미치고 있다.

신체적 건강 이외의 요인도 노년기 여가 활동의 여러 측면에 영향을 미치고 있다. 이런 요인의 예로 인지적 능력과 성격이 있다(Paggi, Jopp & Hertzog, 2016).

---

4) 노인복지와 관련된 기타 시설에 대해서는 노인의 주거를 다루는 장(제12장)에서 자세히 설명한다.

5) 친목도모는 서로 친해지고자 하는 것을 말한다.

6) 노년기 여가 활동의 효과

(1) 일반적 효과

노년기의 여가 활동은 노인의 복리 수준을 높이는 데 긍정적인 영향을 미치는 것으로 알려져 있다(Paggi, Jopp & Hertzog, 2016; Zhang et al., 2017). 노인이 여가 활동에 참여하는 것은 본인이 좋아서 참여할 가능성이 크다. 따라서 노인이 여가 활동에 참여하는 것이 노인의 복리에 유리하게 작용하는 것은 당연하다고 볼 수 있다. 실제로 그동안의 여러 연구에서, 노년기의 여가 활동은 노인이 자신의 생활에 만족하는 정도와 삶의 질에 긍정적인 영향을 미치는 것으로 나타나고 있다(Menec, 2003; Paggi, Jopp & Hertzog, 2016).

(2) 구체적 효과

노년기의 여가 활동은 여러 영역에서 노인에게 영향을 미칠 가능성이 크다. 노년기의 여가 활동이 영향을 미치는 영역의 예로 신체적 건강 영역, 정신건강 영역, 사회적 영역, 인지적 영역이 있다.

여가 활동을 한 후에 식당으로 가는 노인들: 여가 활동은 여러 영역에서 노인에게 긍정적인 영향을 미친다. [출처: 스페인에서 저자 촬영ⓒ]

(가) 신체적 건강 영역

노년기의 여가 활동은 노인의 신체적 건강 영역에서 긍정적인 영향을 미칠 가능성이 크다. 예를 들어, 노년기의 여가 활동은 사망하는 비율을 줄이고, 제 역할을 하지 못하는 사례를 줄이는 것과 관련되는 것으로 알려져 있다(Iwasa & Yoshida, 2018; Cha et al., 2023).

(나) 정신건강 영역

노년기의 여가 활동은 노인의 정신건강 영역에서 긍정적인 영향을 미칠 가능성이 크다. 노년기의 여가 활동에서는 노인 자신이 원하는 것을 하는 경우가 많다. 따라서 노인에게는 여가 활동에 참여하는 그 자체가 즐거움을 주게 된다. 예를 들어, 노년기에 여가 활동을 할 경우, 노인은 기분이 좋아지게 된다. 그 결과, 노년기의 여가 활동은 노인의 정신건강을 더 좋게 하는 데 도움을 주고 있다.

(다) 사회적 영역

노년기의 여가 활동은 노인의 사회적 영역에서 긍정적인 영향을 미칠 가능성이 크다. 노년기에 여러 사람이 함께 모이는 여가 활동을 할 경우, 노인은 사람들끼리 서로 교류하는 기회를 가지게 된다. 이렇게 사회적으로 교류하는 상황은, 노인이 사회적으로 지지하는 새로운 관계를 형성하는 데 도움을 주고 있다. 따라서 노년기의 여가 활동은 노인이 사회적으로 고립되는 상황에서 벗어나는 데 도움을 주고 있다.

(라) 인지적 영역

노년기의 여가 활동은 노인의 인지적 영역에서 긍정적인 영향을 미칠 가능성이 크다. 예를 들어, 노년기에 여가 활동에 더 많이 참여할 경우, 치매를 겪을 가능성과 인지적 능력이 줄어들 가능성이 더 작아지게 된다(Verghese et al., 2006; Fernandez et al., 2023).

(3) 여가 활동의 형태에 따른 효과

여가 활동의 효과는 노인이 참여하는 여가 활동의 형태에 따라 달라질 수 있다.

예술 활동을 하는 노인이 사진 전시장을 찾아간 모습: 여가 활동은 노인의 인지적 영역에서 긍정적인 영향을 미친다. [출처: 저자 촬영©]

(가) 신체적 여가 활동

신체적 여가 활동은 노인의 복리에 긍정적으로 작용하는 것으로 알려져 있다. 예를 들어, 노년기에 신체적 여가 활동에 참여하는 것은, 노인이 건강하고 에너지가 넘치는 생활을 하는 데 도움을 주고 있다(Choi & Bum, 2019).

(나) 사회적 여가 활동

사회적 여가 활동은[6] 노인의 복리에 긍정적으로 작용하는 것으로 알려져 있다. 사회적 여가 활동에 참여하는 것은 사회적 교류의 크기에 영향을 미치고 있다. 따라서 사회적 여가 활동에 참여하기를 좋아하는 노인은 지역사회에서 다른 사람들과 더 넓게 교류할 가능성이 크다. 그 결과, 노인은 새로운 것을 배우고 새로운 사람을 만날 기회를 더 가지게 된다(Trebicka, 2017; Iwasa & Yoshida, 2018).

또한 사회적 여가 활동에 참여하는 것은 건강에 대한 정보를 가지는 정도에 영향을 미치고 있다. 왜냐하면 사회적 여가 활동에 참여하면서 서로 교류함으로써, 노인은 건강에 대한 정보를 얻을 수 있고 또한 이런 정보를 다른 노인에게 제공할 수 있기 때문이다(Iwasa & Yoshida, 2018). 따라서 사회적 여가 활동에 참여하는 노인은 더 건강한 상태를 유지할 가능성이 크다.

(다) 발달과 관련된 여가 활동

발달과 관련된 여가 활동은[7] 노인의 복리에 긍정적으로 작용하는 것으로 알려져 있다. 발달과 관련된 여가 활동에 계속 참여하는 것은 노인이 인지적 능력을 유지하거나 더 좋게 하는 데 도움을 주고 있다. 따라서 발달과 관련된 여가 활동은 노인이 제 역할을 하는 능력을 개선하는 데 도움을 줄 가능성이 크다(Iwasa & Yoshida, 2018).

---

6) 사회적 여가 활동의 예로 노인복지기관의 활동에 참여하는 것, 미니골프를 하는 것, 동네의 모임에 참여하는 것, 자원봉사 활동에 참여하는 것, 사회조직의 행사에 참여하는 것, 친구와 식사하는 것이 있다.

7) 발달과 관련된 여가 활동의 예로 여가에 대한 자료를 읽는 것, 도서관에 가는 것, 편지나 글을 쓰는 것, 일반에게 공개하는 강의에 참석하는 것이 있다.

Point

- 여가 활동은 개인이 자유로운 시간에 자신의 즐거움을 위해 하는 활동이다.
- 노년기의 여가 활동은 노인의 삶의 질을 높이는 데 도움을 주는 중요한 방법이다.
- 노년기에 할 수 있는 여가 활동에는 여러 형태가 있다. 노년기에는 노인의 신체적·정신적 발달·변화에 어울리는 여가 활동을 선택하여야 한다.
- 노인은 여가 활동을 아무 곳에서나 할 수 있다. 노년기의 여가 활동은 규모가 크지 않아도 되고, 단순해도 상관이 없다.
- 다양한 요인이 노년기 여가 활동의 여러 측면에 영향을 미친다.
- 노년기의 여가 활동은 노인의 복리 수준을 높이는 데 긍정적인 영향을 미친다. 구체적으로 노년기의 여가 활동은 신체적 건강 영역, 정신건강 영역, 사회적 영역, 인지적 영역에서 긍정적인 영향을 미친다.
- 여가 활동의 효과는 여가 활동의 형태에 따라 달라질 수 있다.

4. 노년기의 자원봉사 활동

1) 노인과 자원봉사 활동

자원봉사 활동은 노인의 여가 활동에 속하고 있다.[8] 자원봉사 활동은 나이에 상관없이 대부분 사람이 할 수 있는 활동이다.

그러나 자원봉사 활동은 노인에게 특히 어울리는 활동이다. 왜냐하면 노인은 자유로운 시간이 많기 때문이다. 그리고 노년기에 자원봉사 활동에 참여하는 것은 노인에게 여러 가지 측면에서 긍정적인 영향을 미치고 있다. 무엇보다도 자원봉사 활동은 노인이 다른 사람이나 지역사회에 이바지하면서 노년기를 보람 있게 보낼 기회를 제공하고 있다.

그러므로 세계에서 많은 노인이 자원봉사 활동에 참여하고 있다. 노인 인구가 증가하는 경향을 고려할 때, 자원봉사 활동에 참여하는 노인의 수는 앞으로 더 늘어날 가능성이 크다(Aging in Place, 2024c; World Health Organization, 2023).

8) 이에 대해서는 앞에서 이미 설명한 바 있다.

골프장에서 자원봉사 활동을 하는 노인: 세계에서 많은 노인이 자원봉사 활동에 참여한다. [출처: 일본에서 노대겸 님 촬영·제공ⓒ]

2) 자원봉사 활동의 정의

자원봉사 활동이라는 용어는 '자발적인' 또는 '자유 의지로'라는 의미를 지니는 라틴어에서 등장한 것으로 알려져 있다(Online Etymology Dictionary, 2024). 그동안 자원봉사 활동에 대해 정의한 것을 몇 가지 제시하면 다음과 같다(국가법령정보센터, 2024; Wikipedia, 2024e; The Centre for Volunteering, 2020).

① 위키피디어(Wikipedia) 백과사전에 따르면, 자원봉사 활동은 개인이나 집단이 다른 사람이나 집단·조직을 위해서 경제적 이득을 추구하지 않으면서 서비스를 제공하는 이타적 활동을 말한다.

② 호주 자원봉사센터(Centre for Volunteering)에 따르면, 자원봉사 활동은 공공의 이익을 위하고 경제적 대가를 받지 않고서 자발적으로 시간을 제공하는 것을 말한다.

③ 우리나라 「자원봉사활동 기본법」에서는 '자원봉사활동'이라는 용어를 사용한다. 「자원봉사활동 기본법」에 따르면, 자원봉사 활동은 "개인 또는 단체가 지역사회·국가 및 인류사회를 위하여 대가 없이 자발적으로 시간과 노력을 제공하는 행위"를 말한다.

정리하건대, 자원봉사 활동은 개인이나 조직이 다른 사람, 지역사회, 국가 등을 위해 대가 없이 자발적으로 시간과 노력을 제공하는 행위라고 볼 수 있다. 그리고 이런 정의에 근거할 경우, 노인 자원봉사 활동은 노인이 다른 사람이나 지역사회나 국가 등을 위해 대가 없이 자발적으로 시간과 노력을 제공하는 행위를 가리킨다.

3) 노인 자원봉사 활동의 형태

자원봉사 활동에는 여러 가지 형태가 있다. 따라서 노인이 할 수 있는 자원봉사 활동에도 여러 가지 형태가 있다.

(1) 일반적 자원봉사 활동

일반적 자원봉사 활동은 대부분의 노인 자원봉사자가 하는 활동이다. 이런 활동은 단순한 경우가 많다.

노인 자원봉사 활동의 일반적 내용

미국에서 노인이 일반적으로 하는 자원봉사 활동을 몇 가지 제시하면 다음과 같다(Aging in Place, 2024c).

① 음식을 제공하거나 준비하거나 나누어준다.
② 자금을 모집하거나 자금을 모으기 위해 물건을 판매한다.
③ 몸을 쓰는 일을 한다. 이런 일의 예로 집 짓는 것을 도와주는 것, 공원을 청소하는 것이 있다.
④ 옷을 수집하거나 만들거나 나누어준다.

(2) 재능 기부를 통한 자원봉사 활동

자원봉사 활동의 한 형태로 재능 기부를 통한 자원봉사 활동이 있다. 재능 기부는 자기 나름의 능력을 다른 사람이나 다른 조직이나 지역사회를 위해서 제공하는 것이다.

물론, 재능 기부를 통한 자원봉사 활동은 모든 인구층이 할 수 있다. 그러나 노인은 젊은 층이 하지 못한 경험을 한 경우가 많기 때문에, 노인은 자신의 경험을 바탕으로 재능을 기부하는 방식으로 자원봉사 활동을 할 수 있다. 무엇보다도 전문직에 근무하다가 퇴직한 노인의 경우, 재능 기부를 통한 자원봉사 활동을 할 수 있다. 특히 예술이나 과학과 같은 특정한 분야는 자원봉사자를 모집하기 어려울 수 있다. 이 경우, 해당 분야에서 전문적 활동을 한 노인은 자신의 재능을 기부하는 자원봉사 활동을 할 수 있다.

실제로 노인은 자신의 재능을 기부하는 방식으로 자원봉사 활동을 많이 하고 있다.

항상 남을 위해 봉사하며 살아온 전문직 노인이 기관의 예술작품 설치를 돕는 모습: 전문적 활동을 한 노인은 자신의 재능을 기부하는 자원봉사 활동을 할 수 있다.
[출처: 전영신 님 촬영·제공ⓒ]

4) 노인 자원봉사 활동의 효과

(1) 일반적 효과

노년기에 자원봉사 활동에 참여하는 것은 노인의 복리에 긍정적인 영향을 미치고 있다. 실제로 그동안의 연구에서, 자원봉사 활동에 참여한 노인은 그렇지 않은 노인보다 복리 수준이 더 높은 것으로 나타나고 있다. 그리고 자원봉사 활동에 참여한 시간이 더 많은 노인은 그렇지 않은 노인보다 복리 수준이 더 높은 것으로 나타나고 있다. 특히, 노년기에 지역사회에서 자원봉사 활동에 참여하는 것은 노인의 정신건강에 긍정적인 영향을 미치는 것으로 나타나고 있다(Chen & Zhang, 2022; Morrow-Howell, Hinterlong, Rozario & Tang, 2003).

그리고 노년기의 자원봉사 활동은 노인이 생활에 만족하는 정도에 영향을 미치는 것으로 나타나고 있다. 또한 노년기의 자원봉사 활동은 노인의 삶의 질에 긍정적인 영향을 미치는 것으로 알려져 있다(Kahana, Bhatta, Lovegreen, Kahana & Midlarsky, 2013).

그러므로 자원봉사 활동에 참여한 노인은 그렇지 않은 노인보다 더 오래 살 가능성이 크다. 실제로 그동안의 연구에서, 자원봉사 활동에 참여한 노인은 더 오래 사는 것으로 나타나고 있다(Aging in Place, 2024c).

(2) 영역별 효과

노년기에 자원봉사 활동에 참여하는 것은 여러 가지 영역에서 노인에게 긍정적인 영향을 미치고 있다. 노년기의 자원봉사 활동이 노인에게 긍정적인 영향을 미치는 영역의 예로 신체적 건강 영역, 정신건강 영역, 인지적 영역, 사회적 교류 영역 지역사회 영역, 학습 영역이 있다(Aging in Place, 2024c; Kahana et al., 2013).

(가) 신체적 건강 영역

노년기의 자원봉사 활동은 노인이 신체적으로 활발하게 지내는 데 도움을 주고 있다. 따라서 노년기에 집 밖으로 나와서 자원봉사 활동을 하는 것은, 노인의 신체적 건강과 관련된 문제를 없애거나 줄이는 데 유리할 수 있다.

(나) 정신건강 영역

노년기의 자원봉사 활동은 노인의 심리적 복리 수준을 높이는 데 도움을 주고 있다. 따라서 노년기에 자원봉사 활동을 하는 것은 노인의 정신건강에 유리하게 작용할 수 있다

(다) 인지적 영역

노년기의 자원봉사 활동은 노인이 인지적 능력을 키우는 데 도움을 주고 있다. 따라서 노년기에 자원봉사 활동에 참여할 경우, 노인은 다음과 같은 것을 할 기회를 가질 수 있다.

① 사람들과 계속 이야기를 나눈다.
② 뇌를 계속해서 자극한다.
③ 인식하는 능력을 제대로 유지한다.

(라) 사회적 교류 영역

노년기의 자원봉사 활동은 노인이 사회적으로 교류하는 데 도움을 주고 있다. 따라서 노년기에 자원봉사 활동에 참여할 경우, 노인은 고립된 상태에서 벗어날 수 있다. 이것은 일주일에 몇 시간만 자원봉사 활동에 참여할 경우에도 그렇다. 무엇보다도 노년기에 지역사회에 있는 종교기관, 공원, 박물관과 같은 곳에서 자원봉사 활동을 하는 것은, 노인이 지역사회에 있는 다양한 사람들과 교류하는 데 크게 도움을 줄 수 있다.

(마) 지역사회 영역

노년기의 자원봉사 활동은 노인이 지역사회에 이바지하는 데 도움을 주고 있다. 노인은 자원봉사 활동을 통해서 지역사회에 서비스를 제공하는 경우가 많다. 예를 들어, 노인은 자신이 가지고 있는 풍부한 지식을 자원봉사 활동을 통해 지역사회의 아동이나 청소년에게 전달할 수 있다.

(바) 학습 영역

노년기의 자원봉사 활동은 노인이 새로운 것을 배우는 데 도움을 주고 있다. 무엇보다도 자원봉사 활동은 노인이 이전에 일하면서 배울 수 없었던 새로운 기술을 배우는 좋은 기회가 될 수 있다. 그리고 노년기에 자원봉사 활동에 참여함으로써 새롭게 배우는 것은, 노인의 인지적 능력에도 유리하게 작용하고 있다.[9)]

5) 세대 통합을 위한 자원봉사 활동

(1) 세대 통합의 필요성과 관련 프로그램

오늘날의 사회에서 아동을 포함한 젊은 세대와 노인 세대가 지리적·정서적으로 서로 더 멀어짐에 따라서, 오늘날에는 세대 사이의 '단절'이라는 문제가 등장하고 있다. 그 결과, 오늘날에 세대 통합은 중요한 사회문제가 되고 있다. 이 경우, 노인은 자원봉사 활동을 통해서 세대 통합에 이바지할 수 있다. 이런 상황과 관련되는 프로그램이 세대 통합 프로그램(intergenerational program)이다. 세대 통합 프로그램은 젊은 세대와 노인 세대 사이에 서로 협력하고 교류하는 활동을 말한다. 세대 통합 프로그램의 목적은 서로 다른 세대의 사람들 사이에 더 교류하는 데 있다(노병일, 2020b; World Health Organization, 2021).

선진국에서 세대 통합 프로그램은 증가하고 있다. 선진국에서 세대

9) 여기에 대해서는 앞에서 이미 설명한 바 있다.

통합 프로그램이 증가하는 이유는, 세대 통합 프로그램이 젊은 세대와 노인 세대 모두에게 이득이 되기 때문이다. 따라서 노인이 자원봉사자로 참여하는 세대 통합 프로그램은 노인의 복리에 유리하게 작용하고 있다(노병일, 2020b).

더불어, 노인이 자원봉사자로 참여하는 세대 통합 프로그램은 노인에 대한 연령차별을 줄이는 데 있어 가장 효과적인 프로그램에 속하고 있다(World Health Organization, 2021).

노인복지관에서 세대 통합 프로그램을 알리는 현수막: 노인은 자원봉사 활동을 통해 세대 통합에 이바지할 수 있다. [출처: 저자 촬영ⓒ]

(2) 사례

노인이 자원봉사 활동을 통해 아동에게 서비스를 제공하는 세대 통합 프로그램을 실시한 사례를 구체적으로 제시하면 다음과 같다(노병일, 2020b).

① 일본의 어느 초등학교에서는 '전통놀이 가르치기' 프로그램을 실시한 바 있다. 이 프로그램의 경우, 노인은 자원봉사자로 참여해서 아동들에게 전통 요술놀이를 하는 방법을 가르쳤다. 이 프로그램에 자원봉사자로 참여한 노인의 경우, 이 프로그램을 통해 아동과 교류함으로써 자기의 삶에서 의미를 찾게 되었다고 평가한 바 있다.

② 미국 뉴욕(New York)시에서는 '어르신과의 예술 나눔(Elders Share the Arts)' 프로그램을 실시한 바 있다. 이 프로그램의 경우, 노인은 자원봉사자로 참여해서 아동의 수업 시간에 역사적 사건이

나 문화적 전통에 대해 자신이 생활하면서 느낀 바를 아동들에게 들려주며 서로 이야기를 나누는 방식으로 진행하였다.

노인과 아동이 함께 꽃밭을 가꾸는 모습: 노인의 자원봉사 활동을 통한 세대 통합 프로그램은 아동과 노인 모두에게 유리하게 작용한다. [출처: 영국에서 노대겸 님 촬영·제공©]

Point

- 자원봉사 활동은 노인이 다른 사람이나 지역사회에 이바지하면서 노년기를 보람 있게 보낼 기회를 제공한다.
- 노인 자원봉사 활동은 노인이 다른 사람이나 지역사회나 국가 등을 위해 대가 없이 자발적으로 시간과 노력을 제공하는 행위이다.
- 노인이 할 수 있는 자원봉사 활동에는 여러 형태가 있다. 노인은 자기 경험을 바탕으로 재능을 기부하는 방식으로 자원봉사 활동을 할 수 있다.
- 노년기의 자원봉사 활동은 여러 영역에서 노인의 복리에 긍정적인 영향을 미친다.
- 노인은 자원봉사 활동을 통해 세대 통합에 이바지할 수 있다. 세대 통합 프로그램은 젊은 세대와 노인 세대 사이에 서로 협력하고 교류하는 활동이다.

Chapter 11

노인과 노동

차례

1. 노년기와 노동

오늘날에는 인간의 수명이 길어지고 있고, 이에 따라서 노인의 수도 크게 증가하고 있다. 그 결과, 성공적으로 노화하기 위해서는 노년기에 적절한 수준의 소득을 확보하는 것이 더욱더 중요해지고 있다. 노년기에 적절한 수준의 소득을 확보하는 방법에는 여러 가지가 있을 수 있다.

이 중에서 노년기에 가장 의미 있게 소득을 확보하는 방법은, 노인이 유급 일자리에서 일하는 것이다. 이때에는 노인이 민간기업이나 공공기업의 사업장에서 정규직이나 비정규직으로 일하는 방식을 취하는 경우가 많다. 또한 노인은 자신이 직접 사업을 운영할 수도 있다. 이외에 노인은 정부의 기관이나 복지기관에서 실시하는 노인일자리 사업과 같은 것에 참여하면서 일할 수도 있다. 우리나라에서도 노인을 대상으로 일자리와 관련된 사업을 실시하고 있다(문명숙·노병일, 2020).

노인이 유급 일자리에서 일할 경우, 노인은 소득을 확보하게 될 뿐만 아니라, 자신이 사회에서 가치 있는 존재라는 인식을 더 가지게 된다. 따라서 노년기에 유급 일자리에서 일하는 것은 노인의 정신건강과 밀접하게 관련되고 있다. 또한 노인이 계속해서 유급 일자리에서 일하는 것은, 노인이 현재의 신체적 건강을 유지하거나 더 좋게 하는 데 도움을 주고 있다(노병일, 2021a).

그러므로 노인이 유급 일자리에서 계속해서 일하는 것은 노년기를 성공적으로 보내는 데 크게 도움이 되고 있다. 결과적으로 볼 때, 노년기의 노동은 노인의 삶의 질을 높이는 데 크게 이바지하고 있다(문명숙·노병일, 2020).

물론 노년기에는 여가 활동이 중요하다. 그러나 노인이 높은 수준의 삶의 질을 누리기 위해서는, 노인에게 여가 활동과 경제적 활동 모두가 필요하다. 실제로 '성공적 노화' 이론에 따르면, 노동과 여가 활동은 노인의 삶에서 중요한 부분을 차지하고 있다(Choi & Bum, 2019).

이런 측면을 고려하여, 많은 국가에서는 노인이 참여할 수 있는 일자리의 수를 늘리는 데 관심을 가지고 있다(Choi & Bum, 2019). 그러나 오늘날에 노인이 유급 일자리에서 일할 기회를 가지는 것은 쉬운 일이 아니다. 특히 기업의 경우, 조기 퇴직과 관련된 제도를 통해서 노인 근로자를 사업장에서 내보내려는 시도는 많이 하고 있지만, 노인을 근로자로 새로 고용하거나 계속 고용하는 측면에는 관심을 크게 가지지 않는 편이다.

하지만 노인은 사회의 구성원으로서 가장 많은 경험을 가지고 있는 집단이다. 이런 경험은 젊은 근로자가 비용을 아무리 많이 들인다 해도 얻을 수 없는 귀한 자원이다(노병일, 2021a). 따라서 노인복지 영역에서는 노인이 가진 이런 귀한 자원을 사업장에서 쓸모 있게 사용할 수 있는 방안에 대해 관심을 가질 필요가 있다.

특히 오늘날에는 인간의 수명이 늘어나고 출산율이 낮아지기 때문에, 노인은 주요한 사회구성원이 되고 있다. 그러므로 노인복지 영역에서는 노인에게 일자리를 제공해서 노인이 의미 있고 중요한 일을 하도록 해주는 데 관심을 가질 필요가 있다.

특히 오늘날에는 인간의 수명이 늘어나고 출산율이 낮아지기 때문에, 노인은 주요한 사회구성원이 되고 있다. 그러므로 노인복지 영역에서는 노인에게 일자리를 제공해서 노인이 의미 있고 중요한 일을 하도록 해주는 데 관심을 가질 필요가 있다.

역사적 유적을 수리하는 노인들: 노인은 사회의 구성원으로서 가장 많은 경험을 가진 집단이다. [출처: 이탈리아에서 저자 촬영ⓒ]

Point

- 노인이 높은 수준의 삶의 질을 누리기 위해서는, 여가 활동과 경제적 활동이 모두 필요하다.
- 노인복지 영역에서는 노인에게 일자리를 제공해서 노인이 의미 있고 중요한 일을 하도록 해주는 데 관심을 가질 필요가 있다.

2. 노인 고용의 현황

오늘날에는 노인이 유급 일자리에서 일하는 경우가 많아지고 있다. 노인이 유급 일자리에서 일하는 비율은 성별과 국가에 따라 차이가 나고 있다. 그러나 일반적으로 전체 근로자 중에서 노인 근로자가 차지하는 비율은 높은 편이 아니다.

그리고 오늘날의 경우, 노인이 유급 일자리에서 일할 수 있는 방법은 이전보다 더 다양해지고 있다. 그러나 노인이 유급으로 일할 수 있는 자리는 정규직 일자리보다는 비정규직 일자리나 기타 형태의 일자리인 경우가 더 많다. 또한 노인이 아닌 근로자에 비해서, 노인 근로자는 자신의 능력에 미치지 못하는 일자리에서 일하는 경우가 더 많은 것으로 알려져 있다.

그리고 젊은 근로자에 비해서, 노인 근로자는 사업장에서 물러나게 될 가능성이 더 클 수 있다. 예를 들어, 고용주가 비용을 줄일 목적으로 젊은 근로자를 더 원할 경우, 나이가 든 근로자부터 사업장에서 나가게 할 가능성이 크다(Slauson, 2020; Anderson, 2020; Cooney, 1996). 특히 구조 조정이 자주 일어나는 시기에는, 노인 근로자는 가장 먼저 사업장에서 쫓겨나는 대상이 될 가능성이 크다.

나이가 든 근로자는, 일단 일자리를 잃게 되면 새로운 일자리를 구하기가 매우 어려울 수 있다. 특히 이런 노인이 정규직 일자리를 얻는 것은 더욱더 어려울 수 있다(노병일, 2021a).

결국, 오늘날에 노인은 자기 능력에 어울리는 일자리에서 일하거나, 현재의 고용 상태를 유지하거나, 마땅한 일자리를 찾는 데 어려움을 더 겪는 경우가 많다.

Point

- 노인은 자기 능력에 어울리는 일자리에서 일하거나 현재의 고용 상태를 유지하거나 마땅한 일자리를 찾는 데 어려움을 더 겪는 경향이 있다.

3. 노인이 일하려는 이유와 노인이 바라는 일자리의 형태

1) 노인이 일하려는 이유

(1) 일반적 이유

과거에는 퇴직은 유급 일자리에서 일하는 생활이 끝나는 것을 의미하였다. 하지만 오늘날에는 인간의 수명이 길어짐에 따라서 퇴직의 의미가 변하고 있다. 그 결과, 많은 노인은 퇴직의 의미를 새롭게 해석하고 있는데, 이에 따라 나타나는 현상이 계속해서 유급 일자리에서 일하는 것이다(Slauson, 2020).

그러므로 어떤 측면에서 보면, 현대 사회에서 퇴직의 의미가 변하는 것은, 많은 노인이 유급 일자리에서 일하려고 하는 근본적인 이유가 될 수 있다.

(2) 구체적 이유

퇴직한 노인은 여러 가지 어려운 상황을 겪을 수 있다. 퇴직한 노인이 겪을 수 있는 어려운 상황을 몇 가지 제시하면 다음과 같다(Slauson, 2020).

① 외로움을 느낀다.
② 이전의 일자리에서 그랬던 것처럼, 규칙적으로 생활하기를 원한다.
③ 일하면서 정신적으로 자극을 받기를 원한다.
④ 경제적 자원이 더 필요하다.

퇴직한 노인이 앞에서와 같은 어려움을 모두 해결하는 가장 좋은 방법은 노인에게 유급 일자리를 제공하는 것이다. 따라서 앞에서와 같은 사실에 근거해, 노인이 일하려고 하는 구체적 이유를 몇 가지 제시하면 다음과 같다(Kurzman, 2011; Slauson, 2020).

① 경제적 자원을 확보하고자 하기 때문이다. 즉, 돈을 더 벌고자 하기 때문이다. 사실, 많은 노인은 경제적 자원을 확보할 필요가 있으므로 일하려고 한다.

② 새로운 사람을 만나고자 하기 때문이다.

③ 그동안 항상 꿈꾸어 왔으나 실제로는 할 기회가 없었던 새로운 경력을 찾고자 하기 때문이다.

택배 물품을 나르는 노인: 노인은 경제적 자원을 확보하기 위해 일하기를 원할 수 있다. [출처: 저자 촬영©]

2) 노인이 바라는 일자리의 형태

노인이 바라는 유급 일자리에는 여러 가지 형태가 있을 수 있다. 특히, 노인이 퇴직한 후에 바라는 일자리에는 여러 가지 형태가 있을 수 있다. 일하고자 하는 노인이 가장 바라는 일자리의 형태는 노인이 추구하는 목표, 능력, 건강, 기타 요인에 따라서 차이가 나고 있다.

일하고자 하는 노인이 바라는 유급 일자리의 형태를 몇 가지 제시하면 다음과 같다(Slauson, 2020).

① 이전에 하던 일과 관련된 일자리가 있다. 노인은 정규직으로 근무하지 않으면서 자신의 전문적 분야에서 계속해서 일하기를 원하는 경우가 많다. 이 경우, 노인은 계약직으로 근무하면서, 더

자유롭고 융통성 있는 삶을 즐기면서 계속해서 일할 수 있다.

② 지역사회와 관련된 일자리가 있다. 이런 일자리의 예로 운전과 관련된 일자리가 있다.

③ 사회적으로 교류하는 일자리가 있다. 정기적으로 사회적 교류를 하는 일자리는 노인이 건강한 생활을 유지하는 데 도움을 준다. 실제로, 사람들과 자주 교류하는 일자리는 노인이 활발하게 지내는 데 도움을 줄 수 있고, 행복을 더 느끼게 하는 데 도움을 줄 수 있다.

④ 다른 사람을 돕는 일자리가 있다. 인간이 노년기를 맞이하면, 그동안 자신이 받은 혜택을 사회에 돌려주기를 원할 수 있다. 교육 영역이나 서비스 영역에서 일한 노인의 경우, 자신이 살면서 경험한 것을 사용해서 다른 사람을 돕는 식으로 일할 수 있다.

⑤ 신체적으로 힘들지 않은 일자리가 있다. 신체적으로 어려움을 겪는 노인은 어떤 형태의 일을 하는 것이 어려울 수 있다. 그러나 이런 노인에게 편의시설을 잘 갖추어줄 경우, 노인은 일을 잘할 수 있다.

⑥ 활발하게 활동하는 일자리가 있다. 이 경우, 노인은 신체적으로 건강한 상태를 유지하여야 한다. 활발하게 활동하는 일자리는 노인이 돈을 벌면서 건강하게 지내는 데 도움을 준다.

⑦ 자신이 좋아하는 취미를 살리는 일자리나, 평생을 살면서 가져온 열정을 새롭게 살릴 수 있는 일자리가 있다. 이런 일자리의 경우, 노인이 약간의 돈도 벌면서 이와 동시에 자신이 그동안 하고 싶었던 것을 해볼 기회를 제공한다.

⑧ 자신이 사장으로 일하는 일자리가 있다. 자신이 사업을 직접 해보기를 항상 원해왔던 노인에게, 퇴직은 자신의 경영 능력을 펼치는 기회가 될 수 있다. 사실, 자신의 사업을 시작하는 것은 퇴직한 사람이 사장 역할도 해보면서 돈도 버는 방법에 속한다.

Point

- 현대 사회에서 퇴직의 의미가 변하는 것은 많은 노인이 유급 일자리에서 일하려는 근본적 이유가 될 수 있다. 노인이 일하려는 구체적 이유로 경제적 자원의 확보, 새로운 사람과의 만남, 새로운 경력의 경험이 있다.
- 노인이 가장 바라는 일자리의 형태는 노인이 추구하는 목표, 능력, 건강, 기타 요인에 따라서 차이가 난다.

4. 노인 노동의 효과

1) 일반적 효과

유급 일자리에서 일하는 것은 특히 노인에게 매우 긍정적인 영향을 미칠 수 있다. 실제로, 노인이 유급 일자리에서 일하는 것은 노인의 신체적 건강과 정신건강에 긍정적인 영향을 미치는 것으로 알려져 있다. 예를 들어, 유급 일자리에서 일하다가 퇴직한 사람은 우울하고, 심장과 관련된 문제를 겪고, 삶에서 목적을 찾지 못해 건강이 좋지 않은 경우가 많은 것으로 나타나고 있다(Bersin & Chamorro-Premuzic, 2019; Slauson, 2020). 이런 점은 노인이 유급 일자리에서 일하는 것은 건강에 긍정적인 영향을 미친다는 사실을 잘 보여주고 있다.

그리고 노인이 유급 일자리에서 일하는 것은 사업장에도 긍정적인 영향을 미칠 수 있다. 실제로 노르웨이에서 조사한 결과, 전체 근로자에서 노인 근로자가 차지하는 비율이 더 높은 것은 단기적으로 근로자의 생산성에 약간 긍정적인 영향을 미치는 것으로 나타난 바 있다(Hernaes, Kornstad, Markussen & Roed, 2023).

2) 구체적 효과

노인이 유급 일자리에서 일하는 것은 구체적인 여러 영역에서 노인의 복리에 긍정적인 영향을 미치고 있다. 유급 일자리에서 일하는 것이 노인에게 긍정적인 영향을 미치는 예로 경제적 자원의 제공, 정신적 능력의 향상, 사회적 복리 수준의 향상, 새로운 시도 기회의 제공, 복지 혜택의 제공, 더 즐거운 생활의 유지, 수명 연장이 있다 (Slauson, 2020; Bersin & Chamorro-Premuzic, 2019).

(1) 경제적 자원의 제공

말할 것도 없이, 노인이 유급 일자리에서 일할 경우의 주요한 장점은 보수를 받는다는 것이다. 따라서 노인이 유급 일자리에서 일하는 것은, 노인 자신이나 노인이 속한 가족의 경제적 자원을 늘리는 데 도움을 주고 있다.

노인이 퇴직 연령이 지나서도 일할 경우, 노인은 앞으로 남은 생애 기간 동안에 사용할 수 있는 경제적 자원을 확보할 수 있게 된다. 노인의 경제적 자원이 더 많아지는 상황은, 노년기의 삶에 매우 긍정적인 영향을 미치게 된다.

(2) 정신적 능력의 향상

노인이 유급 일자리에서 일하는 것은, 노인의 정신적 능력을 향상하는 데 도움을 주고 있다. 따라서 노인이 유급 일자리에서 일하는 것은 노인의 정신건강에도 유리하게 작용하고 있다. 그 결과, 유급 일자리에서 일하는 노인은 좋은 정신건강 상태를 잘 유지할 수 있는 경우가 많다. 또한 노인이 계속해서 유급 일자리에서 일할 경우, 치매가 나타나는 나이가 더 늦어지는 것으로 알려져 있다.

(3) 사회적 복리 수준의 향상

노인이 유급 일자리에서 일하는 것은, 노인이 사회적으로 더 교류하고 관계를 형성하는 데 도움을 주고 있다. 사실, 외로움(고독)은 노인에게 점점 더 문제가 되고 있다. 이런 탓에, 일자리는 노인의 외로움을 줄여주는 것과 관련해 매우 중요할 역할을 할 수 있다. 노인이 퇴직한 후에 유급 일자리에서 일하는 것이 외로움을 줄여주는 이유를 구체적으로 제시하면 다음과 같다.

① 사회적으로 교류하고 지역사회에 관여할 기회를 제공하기 때문이다.

② 동료 근로자와 관계를 맺을 수 있기 때문이다.

(4) 새로운 시도 기회의 제공

노인이 유급 일자리에서 일하는 것은, 노인이 새로운 것을 시도할 기회를 제공하고 있다. 예를 들어, 노인은 자신이 좋아했던 분야의 일을 퇴직한 후에 자기 사업으로 운영해 볼 수 있다. 이렇게 할 경우, 노인은 그동안 자신이 하고 싶었던 것도 하고 돈도 벌 수 있게 된다. 실제로, 퇴직한 후에 일하는 노인들 중에는 새로운 것을 해보기를 원하기 때문에 일하는 노인이 많은 것으로 알려져 있다.

빙하지대의 관광지에서 항상 밝은 낯으로 일하는 노인 근로자와 방문자들: 유급 일자리에서 일하는 것은 노인이 더 즐거운 삶을 유지하는 데 도움을 준다. [출처: 캐나다에서 촬영ⓒ]

(5) 복지 혜택의 제공

노인이 유급 일자리에서 일하는 것은, 노인이 복지와 관련된 혜택을 받는 데 도움을 주고 있다. 이런 복지 혜택의 예로 사업장에서 제공하는 민간 의료보험이 있다.

(6) 더 즐거운 생활의 유지

노인이 유급 일자리에서 일하는 것은, 노인이 더 즐거운 삶을 유지하는 데 도움을 주고 있다. 퇴직한 후에 유급 일자리에서 일할 경우, 노인은 더 젊어진다고 느끼는 것으로 알려져 있다. 그리고 노인이 유급 일자리에서 일할 경우, 우울한 상태에 놓일 가능성이 크게 줄어드는 것으로 알려져 있다.

(7) 수명의 연장

앞에서 제시한 여러 가지 긍정적 상황은 노인의 전체적인 건강에 유리하게 작용하고 있다. 따라서 노인이 유급 일자리에서 일하는 것은, 노인이 더 오래 사는 데 도움을 주고 있다. 그 결과, 노인이 유급 일자리에서 일할 경우, 노인의 수명은 더 늘어날 수 있다. 실제로 어느 연구에서는, 65세 이후에 퇴직 연령을 1년만 늦출 경우, 건강한 노인이 사망할 가능성이 10%가 넘게 줄어들 수 있는 것으로 나타난 바 있다.

Point

- 노인이 유급 일자리에서 일하는 것은 구체적인 여러 영역에서 노인의 복리에 긍정적인 영향을 미친다.

5. 노인 노동에 걸림돌이 되는 요인과 노인의 일할 수 있는 능력

1) 노인 노동에 걸림돌이 되는 요인

(1) 일반적 요인

노인이 유급 일자리에서 일하는 것에 걸림돌이 되는 요인에는 여러 가지가 있을 수 있다. 일반적으로 젊은 근로자에 비해서 노인 근로자는 다음과 같은 특성을 지닌다고 인식하는 경향이 있는데, 이런 점은 사업장에서 노인을 근로자로 고용하기를 꺼리는 요인이 될 수 있다(Zastrow, 2010).

① 생산성이 더 낮다.
② 함께 지내기가 더 어렵다.
③ 교육하기가 더 어렵다.
④ 사고를 낼 가능성이 더 크다.
⑤ 결근을 더 많이 한다.
⑥ 더 서투르다.

그리고 사업장의 관리자나 젊은 근로자는 노인 근로자에 대해 부정적으로 인식할 수 있는데, 이런 점은 사업장에서 노인을 근로자로 고용하기를 꺼리는 요인이 될 수 있다. 예를 들어, 관리자나 젊은 근로자는 노인 근로자가 다음과 같은 특성을 지닌다고 보는 경향이 있는데, 이런 점은 사업장에서 노인을 근로자로 고용하기를 꺼리는 요인이 될 수 있다(Roscigno, 2010; Bersin & Chamorro-Premuzic, 2019).

① 융통성이 없다.
② 느리다.
③ 체계적으로 일하지 못한다.
④ 다루기 어렵다.
⑤ 교육하는 데 비용이 많이 든다.
⑥ 적응을 잘하지 못한다.
⑦ 적극적으로 나서서 새로운 것을 시도하지 못한다.

결국, 사업장에 노인 근로자의 수가 적은 일반적인 이유는, 노인이나 노인의 노동 능력에 대해 부정적으로 인식하기 때문이다. 따라서 노인의 노동 능력에 대한 인식은 노인이 유급 일자리에서 일하는 것에 걸림돌이 되는 일반적 요인에 속하고 있다. 그 결과, 최신 교육을 받은 젊은 근로자를 더 적은 임금을 주고 고용하는 것이 가능할 경우, 사업장에서 노인을 근로자로 고용하기를 꺼리는 것은 당연하다고 볼 수도 있다.

(2) 고용주의 인식과 관련된 요인

노인이 유급 일자리에서 일하는 기회를 갖는 것과 관련해 중요한 인물은 고용주이다. 그리고 이때 특히 중요한 것은 고용주의 인식이다. 왜냐하면 고용주가 노인 근로자에 대해 인식하는 바는, 노인이 사업장에서 계속 일할 수 있는지를 결정하는 데 중요한 영향을 미치기 때문이다.

고용주는 노인의 능력에 대해 긍정적으로 인식할 수 있다. 노인을 고용하는 데 관심이 많은 고용주는, 경험이 많고 성숙한 노인 근로자는 젊은 근로자가 가지지 않은 장점을 가지고 있다고 인식할 가능성이 크다. 이런 고용주는 유급 일자리에서 일하는 기회를 노인에게 많이 제공하는 데 관심을 가질 가능성이 크다.

그러나 현실은 그렇지 않은 경우도 많다. 사실, 고용주는 노인의 일하는 능력에 대해 매우 부정적으로 인식할 수도 있다. 이 경우에는 사업장에서 연령차별이 나타날 수밖에 없고, 이것은 고용주가 노인을 근로자로 고용하기를 꺼리는 상황으로 바로 이어질 가능성이 크다. 이런 상황에서는 사업장에서 일하는 노인 근로자의 수가 적을 수밖에 없다.

한편 미국 퇴직자협회(American Association of Retired Persons)가 후원한 연구에 따르면, 노인 근로자에 대한 견해를 크게 다음과 같이 두 가지로 분류할 수 있다(Sicker, 1997).

① 노인 근로자는 일에 대한 윤리 의식이 강하고 자신의 일을 신중하게 처리하므로, 안정되고 책임성이 있고 신뢰할 만하다고 보는 견해가 있다.

② 노인 근로자는 융통성이 없고, 혁신적이지 못하고, 기술적으로 뒤떨어지고, 팀에서 함께 일하는 데 어울리지 않는다고 보는 견해가 있다.

앞에서 제시한 견해 중에서 고용주가 어떤 견해를 가지느냐에 따라서, 사업장에서 노인을 근로자로 고용하는 정도가 달라질 가능성이 크다. 이것을 구체적으로 제시하면 다음과 같다(Sicker, 1997).

① 고용주가 첫 번째 견해를 가질 경우, 고용주는 임금이 적고 기술 수준이 낮은 일자리에 노인을 근로자로 고용하는 방향으로 나아갈 가능성이 크다. 이것은 노인 근로자가 가진 원숙함이 젊은 근로자를 사업장에 잘 적응시키는 역할을 할 때 특히 그렇다.

② 고용주가 두 번째 견해를 가질 경우, 고용주는 상당한 수준의 전문적·기술적 기법이 필요한 일자리에는 노인을 근로자로 고용하거나 유지하기를 꺼리는 방향으로 나아갈 가능성이 크다.

결국, 고용주가 노인에 대해 가지는 인식은, 노인이 유급 일자리에서 일하는 정도를 결정하는 데 중요한 요인이 되고 있다.

(3) 근본적 요인

복지기관에서 관리인으로 일하는 노인: 노인이 고용 영역에서 불리한 위치에 있는 근본적인 이유는 연령차별 때문이다. [출처: 오스트리아에서 전영신 님 촬영·제공ⓒ]

근본적으로 볼 경우, 노인이나 노인 근로자가 고용 영역에서 불리한 위치에 있는 이유는 고용 영역에서의 연령차별 때문이다.[1] 예를 들어, 노인 근로자가 자신의 능력에 미치지 못하는 일자리에서 일하는 경우가 많은 근본적인 이유는 연령차별 때문이라고 볼 수 있다. 따라서 고용 영역에서의 연령차별은, 노인이나 노인 근로자가 유급 일자리에서 새로 일하거나 계속 일하는 데 걸림돌로 작용하는 근본적인 요인이 되고 있다.

그러나 사업장에서 나이에 대해 편견을 가지고 차별하는 현상은 아직까지도 쉽게 없어지고 있지 않다. 이에 따라 오늘날의 경우, 고용 영역에서 나이에 대

1) 연령차별에 대해서는 노인권리를 다루는 장(제4장)에서 이미 설명한 바 있다.

해 차별하는 것은 사업장에서 주요한 문제가 되고 있다. 이와 관련해 '회색 천장(gray ceiling)'이라는 용어도 등장하고 있다(Slauson, 2020). 회색 천장은 노인 근로자가 다시 유급 일자리에서 일하고자 할 때 놓여 있는 걸림돌을 말한다.

연령차별이 미치는 영향

고용 영역에서의 연령차별은 여러 수준에서 부정적인 영향을 미치고 있다. 고용 영역에서의 연령차별이 미치는 영향을 구체적으로 제시하면 다음과 같다(Slauson, 2020).

① 노인 개인에게 부정적인 영향을 미친다. 무엇보다도, 고용 영역에서 연령에 대해 차별하는 것은 노인이 일자리를 찾는 데 부정적인 영향을 미친다. 또한 고용 영역에서의 연령차별 때문에, 노인은 자신이 원하는 일자리에서 일하지 못할 수도 있다.

② 고용 영역에서의 연령차별은 조직(사업장)에 부정적인 영향을 미친다. 예를 들어, 고용 영역에서의 연령차별 때문에, 조직의 생산성과 사기가 낮아질 수 있다.

2) 노인의 일할 수 있는 능력

연령과 사업장에서 일하는 것이 서로 관련되는 정도는, 노인 근로자의 고용과 관련해 중요한 관심거리가 되고 있다. 노인과 관련된 여러 연구에서는, 일반 성인이 활동하는 데 최소로 필요한 신체적 능력과 심리적 능력을 대부분 노인도 가지고 있는 것으로 나타나는 경우가 많다.

그러나 이 경우, 노인이 사업장에서 근로자로서 실제로 어떻게 하고 있는지에 대해서도 살펴볼 필요가 있다. 이와 관련해, 젊은 근로자에 비해서 노인 근로자는 다음과 같은 경우가 많은 것으로 나타난 바 있다(Slauson, 2020; Roscigno, 2010).

① 더 헌신적으로 일한다.

② 일과 관련된 윤리 의식을 더 가진다.

③ 더 긍정적인 태도를 가진다. 따라서 노인 근로자는 일자리에서 가장 적극적으로 관여한다.
④ 직장을 그만두는 비율이 더 낮다.
⑤ 결근하는 사례가 더 적다.

노인 근로자가 앞에서와 같은 장점을 가지기 때문에, 노인 근로자는 사업장에서 더 오랫동안 계속 근무할 가능성이 크다. 실제로 나이가 들어 고용된 근로자는 젊은 나이에 고용된 근로자보다 오랫동안 사업장에서 근무할 가능성이 더 큰 것으로 알려져 있다. 또한 그동안의 연구에 따르면, 평균적으로 볼 때 노인 근로자는 젊은 근로자보다 사업장에 더 관여하고 있다. 왜냐하면 유급 일자리에서 일하고자 하는 노인 근로자는 일하고자 하는 동기가 젊은 근로자보다 더 크기 때문이다(Slauson, 2020).

일부 학자의 경우, 나이가 든 것이 일하는 것과 어떤 관련이 있는지를 연구한 결과를 정리한 바 있다. 이런 결과를 몇 가지 제시하면 다음과 같다(Atchley, 2000).

① 다른 연령층의 근로자에 비해서, 노인 근로자는 사업장에서 하는 일에 더 만족한다.
② 다른 연령층의 근로자에 비해서, 노인 근로자는 사업장에 더 충실하고 또한 사업장을 그만둘 가능성이 더 적다.
③ 노인 근로자가 건강할 경우, 젊은 근로자에 비해서 노인 근로자는 더 적게 결근한다. 그러나 노인 근로자의 건강이 좋지 않을 경우, 젊은 근로자에 비해서 노인 근로자는 더 자주 결근한다.
④ 젊은 근로자에 비해서, 노인 근로자는 사업장에서 산업재해를 겪을 가능성이 더 적다. 그러나 노인 근로자가 산업재해를 겪을 경우, 젊은 근로자에 비해서 노인 근로자는 회복하는 데 시간이 더 오래 걸리고 또한 장애를 겪을 가능성이 더 크다.
⑤ 노인 근로자는 계속해서 배운다.

일부 젊은 근로자의 경우, 노인 근로자의 일할 수 있는 능력에 대해 긍정적으로 인식하고 있다. 예를 들어 미국에서 조사한 바에 따르면, 젊은 근로자는 함께 일하는 노인 근로자가 다음과 같은 특성을 지니는 귀한 존재라고 보는 경우도 많다(Slauson, 2020).

① 독특한 경험과 생각을 가진다.

② 사업장의 생산성을 더 높일 수 있다.

그러므로 노인의 일할 수 있는 능력에 대해 부정적인 편견을 갖는 것은 옳지 않다고 볼 수 있다. 그동안 선진국에서 노인 근로자를 고용한 기업의 실제 사례를 살펴볼 경우(Auer & Fortuny, 2000), 노인 근로자에 대해 가지는 부정적 인식은 잘못된 것임을 잘 알 수 있다.

일 년의 대부분을 전 세계로 출장을 다니는 노인 사업가가 외국 사업 파트너와 악수하는 장면: 노인의 일할 수 있는 능력에 대해 부정적인 편견을 갖는 것은 옳지 않다. [출처: 독일에서 장철수 님 제공ⓒ]

실제로 그동안의 연구에 따르면, 대부분 사람은 30세가 지나면 신체적 능력은 줄어들고 있다. 그러나 지식과 전문적 기술은 80세가 넘어서도 계속 늘어나고 있다. 그리고 새로운 것을 배우는 데는 나이가 문제가 될 수 없다(Bersin & Chamorro-Premuzic, 2019). 따라서 노인은 유급 일자리에서 일할 수 있는 능력을 충분히 가지고 있다. 결국, 노인이 유급 일자리에서 일하는 데는 문제가 없다.

Point

- 노인의 노동 능력에 대한 인식은 노인이 유급 일자리에서 일하는 것에 걸림돌이 된다. 고용주가 노인에 대해 가지는 인식은, 노인이 유급 일자리에서 일하는 정도를 결정하는 데 중요한 요인이 된다.
- 노인이 고용 영역에서 불리한 위치에 있는 이유는 고용 영역에서의 연령차별 때문이다.
- 회색 천장은 노인 근로자가 다시 유급 일자리에서 일하고자 할 때 놓여 있는 걸림돌을 말한다.
- 노인은 유급 일자리에서 일할 수 있는 능력을 충분히 갖고 있다.

6. 노인 근로자를 위한 제도와 프로그램

1) 노인을 고용하는 것과 관련된 제도

(1) 연령차별을 금지하는 제도

노인이 유급 일자리에 쉽게 고용되고 또한 노인 근로자가 유급 일자리에서 계속 일할 수 있기 위해서는, 고용 영역에서 나이에 대해 차별하는 것을 금지하는 제도가 필요하다. 이와 관련해 좋은 방안의 하나는, 고용 영역에서 나이에 대해 차별하는 것을 금지하는 법을 만드는 것이다.

노인이 유급 일자리에서 일하는 것이 연령차별 때문에 불리할 수 있으므로, 일부 국가에서는 노인을 더 쉽게 고용하기 위해서 나이에 대해 차별하는 것을 금지하는 법을 만들고 있다. 이런 법은 노인이 근로자로 일하는 데 유리하게 작용하는 경우가 많다.

그러나 어느 경우에는 이런 법은 노인을 고용하는 데 불리하게 작용할 수도 있다. 예를 들어, 나이에 대해 차별하는 것을 금지하는 법은 유급 일자리에서 이미 일하고 있는 근로자가 더 안정되게 계속해서 일할 수 있게 하는 데 도움을 주고 있다. 하지만 이런 법은 실업 상태에 있는 노인이 고용될 기회를 줄이는 식으로 작용할 수도 있다. 왜냐하면 이런 법이 노인 근로자를 해고로부터 보호해주는 탓에, 고용주가 노인을 고용하는 것을 꺼릴 수도 있기 때문이다(Dex & Phillipson, 1986).

(2) 고용 할당제도

노인이 유급 일자리에서 더 일할 수 있게 해주기 위해서는, 노인이 사업장에서 일할 기회를 늘려야 한다. 따라서 노인을 사업장에서 안정적으로 고용하기 위해서, 국가는 노인을 전체 근로자 중에서 일정한 비율 이상으로 고용하게 하는 프로그램을 강제로 실시할 수도 있다. 이것은 일종의 강제적인 고용 할당제도라고 볼 수 있다. 고용 할당제도는 일할 수 있는 노인이 유급 일자리에서 일하는 기회를 체계적으로 제공하는 제도라고 볼 수 있다.

이런 제도의 하나가 고용주 맨데이트(mandate)이다(노병일, 2020a). 고용주 맨데이트는 "정부의 재정 지원 없이 사회복지기관이 아닌 일반 기업들로 하여금 일정한 사회복지 서비스를 제공하도록 의무화하는 방법"이다(김태성·성경륭, 2000). 노인과 관련된 고용주 맨데이트의 예로 사업장이 노인을 일정한 비율만큼 근로자로 의무적으로 고용하게 하는 것이 있다.

우리나라의 경우, 과거에 어느 정당은 사업장에서 65세 이상 노인을 의무적으로 전체 근로자의 일정한 비율 이상을 고용하는 정책을 제시한 바 있다(안병도, 2002). 이런 것은 고용 할당제도와 관련된다고 볼 수 있다.

앞으로 평균 수명이 크게 늘어나고 노인의 교육 수준이 크게 높아지므로, 나이 든 노인이 사업장에서 생산적 활동에 참여할 수 있게 하는 고용 할당제도를 적극적으로 실시하는 데 더 주목할 필요가 있다.

2) 노인 고용을 유지하는 것과 관련된 프로그램

(1) 고용 유지 프로그램

노인 근로자에게는 자신이 사업장에서 계속 일할 수 있는 것이 무엇보다도 중요하다. 따라서 사업장에서는 나이가 든 근로자가 계속해서 일할 수 있게 해주는 프로그램을 실시할 수 있다.

나이가 든 근로자가 유급 일자리에서 계속 일하도록 해주기 위해, 사업장에서 실시할 수 있는 프로그램을 몇 가지 제시하면 다음과 같다(Perkins, 1992).[2)]

① 나이가 든 근로자가 맡고 있는 업무를 조정해 다시 교육하는 프로그램이 있다.

② 단계적 퇴직 프로그램(phased retirement program)이 있다. 이 경우, 나이가 든 근로자는 사업장에서 일하는 시간을 서서히 줄이거나, 휴가 기간을 더 길게 갖거나, 파트타임 직으로 일할 수 있다.

③ 나이가 든 근로자가 젊은 신입 근로자에게 업무를 가르치는 프로그램이 있다.

④ 나이가 든 근로자와 젊은 근로자가 업무를 나누어, 함께 팀으로 일하는 프로그램이 있다.

(2) 부분 퇴직 프로그램[3)]

일반적으로 부분 퇴직 프로그램은 근로자가 퇴직연금의 일부만 받으면서 같은 사업장에서 파트타임으로 계속해서 일하도록 하는 프로그램을 말한다. 사업장에서 부분 퇴직 프로그램을 실시할 경우, 노인 근로자는 적어도 부분적으로는 고용을 유지할 수 있다. 따라서 사업

2) 일부 프로그램에 대해서는 아래에서 더 자세히 설명한다.

3) 부분 퇴직 프로그램은 앞에서 설명한 '단계적 퇴직 프로그램'의 한 형태라고 볼 수 있다.

장에서는 부분적으로 퇴직하기를 원하는 근로자에게 부분 퇴직 프로그램을 실시할 수 있다(노병일, 2021a).

(3) 교육 프로그램

노인 근로자를 위한 교육 프로그램에는 여러 가지가 있을 수 있다. 이런 프로그램의 예로 직무 교육 프로그램과 평생 교육 프로그램이 있다.

(가) 직무 교육 프로그램

사업장에서는 노인 근로자가 가지고 있는 경험과 전문 기술을 계속해서 사업장에서 효과적으로 사용할 수 있다. 그러나 노인 근로자가 가지고 있는 지식이나 기술은 최신 지식이나 기술을 제대로 반영하지 못할 수 있다. 이렇게 될 경우, 노인 근로자는 자기가 가지고 있는 지식이나 기술에 추가로 필요한 부분에 대해 교육받음으로써, 사업장에 계속 남아서 생산적으로 이바지할 수 있다. 그러므로 사업장에서는 나이가 든 근로자에게 직무와 관련해 교육하는 프로그램을 실시할 수 있다(노병일, 2021a).

이와 관련해 오늘날의 사회에서 특히 필요한 것은 정보통신 기술이다. 노인 근로자는 정보통신 기술을 사용하는 데 어려움을 겪을 가능성이 크다. 따라서 정보통신 기술이 빠르게 발달하는 것은 노인의 고용에 불리하게 작용할 가능성도 크다. 하지만 정보통신 기술을 사용하면 집이나 기타 편리한 장소에서 근무할 수 있기 때문에, 노인에게 정보통신 기술을 교육하는 것은 노인이 유급 일자리에서 일할 수 있는 새로운 기회를 열어주는 셈이 된다. 그러므로 노인의 고용과 관련해, 노인 근로자에게 정보통신 기술을 교육하는 것에 대해 특히 주목할 필요가 있다(노병일, 2021a).

(나) 평생 교육 프로그램

오늘날의 사회에서는 새로운 지식이 빠른 속도로 나타나기 때문에, 근로자에게는 새로운 지식을 잘 파악하고 적응하는 것이 중요하다. 이것은 노인 근로자에게 특히 해당하고 있다. 따라서 사업장의 안팎에서, 현재의 노인 근로자나 미래의 노인 근로자가 자신이 맡은 업무를 계속 잘하는 데 도움을 주는 프로그램을 실시할 수 있다.

이런 목적을 지닌 프로그램들 가운데 하나가 평생 교육(life-long education) 프로그램이다. 평생 교육 프로그램은 노인이 근로자로서 사업장에서 일할 기회를 가지는 데 크게 도움이 될 수 있다. 평생 교육 프로그램의 예로 사업장에서 일하고 있는 노인 근로자를 재교육하는 프로그램이 있다(노병일, 2021a).

일본 노인취업센터의 교육실: 교육 프로그램은 노인이 일할 기회를 가지는 데 크게 도움이 된다. [출처: 일본에서 저자 촬영ⓒ]

한편 선진국의 모임인 경제협력개발기구(OECD)의 경우, 전체 인구에서 노인이 차지하는 비율이 높아짐에 따라서 평생 교육 프로그램에 더 주목하여야 한다고 주장한 바 있다. 이렇게 주장하는 이유들 가운데 하나는, 노인 근로자가 평생 교육 프로그램에 참여하면 자신의 기술과 능력을 사업장에서 요구하는 바에 더 잘 적응할 수 있기 때문이다(Auer & Fortuny, 2000).

Point

- 노인을 더 고용하기 위한 제도로 연령차별 금지제도, 고용 할당제도가 있다.
- 노인 고용을 유지하는 것과 관련된 프로그램으로 고용 유지 프로그램, 부분 퇴직 프로그램, 교육 프로그램이 있다.

7. 노인 고용을 위해 노인과 사업장 수준에서 할 수 있는 방안

1) 노인 개인 수준에서의 방안

노인의 경우, 고용 영역에서의 연령차별에 대해 나름내로 노력힐 필요가 있다. 이런 측면을 구체적으로 제시하면 다음과 같다(Slauson, 2020).

① 노인이 고용주에게 보여줄 수 있는 장점을 파악한다. 왜냐하면 노인이 유급 일자리를 구하기 위해서는, 자신이 투자할 만한 가치가 있다는 점을 고용주에게 증명할 필요가 있기 때문이다. 따라서 노인은 과거에 몇 년 동안 일한 경험을 너무 강조하지 말고, 자신이 사업장에 가치 있는 존재가 될 수 있는 측면을 강조할 필요가 있다

② 노인에 대한 편견에 나름대로 대처한다. 이런 방법을 몇 가지 살펴보면 다음과 같다.

㉠ 자신이 나이가 들었다고 해서 특별한 대우를 요구하지 않는다.

㉡ 새로운 기술에 적응하기 위해서 항상 노력한다.

㉢ 자신보다 나이가 어린 근로자의 문화나 분위기 등에 대해 배우는 데 관심을 갖는다.

2) 사업장 수준에서의 방안

노인을 근로자로 고용하고 또한 노인 근로자가 계속해서 고용 상태를 유지하기 위해서, 사업장은 나름의 조치를 취할 필요가 있다. 이와 관련해 사업장(기업)이 취할 수 있는 조치를 몇 가지 제시하면 다음과 같다(Bersin & Chamorro-Premuzic, 2019).

① 노인 근로자에게 자신의 전문적 기술에 맞는 직책과 역할을 준다. 이 경우, 사업장은 노인 근로자에게 더 많은 급여를 주지 않고서도 이와 같이 할 수 있다.

② 노인 근로자에게 어울리는 근무 환경을 만들어준다. 이런 예로 노인 근로자가 일하는 환경에는 조명을 더 밝게 해주고 글자를 더 크게 해주는 것이 있다.

③ 노인 근로자를 포함한 모든 근로자에게는 근무한 기간이 아니라 업무 내용과 업무가 어려운 정도에 따라 급여를 준다.

④ 근로자를 채용하는 담당자에게 나이에 따라 차별하지 않게 한다. 여기에는 나이에 대해 겉으로 드러나지 않는 편견을 없애는 것도 포함된다.

⑤ 사업장의 젊은 관리자에게 노인 근로자에 대해 교육한다. 이 경우, 젊은 관리자가 노인 근로자를 도울 수 있는 방법도 교육한다.

Point

- 노인은 고용 영역에서의 연령차별에 대해 나름대로 노력할 필요가 있다.
- 노인을 근로자로 고용하고 노인 근로자가 계속해서 고용 상태를 유지하기 위해서, 사업장은 나름의 조치를 취할 필요가 있다.

Chapter 12

노인과 주거

차례

1. 노년기와 주거

모든 노인은 자신의 경제적 능력에 적절하고, 안전하고, 쉽게 구할 수 있고, 지지적인 주거 공간에서 생활할 권리를 가지고 있다(Pynoos, 2018). 그리고 모든 인간에게 적절한 주거는 기본적 욕구에 속하고 있다. 따라서 노년기에 적절한 주거 환경에서 사는 것은 노인에게 기본적 권리가 되고 있다(노병일, 2024).

인간의 주거 환경은 인간의 신체적 건강과 정신건강에 큰 영향을 미치고 있다. 이것은 다른 사람보다 자신의 집에서 더 많은 시간을 보내는 노년기에 특히 그렇다(Fox, Kenny, Day, O'Connell, Finnerty & Timmons, 2017).

무엇보다도, 노년기에 유급 일자리에서 더 이상 일하지 않을 경우, 노인은 여러 가지를 결정하여야 하는 상황을 맞이하게 된다. 이때 가장 중요하게 결정하여야 할 것 중의 하나는 앞으로 살 주거 장소를 결정하는 것이다(Hartman, 2019). 그리고 노년기에는 자기 자녀를 양육하며 살던 큰 주택이 더 이상 필요하지 않거나, 이런 큰 주택을 경제적으로 유지하기 어려울 수 있다. 이런 상황에서는 노인은 다른 주거 장소로 이사 갈 수도 있다. 또한 노인이 의료시설로 가지 않을 경우, 노인은 살기로 결정한 주거 장소에서 대부분의 노년기를 보낼 가능성이 크다.

노인 주택의 안내판: 노인이 퇴직 후에 가장 중요하게 결정하여야 할 것 중의 하나는 앞으로 살 주거 장소를 결정하는 것이다. [출처: 타이완에서 저자 촬영ⓒ]

그리고 노인 인구가 계속 증가함에 따라서, 지역사회에서 노년기를 보내는 것이 더 중요한 문제가 되고 있다. 이때, 지역사회에서 노년기를 보내기 위해서는 적절한 주택이 필요하다(Zelaya, 2023).

결국, 여러 가지 상황 때문에, 노년기의 주거 환경은 노인의 삶에서 매우 중요한 의미를 지니게 된다. 하지만 노인은 안전하고, 자신의 경제적 상황에 어울리고, 나이가 듦에 따라 변하는 욕구를 충족하는 주택을 찾고 구입하는 데 어려움을 겪는 경우가 많다(Zelaya, 2023).

Point

- 노년기의 주거 환경은 노인의 삶에서 매우 중요한 의미를 지닌다.

2. 주거와 관련된 노인 특성 및 노인 복리에 영향을 미치는 주거 요인

1) 주거와 관련된 노인 특성

노년기의 주거와 관련해서는, 노인 고유의 특성을 고려할 필요가 있다. 우선, 젊은 층에 비해서, 노인은 이동하는 데 어려움을 겪을 가능성이 더 크다. 따라서 젊은 층에 비해서, 노인은 주거 공간을 자주 바꾸기가 더 어려울 수 있다.

그리고 노인은 넘어지거나 기타 사고를 겪을 가능성이 크다. 따라서 노인의 주거 공간에서는 안전이 무엇보다도 중요하다.

또한 노인은 일정한 소득으로 생활하는 경우가 많다. 따라서 노인은 오르고 있는 주택비를 따라잡기 어려울 수 있다(Zelaya, 2023).

그리고 노인은 건강 영역에서 취약하거나 갑자기 취약해질 가능성이 크다. 이런 탓에, 때에 따라서 노인은 가정이 아닌 주거 환경에서 거주할 수도 있다. 특히 노인의 건강 상태가 매우 좋지 않을 경우, 노인은 노인을 전문적으로 치료하거나 보살피는 시설에서 오랜 기간 생활하여야 하는 상황에 놓일 수도 있다.

그러므로 노년기에 나타나는 여러 가지 특성 때문에, 노인의 주거 환경은 일반 성인의 주거 환경과는 크게 차이가 날 수 있다. 그리고 그 결과, 노인은 노년기에 생활할 주거 공간을 선택하는 데 있어 제약을 많이 받을 가능성이 크다.

2) 노인의 복리에 영향을 미치는 주거 요인

노년기에는 주거와 관련된 다양한 요인이 노인의 복리에 영향을 미치고 있다. 노인의 복리에 영향을 미치는 주거 요인의 예로 주택의 물리적 상태, 보조 기술, 주택의 위치가 있다.

(1) 주택의 물리적 상태

주택의 물리적 상태는 노인의 복리에 영향을 미치고 있다. 무엇보다도, 주택의 물리적 상태는 노인의 신체적 건강에 직접 영향을 미치고 있다. 예를 들어, 난방이 잘되지 않은 주택이나 습기가 많은 주택은 노인의 건강에 부정적인 영향을 미치고 있다(Fox et al., 2017).

미국의 잘 가꾸어진 주택을 그린 판화: 주택의 물리적 상태는 노인의 복리에 영향을 미친다. [출처: 전영신(작가) 님 제공ⓒ]

그러나 주택의 물리적 상태는 주택의 구조를 변경함으로써 어느 정도 개선할 수 있다. 따라서 주택의 원래 구조와 설계를 변경한 정도도 노인의 복리에 영향을 미치고 있다. 주택의 원래 구조와 설계를 변경한 정도는, 주택을 더 쉽게 이용할 수 있도록 하는 것과 특히 관련되고 있다. 그리고 주택의 원래 구조와 설계를 변경한 정도는, 노인이 지역사회에서 노년기를 보내는 데 중요한 요소로 알려져 있다(Fox et al., 2017).

(2) 보조 기술

보조 기술(assistive technology)은 노인의 복리에 영향을 미치고 있다.

노인과 관련된 보조 기술의 예로 경보(알람) 장치와 정보통신 기술을 사용해 노인을 돌보는 기술이 있다. 무엇보다도 보조 기술은 일반 노인이나 치매 노인이 자기 주택에서 살도록 하는 데 도움을 줄 수 있다(Fox et al., 2017).

(3) 주택의 위치

노인이 거주하는 주택의 위치는 노인의 복리에 영향을 미치고 있다. 무엇보다도 사람들이 많은 곳과 멀리 떨어져 있는 주택은 노인의 정신건강에 불리하게 작용할 수 있다. 왜냐하면 외로움은 노인에게 여러 가지 정신건강문제를 유발하기 때문이다(National Institute on Aging, 2019; Fox et al., 2017).

그리고 지역사회의 사람들과 멀리 떨어진 곳에 있는 주택은, 노인이 사회적 지지를 받는 데 불리할 수밖에 없다. 사회적 지지는 노년기에 특히 중요하다(노병일·모선희, 2007). 노인이 생활하는 주택의 위치 때문에 사회적 지지를 잘 받지 못하는 상황은, 노인의 복리에 부정적으로 작용할 가능성이 크다.

또한 노년기에는 의료 서비스가 자주 필요할 가능성이 크다. 그리고 노년기에는 급하게 대형 병원과 같은 의료시설에서 전문적인 검사와 치료를 받아야 하는 상황을 자주 맞이할 수 있다. 따라서 현재의 주택에서 의료시설에 가기가 편리한 정도는, 노인의 건강에 중요한 영향을 미치고 있다.

Point

- 노인의 주거 환경은 일반 성인의 수거 환경과 크게 차이가 날 수 있으므로, 노인은 주거 공간을 선택하는 데 제약을 크게 받을 가능성이 크다.
- 노인의 복리에 영향을 미치는 주거 요인으로 주택의 물리적 상태, 보조 기술, 주택의 위치가 있다.

3. 노인의 주거 방식

1) 노년기의 주거 방식

일반 성인의 주거 환경에 비해서, 노인이 생활하는 주거 환경은 훨씬 더 다양한 편이다. 따라서 노년기에는 여러 가지 형태의 주거 환경에서 살 수 있다. 그 결과, 노인이 선택할 수 있는 주거 방식에는 여러 가지가 있을 수 있다.

2) 주거 방식의 형태

주거와 관련해, 노인이 선택할 수 있는 방식으로 자기 주택에서 거주하기, 가족구성원과 함께 거주하기, 주택을 함께 사용하며 거주하기, 월세 · 전세 주택에서 거주하기, 보조 생활 주거 시설에서 거주하기, 자립 생활 공동체에서 거주하기, 임대 주택에서 거주하기가 있다. 각 주거 방식은 나름의 장점과 단점을 가지고 있다.

(1) 자기 주택에서 거주하기

자기 주택에서 거주하기는 노인이 자신의 주택에서 사는 방식을 말한다. 노인이 경제적 자원을 적절히 가지고 있고 또한 일상생활을 하는 데 어려움을 크게 겪지 않을 경우, 노인 혼자 또는 노인 부부는 자신이 그동안 생활한 주택이나 새로 마련한 주택에 거주하며 생활할 수 있다. 노인에게 자신의 주택이 편하고 또한 노인이 현재의 이웃과 잘 지낼 경우, 노인이 현재의 주택에서 사는 것은 좋은 주거 방식일 수 있다.

노인이 자신의 주택에서 계속 거주하는 방식은 경제적으로 유리한 것으로 알려져 있다. 왜냐하면 노인이 자신의 주택에서 거주하는 방식은 노인이 시설에 거주하며 보호를 받는 방식보다 비용이 더 적게 들기 때문이다(Fox et al., 2017).

그리고 노인이 건강은 매우 좋지 않으나 일상생활을 어느 정도 할 수 있고 또한 인지적 능력이 있을 경우, 노인은 자신의 주택에 머물며 생활할 수 있다. 이때에는 요양보호사(노인장기요양보험에서 등급을 받은 경우)나 자원봉사자나 기타 사람의 도움을 받아서 간단한 일을 처리할 수도 있다(노병일·노미향, 2018; 노병일, 2020a; 한수미·노병일, 2016). 따라서 가정에서 적절한 서비스를 제공할 경우, 건강이 좋지 않은 노인도 자신의 주택에 머무르면서 생활할 수 있게 된다(LaPonsie, 2020).

그러나 노인이 현재의 주택에서 거주할 경우에는 주택을 유지하는 데 비용이 들게 된다. 이때에 주택을 유지하는 데 비용이 많이 들 경우, 노인이 주택에서 거주하는 것은 부담이 될 수도 있다.

또한 노인이 현재의 주택에서 계속 거주하고자 할 경우, 주택의 구조를 바꾸는 작업이 필요할 수도 있다. 예를 들어, 주택 내부의 문턱을 없애거나 또는 욕실에 더 쉽게 들어가게 하기 위해 내부를 바꾸는 작업이 필요할 수 있다. 노인의 주택을 개조하여야 하는 상황은 노인에게 경제적으로 부담이 될 수도 있다.

(2) 가족구성원과 함께 거주하기

가족구성원과 함께 거주하기는 노인이 성인 자녀와 살림을 합쳐서 사는 방식을 말한다. 노인이 성인 자녀와 가까운 관계를 유지하고 있을 경우, 노인은 성인 자녀와 함께 사는 방식을 생각해 볼 수 있다. 이 경우, 노인은 건강 상태가 좋을 수도 있고 좋지 않을 수도 있다.

성인 자녀와 함께 사는 노인이 다른 가족구성원을 만나 즐거워하는 모습: 가족구성원과 함께 거주하는 방식은 노인이 성인 자녀와 살림을 합쳐서 사는 방식이다. [출처: 노대겸 님 제공ⓒ]

노인이 성인 자녀와 함께 거주하는 방식에는 다음과 같은 두 가지 방법이 있다(LaPonsie, 2020).

① 노인이 성인 자녀의 주택으로 이

사를 가는 방법이 있다.
② 성인 자녀가 노인의 주택으로 이사를 오는 방법이 있다.

노인이 가족구성원과 함께 거주하는 방식은 노인이나 성인 자녀 모두에게 유리할 수 있다. 우선, 노인이 가족구성원과 함께 거주하는 방식은 경제적으로 매우 유리할 수 있다. 노인이 가족구성원과 함께 거주하는 방식이 경제적으로 유리한 이유를 구체적으로 제시하면 다음과 같다(Hartman, 2019; LaPonsie, 2020).

① 노인이 주택을 유지하는 비용을 줄일 수 있기 때문이다.
② 생활비를 크게 줄일 수 있기 때문이다.

또한 노인이 가족구성원과 함께 거주하는 방식은 가족구성원들끼리 서로 지지하고 도와주는 관계를 형성하는 데 유리할 수 있다. 이와 관련된 상황을 구체적으로 제시하면 다음과 같다(LaPonsie, 2020).

① 노인의 경우, 집안 일을 하거나 손자·손녀를 돌봄으로써, 덜 심심하거나 덜 외로울 수 있다.
② 직장에 다니거나 바쁜 성인 자녀의 경우, 자신의 자녀(즉, 노인의 손자·손녀)를 돌보는 것을 노인 부모에게 편하게 맡길 수 있다.

하지만 노인이 성인 자녀와 함께 거주하는 방식은 불편할 수도 있다. 이런 예를 구체적으로 제시하면 다음과 같다(Hartman, 2019).

① 서로 상대를 너무 의식할 수 있다.
② 집이 답답하다고 느낄 수 있다.

무엇보다도, 노인이 성인 자녀와 함께 거주하는 방식은 노인 부모와 성인 자녀 사이에 갈등을 겪는 상황을 유발할 수도 있다. 물론 경제적으로 여유가 있고 혼자 사는 성인 자녀는, 자신의 주택에서 노인 부모를 모시는 데 있어 갈등을 크게 겪지 않을 수도 있다. 그러나 노인의 신체적 건강이나 정신건강이 좋지 않을 경우, 결혼한 성인 자녀가 부모를 자신의 주거 공간에서 모시는 것은 쉬운 일이 아닐 수 있다. 이런 상황은 노인 부모와 결혼한 성인 자녀 사이의 관계에 부정적인 영향을 미칠 수도 있다. 이것은 결혼한 성인 자녀에게 아동이 있을 때 특히 그렇다.

노인과 성인 자녀가 함께 거주하는 방식에서 갈등을 없애거나 줄이기 위한 지침

노인이 성인 자녀와 함께 거주하는 방식의 경우, 노인 부모와 성인 자녀 사이에 처음부터 분명한 지침을 정해놓을 필요가 있다. 예를 들어, 노인 부부와 성인 자녀가 공동으로 생활하는 공간, 개인적 공간, 생활비를 부담하는 방식 등에 대해 처음부터 지침을 분명하게 정할 필요가 있다(LaPonsie, 2020). 이렇게 할 경우, 나중에 노인 부부와 성인 자녀 사이에 나타날 수도 있는 갈등을 없게 하거나 줄일 수 있다.

한편 오늘날에는 주요한 가족 형태가 핵가족으로 되어 감에 따라서, 성인 자녀가 노인 부모와 함께 거주하는 사례는 점점 줄어들고 있다(노병일, 2020b). 따라서 노인이 가족구성원과 함께 거주하는 방식은 점점 줄어들 가능성이 크다.

(3) 주택을 함께 사용하며 거주하기

주택을 함께 사용하며 거주하기는 노인이 다른 노인과 주택을 함께 사용하는 방식을 말한다. 주택이 있는 노인이 가족구성원과 함께 거주하지 않을 경우, 노인은 자기 주택의 일부를 다른 노인에게 전세나 월세와 같은 형태로 줄 수 있다.

노인이 다른 노인과 주택을 함께 사용하는 방식은 다음과 같은 장점을 지니고 있다(LaPonsie, 2020).

① 노인의 재정에 도움이 된다. 말할 것도 없이, 이런 방식은 주택의 주인인 노인과 세를 들어 사는 노인 모두의 생활비를 크게 줄이는 데 도움을 준다.

② 노인이 성인 자녀와 함께 거주할 경우에 생길 수 있는 복잡한

갈등이 나타나지 않는다.

(4) 월세·전세 주택에서 거주하기

월세·전세 주택에서 거주하기는 월세를 내는 주택이나 전세 주택에서 노인이 거주하는 방식을 말한다. 노인이 새로운 지역으로 이사갈 경우, 새로운 지역에서는 월세를 내는 주택이나 전세 주택에서 거주할 수도 있다. 또한 노인이 현재의 주택을 유지하는 것이 어려울 경우, 월세를 내는 주택이나 전세 주택에서 거주하는 것이 좋은 방안일 수도 있다(Hartman, 2019).

노인이 월세를 내는 주택이나 전세 주택에서 거주할 경우, 노인은 주택에 대해 신경을 쓸 필요가 없게 된다. 예를 들어, 주택을 수리하거나 유지하는 것에 대해서 노인은 신경을 쓸 필요가 없게 된다. 그러나 월세·전세의 계약 기간이 끝날 때마다 월세·전세가 오를 수 있다. 이런 상황은 노인에게 경제적 어려움을 유발할 수 있다.

(5) 보조 생활 주거 시설에서 거주하기

보조 생활 주거(assisted living) 시설에서 거주하기는 노인이 보조 생활 주거 시설에 들어가 생활하는 방식을 말한다. 보조 생활 주거 시설에서 거주하는 방식은 자기 스스로 많은 활동을 할 수 있고 하루 종일 크게 도움이 필요하지 않은 노인에게 적절하다. 일상생활을 하는 데 어느 정도 도움이 필요한 사람에게는 보조 생활 주거 시설에서 거주하는 방식이 가장 좋은 방안일 수 있다(LaPonsie, 2020).

보조 생활 주거 시설에서 거주하는 방식은 독립적으로 생활하는 방식과 요양원에서 보호를 받는 방식의 중간에 있다고 볼 수 있다. 보조 생활 주거 시설에서 거주하는 방식에서는 노인에게 개별적으로 주거 공간도 제공하고 또한 식사와 사회 활동을 할 수 있는 공동 공간도 제공할 수 있다(김정근, 2018; LaPonsie, 2020).

(6) 자립 생활 공동체에서 거주하기

자립 생활 공동체에서 거주하기는 노인들이 모인 공동체에서 거주하는 방식을 말한다. 자립 생활 공동체는 여러 가지 다른 이름으로 부르기도 한다(LaPonsie, 2020).

자립 생활 공동체에서 거주하는 노인은 자신의 개인 생활 공간을 가지고 있다. 또한 자립 생활 공동체에서는 노인이 여러 가지 편의시설을 이용할 수 있다. 이런 편의시설의 예로 운동시설, 식당과 같은 것이 있다. 그리고 자립 생활 공동체에서는 거주하는 노인들에게 사회 활동이나 여행과 같은 것을 계획해 제공할 수도 있다(LaPonsie, 2020; Hartman, 2019).

그러나 자립 생활 공동체에서 거주하는 방식은 비용이 많이 들 수 있다. 그리고 이런 방식에서는 해가 지날수록 비용이 빠르게 늘어날 수 있다(Hartman, 2019).

(7) 임대 주택에서 거주하기

임대 주택에서 거주하기는 노인이 국가의 보조를 받는 주택에서 거주하는 방식을 말한다. 일반적으로 임대 주택은 자신의 경제적 능력으로는 주택을 마련할 수 없는 사람에게, 일반 주택시장이 아닌 통로를 통해서 국가나 민간기구가 보조하는 형태로 제공하는 주택을 말한다. 국가가 노인이 거주하는 주택에 대해 비용을 보조해줄 경우, 노인은 임대 주택에서 생활할 수 있다(Fox et al., 2017; LaPonsie, 2020).

Point

- 노인이 선택할 수 있는 주거 방식의 형태로 자기 주택에서 거주하기, 가족구성원과 함께 거주하기, 주택을 함께 사용하며 거주하기, 월세·전세 주택에서 거주하기, 보조 생활 주거 시설에서 거주하기, 자립 생활 공동체에서 거주하기, 임대 주택에서 거주하기가 있다.

4. 노인을 위한 주거시설과 기타 시설

1) 노인을 위한 주거시설의 필요성과 장단점

(1) 주거시설의 필요성

과거에는 노인은 자신이 그동안 살던 주택이나 자녀의 주택에서 거주하면서 노년기를 보내는 경우가 많았다. 이런 상황에서는 노인은 주거 환경에 대해 크게 신경을 쓰지 않아도 되었다.

그러나 오늘날의 사회에서 이런 상황은 빠르게 변하고 있다. 이것은 우리나라에서 특히 그렇다. 오늘날의 사회에서는 노인 부부만 살거나 노인 혼자만 사는 사례가 증가하고 있다. 이런 노인은 자신의 주택에서 거주할 수 있다. 그러나 노인의 건강 상태가 좋지 않거나 노인에게 특별한 욕구가 있을 경우, 노인은 자신의 주택이 아닌 공간에서 거주하는 것이 필요할 수 있다. 이런 것과 관련된 대표적인 주거 공간이 노인을 위한 주거시설이다.

(2) 주거시설에서 생활할 경우의 장점과 단점

노인이 자신의 주택이나 자녀의 주택에서 살다가 노인을 위한 주거시설에 들어갈 경우, 노인은 자신이 그동안 살던 환경과는 매우 다른 환경에서 생활하게 된다. 노인이 노인을 위한 주거시설에서 생활하는 것은, 노인에게 긍정적으로 작용하는 측면도 있고 부정적으로 작용하는 측면도 있다.

노인을 위한 주거시설: 노인을 위한 주거시설에서 생활하는 것은 긍정적·부정적 측면을 모두 가진다. [출처: 일본에서 저자 촬영ⓒ]

우선, 노인이 노인을 위한 주거시설에서 생활하는 것은 나름의 장점을 지니고 있다. 노인이 노인을 위한 주거시설에서 생활할 경우의 장점을 몇 가지 제시하면 다음과 같다.

① 주거시설에서 제공하는 다양한 프로그램에 참여하면서 활력을 찾을 수 있다. 주거시설에서는 여러 가지 프로그램을 제공하는 경우가 많다. 따라서 노인은 주거시설에서 제공하는 프로그램에 참여하면서 자신의 복리 수준을 높일 수 있다.

② 주거시설에서 새로운 인간관계를 형성할 수 있다. 노인은 주거시설에서 함께 거주하는 노인들과 교류하면서 새로운 인간관계를 형성할 수 있다. 또한 노인은 주거시설의 직원과 교류하면서 새로운 인간관계를 형성할 수 있다. 이런 인간관계를 통해 노인은 사회적 지지를 받을 수 있고, 이런 상황은 노인의 정신건강에 유리하게 작용할 수 있다.

③ 때에 따라서는 주거시설에서 전문적 서비스를 받을 수 있다. 이렇게 될 경우, 노인은 더 빨리 치료받고 더 빨리 재활하여 건강한 생활을 유지할 수 있게 된다.

그러나 노인이 노인을 위한 주거시설에서 생활하는 것은 단점도 지니고 있다. 노인이 노인을 위한 주거시설에서 생활할 경우의 단점을 몇 가지 제시하면 다음과 같다.

① 가족구성원이 제공하는 사회적 지지가 줄어들 수 있다. 주거시설에서 생활하는 노인은 자신의 가정과 격리되어 지내기 때문에, 가족구성원과 이전만큼 교류하기가 어려울 수 있다. 이런 상황은 노인의 심리적 영역에 부정적인 영향을 미칠 수 있다.[1)]

② 가족이 자신을 버렸다고 생각할 수 있다. 앞에서의 상황과 관련되는 것으로서, 주거시설에서 생활하는 노인은 자신이 가족으로부터 버림받았다고 생각할 수 있다. 노인이 이렇게 생각하는 것은 노인의 심리적 복리에 매우 부정적인 영향을 미칠 수 있다.

③ 행동이 제약될 수 있다. 아동을 위한 양육시설에서와는 다르게, 노인을 위한 주거시설에서는 노인의 행동을 제약하는 상황이 생길 수 있다. 노인을 위한 주거시설에서 노인의 행동이나 이동을 제약하는 이유는, 노인이 권리를 누리지 못하게 하려는 데 있는 것이 아니라 노인의 안전을 위해서인 경우가 많다. 그러나 어찌 되었든 간에, 이런 상황은 주거시설에서 생활하는 노인에게 자율성을 제약한다는 인상을 심어줄 가능성이 크다. 그 결과, 노인은 자신의 상황을 비관할 수 있고, 이에 따라 노인의 정신건강이 좋지 않게 될 수 있다.

④ 직원이나 간병인이 노인을 학대할 수도 있다. 노인이 주거시설에서 학대를 당하는 상황은 노인의 정신건강에 매우 부정적인 영향을 미친다.[2)]

앞에서와 같은 여러 가지 상황은, 주거시설에서 거주하는 노인의 삶에 부정적인 영향을 미칠 수밖에 없다.

---

1) 물론, 가족구성원이 노인이 거주하는 시설을 자주 방문하는 경우에는 이런 문제는 줄어들 수 있다.

2) 시설에서의 학대에 대해서는 노인학대를 다루는 장(제7장)에서 이미 설명한 바 있다.

2) 노인복지시설[3)]

(1) 우리나라의 노인복지시설의 형태

노인복지시설에는 여러 가지가 있다. 노인복지시설의 형태와 명칭은 국가에 따라 차이가 나고 있다. 우리나라 「노인복지법」에서는 노인복지시설의 형태를 노인주거복지시설, 노인의료복지시설, 노인여가복지시설, 재가노인복지시설, 노인보호전문기관, 노인일자리지원기관, 학대피해노인 전용쉼터로 분류하고 있다(국가법령정보센터, 2024).

이 중에서 노인의 주거와 직접 관련된 노인복지시설은 노인주거복지시설과 재가노인복지시설이다. 우선, 노인주거복지시설은 노인의 주거 상황과 직접 관련되고 있다. 또한 재가노인복지시설도 노인의 주거 상황과 직접 관련되고 있다. 왜냐하면 재가노인복지시설은 가정에서 생활하고 있는 노인을 대상으로 하기 때문이다. 그리고 노인의료복지시설도 노인의 주거와 관련된다고 볼 수 있다. 왜냐하면 노인은 노인의료복지시설에서 오랫동안 생활하는 경우가 많고, 또한 때에 따라서는 노인의료복지시설에서 삶을 마치는 경우도 있기 때문이다. 따라서 노인의료복지시설은 노인이 오랫동안 거주하는 공간이 되는 경우가 많다.[4)]

3) 여기에서 제시하는 시설에는 노인의 주거를 위한 시설뿐만 아니라, 의료 서비스와 여가 활동과 가정에서의 서비스와 관련된 시설도 포함되어 있다.

4) 따라서 아래에서는 노인주거복지시설, 노인의료복지시설, 재가노인복지시설에 대해서만 설명한다. 노인여가복지시설에 대해서는 노인의 활동을 다루는 장(제10장)에서 이미 설명한 바 있다.

(2) 노인주거복지시설과 노인의료복지시설 및 재가노인복지시설의 정의와 형태

(가) 노인주거복지시설

노인주거복지시설은 노인의 주거와 직접 관련된 시설을 말한다. 우리나라 법에 따르면, 노인주거복지시설의 형태에는 다음과 같은 것이 있다(국가법령정보센터, 2024).

① 양로시설이 있다. 양로시설은 "노인을 입소시켜[5] 급식과 그 밖에 일상생활에 필요한 편의를[6] 제공함을 목적으로 하는 시설"을 말한다.

② 노인공동생활가정이 있다. 노인공동생활가정은 "노인들에게 가정과 같은 주거여건과 급식, 그 밖에 일상생활에 필요한 편의를 제공함을 목적으로 하는 시설"을 말한다.

③ 노인복지주택이 있다. 노인복지주택은 "노인에게 주거시설을 임대하여 주거의 편의·생활지도·상담 및 안전관리 등 일상생활에 필요한 편의를 제공함을 목적으로 하는 시설"을 말한다.

일본의 양로시설: 양로시설은 노인주거복지시설에 속한다. [출처: 일본에서 저자 촬영ⓒ]

---

5) 입소는 시설에 들어가는 것을 말한다.

6) 편의는 "형편이나 조건 따위가 편하고 [좋은 것]"을 말한다(국립국어원 표준국어대사전, 2024).

(나) 노인의료복지시설

노인의료복지시설은 노인의 의료와 직접 관련된 시설을 말한다. 우리나라 법에 따르면, 노인의료복지시설의 형태에는 다음과 같은 것이 있다(국가법령정보센터, 2024).

① 노인요양시설이 있다. 노인요양시설은 "치매·중풍 등 노인성질환 등으로 심신에 상당한 장애가 발생하여 도움을 필요로 하는 노인을 입소시켜 급식·요양과 그 밖에 일상생활에 필요한 편의를 제공함을 목적으로 하는 시설"을 말한다.

② 노인요양공동생활가정이 있다. 노인요양공동생활가정은 "치매·중풍 등 노인성질환 등으로 심신에 상당한 장애가 발생하여 도움을 필요로 하는 노인에게 가정과 같은 주거여건과 급식·요양, 그 밖에 일상생활에 필요한 편의를 제공함을 목적으로 하는 시설"을 말한다.

노인의료복지시설에 속하는 요양원 건물: 노인의료복지시설은 노인의 의료와 직접 관련된 시설이다. [출처: 영국에서 저자 촬영ⓒ]

(다) 재가노인복지시설

재가노인복지시설은 가정에서 사는 노인에게 서비스를 제공하는 시설을 말한다. 우리나라 법에 따르면, 재가노인복지시설은 다음에 제시한 서비스를 한 가지 이상 제공하는 것을 목적으로 하는 시설을 말한다(국가법령정보센터, 2024).

① 방문요양서비스가 있다. 방문요양서비스는 "가정에서 일상생활을 [하는] 노인으로서 신체적·정신적 장애로 어려움을 겪고 있는 노인에게 필요한 각종 편의를 제공하여 지역사회 안에서 건전하고 안정된 노후를 영위하도록[7] 하는 서비스"를 말한다.

② 주·야간보호서비스가 있다. 주·야간보호서비스는 "부득이한 사유로 가족의 보호를 받을 수 없는 심신이 허약한 노인과 장애노인을 주간 또는 야간 동안 보호시설에 입소시켜 필요한 각종 편의를 제공하여 이들의 생활안정과 심신기능의[8] 유지·향상을 도모하고,[9] 그 가족의 신체적·정신적 부담을 덜어주기 위한 서비스"를 말한다.

③ 단기보호서비스가 있다. 단기보호서비스는 "부득이한 사유로 가족의 보호를 받을 수 없어 일시적으로 보호가 필요한 심신이 허약한 노인과 장애노인을 보호시설에 단기간 입소시켜 보호함으로써 노인 및 노인가정의 복지증진을 도모하기 위한 서비스"를 말한다.

④ 방문목욕서비스가 있다. 방문목욕서비스는 "목욕장비를 갖추고 [가정에서 일상생활을 하는 노인]을 방문하여 목욕을 제공하는 서비스"를 말한다.

⑤ 기타 서비스가 있다. 기타 서비스는 가정에서 일상생활을 하는 노인에게 앞에서 제시한 것 이외에 제공하는 서비스를 말한다.

---

7) 영위는 "일을 꾸려 [나가는 것]"을 말한다(국립국어원 표준국어대사전, 2024).

8) 심신은 마음과 몸을 말한다.

9) 도모는 "어떤 일을 이루기 위하여 대책과 방법을 [세우는 것]"을 말한다(국립국어원 표준국어대사전, 2024).

노인 가정을 방문해 서비스를 제공하는 재가노인복지시설의 대표: 재가노인복지시설은 가정에서 사는 노인에게 서비스를 제공하는 시설이다. [출처: 장혜숙 님 제공©]

Point

- 노인이 건강 상태가 좋지 않거나 특별한 욕구가 있을 경우, 노인을 위한 주거시설에서 거주하는 것이 필요할 수 있다.
- 노인이 노인을 위한 주거시설에서 생활하는 것은, 노인에게 긍정적인 측면도 있고 부정적인 측면도 있다.
- 우리나라의 법에서는 노인복지시설의 형태를 노인주거복지시설, 노인의료복지시설, 노인여가복지시설, 재가노인복지시설, 노인보호전문기관, 노인일자리지원기관, 학대피해노인 전용쉼터로 구분한다. 이 중에서 노인의 주거와 관련된 노인복지시설은 노인주거복지시설, 재가노인복지시설, 노인의료복지시설이다.

5. 지역사회와 노인의 주거 환경

1) 노인의 주거 환경과 지역사회의 관련성

노인의 주거 상황을 고려할 경우, 지역사회는 노인의 주거 공간을 둘러싸고 있는 폭넓은 공간이라고 볼 수 있다. 따라서 노인의 주거 환경은 지역사회와 여러 가지 방식으로 관련되고 있다.

우선, 자신의 주택이나 자녀의 주택에서 거주하는 노인은 자신의 지역사회와 자주 관계를 맺고 있다. 예를 들어, 노인은 지역사회에 있는 상점에서 물품을 구입하는 경우가 많고, 지역사회에 있는 식당이나 미장원이나 이발소를 이용하는 경우가 많다. 또한 자신의 주택이나 자녀의 주택에서 거주하는 노인은 자신의 지역사회에서 산책이나 간단한 운동을 할 가능성이 크다. 그리고 자신의 주택이나 자녀의 주택에서 거주하는 노인은 자신의 지역사회에서 친구 및 기타 아는 사람들과 만나서 교류할 가능성이 크다. 또한 자신의 주택이나 자녀의 주택에서 거주하는 노인은 자신의 지역사회에서 열리는 여가 활동에 참여할 가능성이 크다.

손주와 산책하는 여성노인: 자기 주택에서 거주하는 노인은 자신의 지역사회에서 산책할 가능성이 크다. [출처: 감윤경 님 제공ⓒ]

이 외에, 자신의 주택이나 자녀의 주택에서 거주하는 노인은 지역사회에 있는 사람이나 기관의 도움을 받아야 하는 경우가 많다. 따라서 지역사회는 자신의 주택이나 자녀의 주택에서 거주하는 노인의 삶과 크게 관련되고 있다.

그리고 지역사회는 주거시설에서 생활하는 노인과도 밀접하게 관련되고 있다. 왜냐하면 전문적 서비스는 시설에서 제공하고 있지만, 사회적 교류는 지역사회와 관련되면서 이루어지는 경우가 많기 때문이다. 예를 들어, 지역사회의 자원봉사자들은 노인이 거주하는 시설을 방문해 노인들과 교류할 수 있다. 이런 상황은 주거시설에서 생활하는 노인의 신체적 건강과 정신건강에 매우 긍정적인 영향을 미칠 가능성이 크다.

정리하건대, 지역사회는 주택에 거주하거나 시설에서 생활하는 노인의 복리에 큰 영향을 미치고 있다.

2) '에이징 인 플레이스(Aging in Place)'[10]

(1) '에이징 인 플레이스'의 정의와 지역사회

최근 들어서 노인의 주거 및 노화와 관련해 '에이징 인 플레이스(aging in place, AIP)'라는 용어를 자주 사용하고 있다. 일부 학자의 경우, '에이징 인 플레이스'는 시설에서 돌봄을 받기보다는, 어느 정도의 독립을 유지하면서 지역사회에서 사는 것이라고 정의하고 있다. 일반적으로 '에이징 인 플레이스'는 자신의 집에서 독립적으로 살아가는 것을 말한다. '에이징 인 플레이스'는 자신의 욕구가 변함에 따라서 필요할 수 있는 서비스나 기타 도움을 받을 수 있는 것도 포함하고 있다(Zelaya, 2023; Davey, de Joux, Nana, & Arcus, 2004; Age In Place, 2024).

일반적으로 '에이징 인 플레이스'는 노인이 자신이 사는 지역사회

---

10) 우리나라에서는 'aging in place'에 대한 번역이 통일되어 있지 않은 편이다. 따라서 여기에서는 '에이징 인 플레이스'라는 영어 표현을 그대로 사용한다.

에서 노년기를 잘 보내는 것과 관련되고 있다. 따라서 '에이징 인 플레이스'는 노인이 자신의 주택에서 살면서 지역사회와 교류하며 노년기를 보내는 측면을 많이 포함하고 있다. 더불어, '에이징 인 플레이스'는 노인을 위한 지역사회보호(community care)와도 밀접하게 관련되고 있다.

(2) '에이징 인 플레이스'의 중요성과 경향

노인은 자신이 살던 자리에서 노년기를 보내고, 가족 및 친구와 함께 살고, 독립적이고 자율적인 상태를 유지하기를 바라고 있다(Chen & Zhang, 2022; Matthias, 2024). 따라서 노인은 '에이징 인 플레이스'를 좋아하는 경향이 있다.

'에이징 인 플레이스'는 노인이 자율적으로 생활하고 다른 사람들과 교류하는 데 도움을 주고 있다(Fox et al., 2017). 그러므로 '에이징 인 플레이스'는 노인이 바라는 삶의 방향과 크게 일치하고 있다. 이런 점에서, 노인에게 '에이징 인 플레이스'는 중요하다.

지역사회에 살면서 부근에 있는 종교시설의 앞에서 기도하는 노인: 노인은 '에이징 인 플레이스'를 좋아하는 경향이 있다.
[출처: 저자 촬영ⓒ]

그리고 이에 따라서, 오늘날에는 '에이징 인 플레이스'를 강조하는 방향으로 나아가고 있다.

Point

- 노인의 주거 환경은 지역사회와 여러 방식으로 관련된다. 지역사회는 주택에 거주하거나 시설에서 생활하는 노인의 복리에 큰 영향을 미친다.
- '에이징 인 플레이스'는 어느 정도의 독립을 유지하면서 지역사회에서 사는 것이다. 오늘날에는 '에이징 인 플레이스'를 강조하는 방향으로 나아간다.

Part 04

노인과 관련된 폭넓은 측면

Chapter 13

노인과 관련된 공적 복지제도(사회보장)

차례

1. 노인과 사회보장

인간이 인간다운 생활을 하기 위해서는 적절한 소득과 의료 서비스와 기타 서비스가 기본적으로 필요하다. 이것은 노인에게 특히 그렇다.

우선, 대부분 노인은 유급 일자리에서 일하고 있지 않기 때문에, 경제적 자원이 부족할 가능성이 크다. 물론, 젊은 시절에 경제적 자원을 충분히 모아 두었거나 부모에게서 경제적 자원을 많이 물려받은 사람은, 노년기에 소득 영역에서 어려움을 크게 겪지 않을 것이다. 그러나 이런 노인은 많지 않을 것이다. 따라서 대부분 노인에게는 어느 정도의 기본적 소득을 정기적으로 보장하는 공적 복지제도가 필요하다.

그리고 경제적 자원이 매우 적은 노인은 최저 생활을 유지하는 것이 어려울 수밖에 없다. 이런 탓에, 경제적 자원이 매우 적은 노인에

사회보장을 다루는 책의 표지: 노인의 복리는 사회보장과 크게 관련된다. [출처: 노병일(2020a)]

게는 최저 수준의 소득을 제공하는 공적 복지제도가 필요하다.

또한 노인이 건강 상태가 좋지 않을 때는 의료 서비스를 이용하여야 하는데, 이때 의료비를 크게 부담하여야 하는 상황을 맞이할 수 있다. 특히, 노년기가 길어짐에 따라서 여러 가지 건강문제를 더 겪으면 의료비가 더 많이 들게 된다. 경제적 자원이 충분한 노인은 이런 의료비를 지불하는 데 큰 어려움이 없을 것이다. 그러나 많은 노인에게는 의료비를 지불하는 것이 큰 부담이 될 수 밖에 없다. 이것은 소득은 적은 노인에게 특히 그렇다. 이런 탓에, 노인에게는 자신의 소득 수준에 상관없이 의료 서비스를 무료로 또는 적은 비용으로 이용하게 해주는 공적 복지제도가 필요하다.

그리고 노년기에는 신체적 능력과 인지적 능력이 낮아지기 때문에, 의료 서비스 외에 여러 가지 형태의 돌봄 서비스가 장기적으로 필요할 가능성이 크다. 하지만 가족구성원이나 친지가 이런 돌봄을 장기적으로 담당하는 것은 비용과 기타 측면에서 현실적으로 어려운 경우가 많다. 이런 탓에, 신체적·인지적 능력이 낮은 노인을 장기적으로 돌봐주는 공적 복지제도가 필요하다.

결국, 노인에게는 기본적 소득과 의료 서비스와 장기적 돌봄 서비스를 제공하고 노년기의 기타 욕구를 충족해주는 공적 복지제도가 필요하다. 오늘날의 복지국가에서는 이런 공적 복지제도를 사회보장(social security)이라고 부르고 있다(노병일, 2020a). 그러므로 노인의 복리는 사회보장과 크게 관련되고 있다. 다만, 오늘날에 세계의 모든 국가는 사회보장제도를 노인이 많아지는 상황에 대비하여야 하는 어려움을 겪고 있다(World Health Organization, 2022).

Point

- 노인에게는 기본적 소득과 의료 서비스와 장기적 돌봄 서비스를 제공하고 노년기의 기타 욕구를 충족해주는 공적 복지제도가 필요한데, 이것을 사회보장이라고 부른다.

2. 사회보장의 정의와 목적 및 형태

1) 사회보장의 정의

오늘날에 사회보장이라는 용어는 세계에서 널리 사용되고 있다. 하지만 사회보장이 무엇인지에 대해서는 학자들 사이에 의견이 완전히 통일되어 있지 않다(노병일, 2020a).

그동안 사회보장에 대해 정의한 것을 몇 가지 제시하면 다음과 같다(국가법령정보센터, 2024; Beveridge, 1942; Social Security Administration & International Social Security Association, 2020).

① 베버리지(Beveridge)에 따르면, 사회보장은 다음과 같은 것을 위해서 소득을 보장하는 것을 말한다.

㉠ 실업이나 질병이나 사고 때문에 수입이 없어질 때 이런 수입을 대신한다.

㉡ 나이가 들어 퇴직하는 것에 대비한다.

㉢ 가장과 같은 가족구성원이 사망하였기 때문에 생계를 유지하지 못하는 것에 대비한다.

㉣ 특별한 비용(예컨대, 출생 · 사망 · 결혼과 관련된 비용)을 부담한다.

② 미국 사회보장국과 국제사회보장협회에 따르면, 사회보장은 개인이 소득을 얻는 능력이 중단되거나 없어졌을 때를 대비해주고, 결혼 · 출산 · 사망 때문에 필요한 특별한 지출에 대비하는 법적 프로그램을 말한다.

③ 우리나라 「사회보장기본법」에 따르면, 사회보장은 "출산, 양육,

실업, 노령, 장애, 질병, 빈곤 및 사망 등의 사회적 위험으로부터 모든 국민을 보호하고 국민 삶의 질을 향상시키는 데 필요한 소득·서비스를 보장하는" 프로그램을 말한다.

정리하건대, 사회보장은 사회구성원이 여러 가지 형태의 사회적 사건을 겪을 때 소득과 서비스를 보장하는 프로그램이라고 볼 수 있다. 그리고 이런 정의에서 알 수 있듯이, 사회보장은 노인과 크게 관련되고 있다(노병일, 2020a).

2) 사회보장의 목적

그동안 사회보장의 정의를 다양하게 제시해 온 것처럼, 사회보장의 목적도 다양하게 제시해 왔다. 노인에게 적용할 경우, 사회보장은 다음과 같은 기본적 목적을 추구한다고 볼 수 있다(International Social Security Association, 2016).

① 노인이 빈곤 상태에 놓이지 않게 한다.
② 노인이 소득을 얻지 못하게 될 때, 이를 대신하는 소득을 안정되게 확보하게 한다.

모든 국가에 존재하는 사회보장에서는 앞에서와 같은 목적을 기본적으로 추구하고 있다. 그러나 사회보장에서는 이 외에도 여러 가지 목적을 구체적으로 추구하고 있다. 이런 구체적 목적을 노인에게 적용하면 다음과 같다(International Social Security Association, 2016).

① 노인이 더 적극적으로 생활하게 한다.
② 노인에게 기회를 더 제공한다.
③ 노인의 가족을 지원한다.
④ 노인의 복리 수준을 높인다. 이 경우, 노인의 건강에 긍정적인 영향을 미치게 함으로써, 노인의 복리 수준을 높인다.

생일잔치에서 즐거워하는 노인 부부: 사회보장에서는 노인이 더 적극적으로 생활하게 한다. [출처: 저자 촬영©]

3) 사회보장의 형태

(1) 사회보장의 주요한 형태

사회보장에는 여러 가지 형태가 있다. 그러나 사회보장의 형태를 분류하는 것은 학자와 기관에 따라서 차이가 나고 있다.

일반적으로 여러 학자와 기관은 사회보장의 '주요한' 형태로 사회보험과 공공부조(사회부조)를 제시하고 있다. 그리고 많은 학자와 기관은 사회수당에 대해 주목하고 있다. 따라서 사회보장의 일반적 형태로 사회보험, 공공부조, 사회수당을 꼽을 수 있다(노병일, 2020a).

(2) 사회보험과 공공부조와 사회수당의 정의와 특징

(가) 사회보험

사회보험은 강제적인 보험 방식을 사용해서 사회구성원이 겪는 사회적 위험에 대해 공동으로 대비하는 제도이다(노병일, 2020a). 따라서 노인에게 적용할 경우, 사회보험은 강제적인 보험 방식을 적용해서 노인이 사회적으로 겪는 위험에 대해 공동으로 대비하는 제도라고 볼 수 있다.

(나) 공공부조

공공부조는 경제적으로 생활이 어려운 사람들을 국가가 도와주는 제도이다(노병일, 2020a). 따라서 노인에게 적용할 경우, 공공부조는 경제적으로 어려운 노인을 국가가 도와주는 제도라고 볼 수 있다.[1)]

(다) 사회수당

사회수당은 욕구와 상관없이 특정한 인구층에게 급여를 제공하는 제도이다(노병일, 2020a). 따라서 노인에게 적용할 경우, 사회수당은 욕구와 상관없이 노인에게 현금급여를 제공하는 제도라고 볼 수 있다.

Point

- 사회보장은 사회구성원이 여러 형태의 사회적 사건을 겪을 때 소득·서비스를 보장해주는 프로그램이다. 사회보장은 노인과 크게 관련된다.
- 노인과 관련해, 사회보장의 기본적 목적은 빈곤 상태에 놓이지 않게 하고 소득을 얻지 못하게 될 때 이를 대신하는 소득을 안정되게 확보하는 데 있다.
- 사회보장의 일반적 형태로 사회보험, 공공부조, 사회수당이 있다. 노인과 관련해, 사회보험은 강제적 보험 방식을 적용해서 노인이 사회적으로 겪는 위험에 대해 공동으로 대비하는 제도이다. 공공부조는 경제적으로 어려운 노인을 국가가 도와주는 제도이다. 사회수당은 욕구와 상관없이 노인에게 현금급여를 제공하는 제도이다.

3. 노인과 관련된 주요한 사회보장 프로그램과 경향

1) 주요한 사회보장 프로그램

오늘날에 주요한 사회보장 프로그램은 연금과 관련된 프로그램, 의료와 관련된 프로그램, 산업재해와 관련된 프로그램, 실업과 관련된

1) 공공부조의 목적은 상황이 좋지 않은 노인이 최저 생활을 할 수 있게 하는 데 있다. 따라서 공공부조는 노인이 가진 특정한 욕구를 충족해주려 하고 있다(노병일, 2020a).

프로그램, 사회수당의 성격을 지니는 프로그램, 재산 등을 조사한 후에 제공하는 프로그램이라고[2] 볼 수 있다(노병일, 2020a). 이 중에서 노인과 크게 관련되는 사회보장 프로그램은 연금과 관련된 프로그램, 의료와 관련된 프로그램, 사회수당의 성격을 지니는 프로그램, 재산 등을 조사한 후에 제공하는 프로그램이다.

(2) 사회보장 프로그램의 경향

세계적으로 볼 경우, 가장 일반적인 형태의 사회보장 프로그램은 연금과 관련된 프로그램이다. 그리고 앞으로 전체 인구에서 노인이 차지하는 비율이 크게 높아짐에 따라서, 노인을 장기적으로 보살피는 것과 관련된 사회보장 프로그램도 중요한 위치를 차지하는 방향으로 나아갈 것으로 보인다(노병일, 2020a).

Point

- 노인과 크게 관련되는 사회보장 프로그램은 연금 관련 프로그램, 의료 관련 프로그램, 사회수당의 성격을 지니는 프로그램, 재산 등을 조사한 후에 제공하는 프로그램이다.
- 세계적으로 가장 일반적인 형태의 사회보장 프로그램은 연금 관련 프로그램이다. 노인을 장기적으로 보살피는 것과 관련된 사회보장 프로그램도 앞으로 중요한 위치를 차지할 것으로 보인다.

2) 재산 등을 조사한 후에 제공하는 프로그램을 '자산조사 식(means-tested) 프로그램'이라고 부르고 있다(노병일, 2020a).

4. 노인과 관련된 주요한 사회보험 프로그램

1) 연금 프로그램

(1) 연금의 정의

일반적으로 연금은 노령이나 장애로 퇴직하였을 경우나 사망하였을 경우에 개인이나 남은 가족구성원(유족)에게 정기적으로 제공하는 현금급여를 말한다(노병일, 2020a). 따라서 노인에게 적용할 경우, 연금은 노령 때문에 퇴직한 때 노인에게 정기적으로 제공하거나, 또는 노인이 사망한 때 남은 가족구성원에게 정기적으로 제공하는 현금급여라고 볼 수 있다.

산책하는 노인 부부: 연금은 노령 때문에 퇴직한 때 노인에게 정기적으로 제공하거나, 노인이 사망한 때 가족구성원에게 정기적으로 제공하는 현금급여이다. [출처: 영국에서 저자 촬영ⓒ]

(2) 연금이 필요한 배경

연금은 사회구성원 모두에게 필요하다. 그러나 연금은 노인에게 특히 더 필요하다.

노인의 입장에서 볼 경우, 오늘날의 사회에서 연금이 필요한 배경을 구체적으로 제시하면 다음과 같다(노병일, 2020a).

① 인간의 수명이 늘어나고 있다. 그 결과, 노인에게 기본적 소득이 필요한 기간이 더 늘어나고 있다.
② 가족구성원이나 친척이 노인을 경제적으로 부양하는 경우가 크게 줄어들고 있다. 더욱이 출산율이 낮아지는 탓에, 이런 경우가 더 많아지고 있다.

(3) 연금의 목적

연금의 목적은 연금에 대해 정의한 내용에 이미 나타나 있다. 연금의 일반적 목적은 개인이 노령이나 장애 등의 이유로 퇴직할 때나 개인이 사망하였을 때, 개인과 가족이 이전의 생활 수준을 유지하거나 빈곤을 예방하는 데 있다(노병일, 2020a). 따라서 노인에게 적용할 경우, 연금의 목적은 노인이 노령 등의 이유로 퇴직할 때 이전의 생활 수준을 유지하고, 노인이 사망하였을 때 남은 가족이 이전의 생활 수준을 유지하거나 빈곤을 예방하는 데 있다고 볼 수 있다.

(4) 연금의 형태

기본적으로 연금 프로그램에서 제공하는 연금의 형태를 노령연금, 장애연금, 유족연금으로 분류할 수 있다. 각각의 연금 형태에 대해 구체적으로 살펴보면 다음과 같다(노병일, 2020a; Social Security Administration, 2015).

① 노령연금은 노년기에 이르거나 영구히 퇴직하기 때문에 소득을 얻지 못하는 것을 보상하기 위해 제공하는 급여를 말한다.
② 장애연금은 일할 수 있는 능력이 산업재해나 직업병이 아닌 이유 때문에 상기적으로 그리고 다소 진체직으로 없어진 상태에 있을 때 제공하는 급여를 말한다.
③ 유족연금은 보험에 가입한 근로자나 연금을 받던 사람이 사망한 때 남은 가족구성원에게 제공하는 급여를 말한다.

앞에서 제시한 세 가지 연금 형태 중에서, 일반 노인의 기본적 생활과 가장 관련되는 연금 형태는 노령연금이라고 볼 수 있다.[3)]

(5) 연금 프로그램의 대상과 급여와 운영 및 재정

(가) 연금 프로그램의 대상

노인이 노령연금을 받기 위해서는 다음과 같은 두 가지 조건을 갖추어야 하는 경우가 많다(노병일, 2020a; Social Security Administration, 2015).

① 연금을 받을 수 있는 나이가 되었다.
② 정해진 기간 동안 기여금을[4)] 납부하였거나 유급 일자리에서 일하였다.

(나) 연금 프로그램에서 제공하는 급여

대부분 국가에서 노인에게 제공하는 노령연금의 양은 노인이 근로자일 때 받았던 임금의 수준과 관련되고 있다. 그리고 대부분 국가에서는 노인에게 노령연금을 정기적으로 제공하고 있다(노병일, 2020a; Social Security Administration, 2015).

(다) 연금 프로그램의 운영

연금 프로그램은 어느 정도의 자율성을 지니는 기관이 운영하는 경우가 많다. 그리고 이런 기관은 정부의 감독을 받는 경우가 많다(노병일, 2020a; Social Security Administration, 2015).

우리나라의 경우, 일반 노인을 위한 연금 프로그램은 연금관리공단에서 운영하고 있다. 다만, 공무원, 사립학교의 교직원, 군인을 위한 연금 프로그램은 별도의 기관에서 운영하고 있다.

---

3) 따라서 본 절에서는 노령연금을 중심으로 설명한다.
4) 기여금은 사회보험에서 납부하는 보험료를 말한다.

(라) 연금 프로그램의 재정

사회보험 방식으로 운영되는 연금 프로그램에서는 다음과 같은 것으로 재정을 확보하고 있다(노병일, 2020a; Social Security Administration, 2015).

① 근로자가 유급 일자리에서 일할 때 납부하는 기여금이 있다.
② 고용주가 납부하는 기여금이 있다.
③ 정부가 제공하는 보조금이 있다.

2) 의료와 관련된 프로그램

(1) 의료보장의 정의

의료와 관련된 프로그램은 의료보장(medical security)의 한 형태이다. 따라서 의료와 관련된 프로그램을 이해하기 위해서는 의료보장을 먼저 이해할 필요가 있다.

일반적으로 의료보장은 의료 서비스를 보장해 주는 것을 의미한다. 구체적으로 의료보장은 국민이 건강과 관련된 권리를 누리는 데 필요한 의료 서비스를 국가나 사회가 제공하는 것을 말한다. 이런 이유로, 의료보장은 의료와 관련된 사회보장에 해당하고 있다(국민건강보험공단, 2005; 노병일, 2020a). 따라서 노인에게 적용할 경우, 의료보장은 노인의 의료와 관련된 사회보장이라고 볼 수 있다.

(2) 의료보장이 필요한 배경

의료보장은 사회구성원 모두에게 필요하다. 그러나 의료보장은 노인에게 특히 더 필요하다.

노인의 입장에서 볼 경우, 오늘날의 사회에서 의료보장이 필요한 배경을 구체적으로 제시하면 다음과 같다(노병일, 2020a; Matthias, 2024).

① 노인은 살아가는 과정에서 아플 수 있고, 사고를 겪을 수 있다.
② 다른 집단에 비해서, 노인은 심각하고 치료비가 많이 드는 질병

에 더 많이 걸리는 경향이 있다.

③ 병을 예방하는 의료 서비스와 질병을 치료하는 의료 서비스를 이용할 수 있는 정도는, 노인이 여러 영역에서 생활하는 데 큰 영향을 미친다.

여행 중에 힘들어 자는 노인: 노인은 살아가는 과정에서 더 아플 수 있기에, 의료보장이 특히 더 필요하다 [출처: 이탈리아에서 저자 촬영ⓒ]

(3) 의료보장 프로그램의 형태

일반적으로 의료보장 프로그램의 형태는 다음과 같이 분류하는 경우가 많다(노병일, 2020a; 국가법령정보센터, 2024; Barker, 2003).

① 사회보험 방식의 프로그램이 있다. 사회보험 방식의 프로그램은 의료보험이라고 부른다. 우리나라에서는 의료보험이라는 용어 대신에 '건강보험'이라는 용어를 사용한다. 우리나라 「국민건강보험법」에 따르면, 건강보험은 국민의 질병과 부상에 대해 예방·진단·치료·재활하고, 출산·사망의 경우와 건강을 향상하기 위한 경우에 의료 서비스를 제공함으로써 국민의 건강을 향상하는 데 이바지하고자 하는 사회보장 프로그램이다. 노인에게

적용할 경우, 의료보험(건강보험)은 노인에게 의료 영역에서 건강과 관련된 급여나 서비스를 제공하는 사회보험 프로그램이라고 볼 수 있다

② 보편적 프로그램이 있다. 보편적 프로그램을 국민보건서비스(national health service)라고 부른다. 일반적으로 국민보건서비스는 시민이 의료 서비스를 받게 하기 위해 정부가 의료 인력과 의료시설을 직접 제공하는 프로그램을 말한다.

(4) 의료보험 프로그램의 대상과 급여와 운영 및 재정[5)]

(가) 의료보험 프로그램의 대상

노인이 의료보험 프로그램을 통해 서비스를 받기 위해서는 의료보험 프로그램에 가입하여야 한다(노병일, 2020a).

(나) 의료보험 프로그램에서 제공하는 급여

의료보험 프로그램에서 노인에게 주로 제공하는 급여는 의료 서비스이다. 의료보험 프로그램에서 노인에게 제공하는 의료 서비스의 예로 일반 의료 서비스, 병원 서비스, 약품 서비스가 있다(노병일, 2020a; Social Security Administration, 2015).

(다) 의료보험 프로그램의 운영

의료보험 프로그램은 어느 정도의 자율성을 지니는 기관이 운영하고 있다(노병일, 2020a; Social Security Administration, 2015). 우리나라의 경우, 의료보험(건강보험) 프로그램은 국민건강보험공단에서 운영하고 있다.

5) 우리나라에서 의료보장과 관련된 프로그램은 의료보험 프로그램이다. 따라서 여기에서는 의료보험 프로그램을 중심으로 설명한다.

(라) 의료보험 프로그램의 재정

의료보험 프로그램에서는 기여금으로 재정을 확보하고 있다(노병일, 2020a; Social Security Administration, 2015).

3) 장기요양보험 프로그램

(1) 장기요양보호와 장기요양보험 프로그램의 정의

장기요양보호(장기요양 또는 장기보호, long-term care)의 의미에 대해서는 서로 의견이 일치하고 있지 않다(노병일, 2020a).[6] 그동안 장기요양보호에 대해 정의한 것을 구체적으로 제시하면 다음과 같다(European Commission, 2008).

① 경제협력개발기구(OECD)의 경우, 장기요양보호는 "기본적인 일상생활 활동을 하는 데 있어 오랜 기간에 걸쳐 도움이 필요한 사람들에게 제공하는 여러 가지 서비스"라는 측면에서 정의한다.

② 유럽위원회(European Commission)의 경우, 일반적으로 장기요양보호는 "신체적 장애나 정신적 장애 때문에 꾸준한 도움이 필요한 개인에게 계속해서 또는 오랫동안 제공하는 다양한 의료 서비스와 사회 서비스"라고 정의하는 경향이 있다고 본다.

정리하건대, 장기요양보호는 신체적·정신적 장애 때문에 기본적인 일상생활 활동을 하는 데 계속 도움이 필요한 사람에게 오랫동안 제공하는 다양한 서비스를 일컫는다(노병일, 2020a). 따라서 노인에게 적용할 경우, 장기요양보호는 신체적·정신적 장애 때문에 기본적인 일상생활 활동을 하는 데 계속 도움이 필요한 노인에게 장기적으로 제공하는 여러 가지 서비스라고 볼 수 있다.

6) 장기요양보호에 대한 용어는 세계적으로 통일되어 있지 않은 편이다. 따라서 여기에서는 장기요양, 장기보호, 장기요양보호 등의 표현이 거의 동일한 의미를 지니는 식으로 사용한다.

그리고 장기요양보험 프로그램은 이런 장기요양보호를 제공하는 프로그램을 말한다.

(2) 장기요양보험 프로그램의 목적

장기요양보험 프로그램의 목적은 장기요양보호에 대해 정의한 내용에 이미 포함되어 있다(노병일, 2020a). 노인의 경우, 장기요양보험 프로그램의 목적은 고령이나 노인성 질병 등의 이유 때문에 일상생활을 혼자서 하기 어려운 노인에게 서비스를 제공해서 노년기에 건강하고 생활이 안정된 상태에서 지내게 하고 가족의 부담을 덜어줌으로써, 노인과 가족의 삶의 질을 높이는 데 있다(국민건강보험공단, 2020a).

(3) 장기요양보험 프로그램이 필요한 배경

오늘날에 전체 인구에서 노인이 차지하는 비율이 높아짐에 따라서, 노인을 장기적으로 보호하는 프로그램이 더 필요해지고 있다. 그리고 노인에 대한 비공식적인 지지 체계가 약화됨에 따라서, 노인을 장기적으로 보호하는 공식적인 프로그램이 더 필요하다(노병일, 2018c).

특히 노인은 이동하는 능력이 줄어들고, 계속해서 아프고, 체력이 약해지고, 치매에 걸리고, 기타 건강 문제를 겪을 수 있다. 따라서 이런 상태에 있는 노인에게는 장기요양보험 프로그램이 더 필요하다(World Health Organization, 2023).

한편 일본의 보건복지부는 일본의 상황에서 장기요양보험 프로그램이 더욱 필요한 배경을 다음과 같이 제시한 바 있다(Ministry of Health and Welfare (Japan), 2008).

'구운몽'을 지은 김만중(조선시대)이 어머니를 그리워하며 지은 문학작품을 기념하는 비: 오늘날에는 노인에 대한 비공식적 지지 체계가 약화됨에 따라서, 노인을 장기적으로 보호하는 공식적 프로그램이 더 필요하다. [출처: 저자 촬영©]

① 전체 인구에서 노인이 차지하는 비율은 계속 높아지고, 이에 따라 장기요양보호가 필요한 노인은 매우 많아진다.
② 노인에게 장기요양보호가 필요한 기간은 늘어나고, 노인을 보살피는 사람의 나이는 많아진다.

그러므로 전체 인구에서 노인이 차지하는 비율이 높아지는 경향 때문에, 제대로 움직이지 못하는 노인과 건강하지 않은 노인을 위한 장기요양보험 프로그램이 점점 더 중요해지고 있다(노병일, 2020a).

우리나라에서 노인장기요양보험제도를 도입한 배경

노인장기요양보험제도는 치매·중풍 등 노인들을 위해 국가가 운영하는 '사회보험'입니다.
① 우리나라의 노인인구는 […] 2025년에는 20%에 해당되어 초고령 사회로 진입할 것으로 예상됩니다.
② 우리나라는 핵가족화와 여성의 사회참여 증가로 가족이 돌보는 노인장기요양은 이미 그 한계에 도달한 상태입니다.
③ "오랜 병수발에 효자 없다"라는 말이 있듯이, 보살피는 기간의 장기화로 가족과 요양자의 심리적·경제적·육체적 부담이 커지고 있습니다.

그러므로 이제부터는 사회적 효도를 실천할 때입니다.

[출처: 보건복지부·국민건강보험공단(2007)이 장기요양보험 프로그램을 도입하면서 내놓은 홍보 자료의 내용을 토대로 노병일이 작성.]

(4) 장기요양보험 프로그램의 역사

독일에서는 1994년에 장기요양보험 프로그램을 도입하였다. 독일의 장기요양보험 프로그램은 '수발보험'이라고 부르고 있다. 그리고 일본에서는 노인에게 돌봄 서비스를 제공하기 위한 장기요양보험 프로그램을 2000년에 도입하였다. 일본의 장기요양보험 프로그램은 '개호보험'이라고 부르고 있다(이서영, 2009).

일본의 장기요양보험: 개호보험이란 어떤 제도?

개호가 필요하게 되어도 안심하고 자기 개성을 살리면서 살 수 있는 노후를 바라는 마음은 누구나 다 같습니다. 일본에서는 본격적인 고령사회를 맞이하고 있습니다만, 오사카시에서도 개호를 필요로 하는 고령자가 급속히 늘고 개호하는 사람의 고령화도 진척되고[7] 있습니다. 또 아이들 수가 적어지는 현상이나 핵가족화 등도 진척하여 가족만으로 개호하는 일은 어렵게 되었습니다. 그래서 2000년 4월부터 고령자의 개호를 사회 전체에서 응원하는 '개호보험 제도'가 스타트했습니다.

[출처: 오사카시(n.d.)] [원문 그대로 인용]

우리나라에서는 2007년에 「노인장기요양보험법」을 만들었다. 「노인장기요양보험법」은 "고령이나 노인성 질병 등의 사유로 일상생활을 혼자서 수행하기 어려운 노인"에게 신체활동이나 가사활동을 지원하는 것과 관련된 법이다(국가법령정보센터, 2024). 이에 따라 우리나라의 사회보장이 발달한 역사에서, 치매와 중풍 등의 질병을 가진 노인을 보호하는 문제에 대한 성격이 변하게 되었다. 즉, 그동안은 가족이 치매와 중풍 등의 질병을 가진 노인을 보호하는 분위기이었다. 그러나 노인장기요양보험 프로그램을 도입함에 따라서, 이런 노인을 보호하는 것을 '공동체적 효'나 '세대 간 효의 품앗이'로 인식하게 되었다(보건복지가족부, 2008).

(5) 장기요양보험 프로그램의 특징

장기요양보험 프로그램은 나름의 특징을 지니고 있다. 의료보험 프로그램과 장기요양보험 프로그램을 비교해 보면, 장기요양보험 프로그램의 특싱을 잘 일 수 있다. 예를 들어 우리나라의 경우, 건강부험 프로그램과 노인장기요양보험 프로그램은 다음과 같은 점에서 차이가 나고 있다(노인장기요양보험, 2008).[8]

7) 진척은 "일이 목적한 방향대로 진행되어 [가는 것]"을 말한다(국립국어원 표준국어대사전, 2024).

① 주요한 목적에서 차이가 난다. 건강보험 프로그램의 주요한 목적은, 질병에 걸렸거나 다친 사람에게 입원을 통한 치료, 외래 방문을 통한 치료, 재활치료 등의 의료 서비스를 제공하는 데 있다. 이에 비해서, 노인장기요양보험 프로그램의 주요한 목적은, 노화나 노인성 질환(예컨대, 치매) 때문에 신체적 기능과 정신적 기능이 좋지 않게 되어서 움직이는 데 어려움을 겪는 사람에게, 신체적 활동 및 일상적인 집안일과 관련된 복지 서비스를 제공하는 데 있다.

② 서비스와 관련해 차이가 난다. 이를 구체적으로 살펴보면 다음과 같다.

㉠ 서비스의 내용에서 차이가 난다. 건강보험 프로그램에서 제공하는 서비스는 질병이나 부상을 치료하고 예방하는 것과 관련된 서비스이다. 이에 비해서, 노인장기요양보험 프로그램에서 제공하는 서비스는 신체적 활동(예컨대, 세수하기, 변보기, 목욕하기)을 지원하는 서비스와 일상적인 집안일(예컨대, 음식 만들기, 세탁하기)을 지원하는 서비스이다.

㉡ 서비스의 대상자에서 차이가 난다. 건강보험 프로그램의 대상자는 질병에 걸렸거나 다친 사람이다. 이에 비해서, 노인장기요양보험 프로그램의 대상자는 장기요양인정 등급 판정을 받은 사람이다.

㉢ 서비스를 제공하는 한도에서 차이가 난다. 건강보험 프로그램에서는 질병이나 부상이 의학적으로 치료될 때까지 서비스를 제공한다. 이에 비해서, 노인장기요양보험 프로그램에서는 정해진 액수의 범위 내에서 서비스를 제공한다.

㉣ 서비스를 제공하는 주요한 인력에서 차이가 난다. 건강보험 프로그램에서 서비스를 제공하는 주요한 인력은 의료인(의

8) 앞에서 이미 설명한 바와 같이, 우리나라에서는 의료보험을 건강보험이라고 부르고 있다. 그리고 우리나라에서 장기요양보호를 제공하는 프로그램은 노인장기요양보험이다.

사, 약사, 간호사 등)이다. 이에 비해서, 노인장기요양보험 프로그램에서 서비스를 제공하는 주요한 인력은 장기요양요원(요양보호사, 간호사 등)이다.

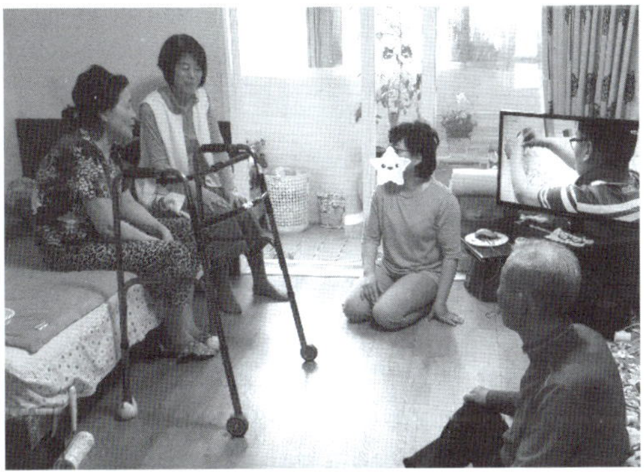

요양보호사가 소속된 시설의 대표와 요양보호사가 노인의 가정에서 이야기를 나누는 모습: 우리나라의 노인장기요양보험 프로그램에서 요양보호사는 서비스를 제공하는 주요한 인력이다. [출처: 장혜숙 님 제공©]

(6) 장기요양보험 프로그램의 대상과 급여와 운영 및 재정

(가) 장기요양보험 프로그램의 대상

일반적으로 장기요양보험 프로그램의 대상은 다음과 같다(European Commission, 2008).

① 신체적 장애나 정신적 장애를 가진 노인이 있다.
② 건강하지 않은 노인이 있다.
③ 일상적으로 생활하는 데 도움이 필요한 기타 노인이 있다.

(나) 장기요양보험 프로그램에서 제공하는 급여

장기요양보험 프로그램에서 제공하는 급여는 현물급여와 현금급여를 포함할 수 있다. 이것은 사회보험 방식의 장기요양보험 프로그램에서 제공하는 급여의 경우에 특히 그렇다(노병일, 2020a; Social Security

Administration, 2015; Pieters, 2006).

일반적으로 장기요양보험 프로그램에서는 재활과 관련된 서비스, 기본적 의료 서비스, 집에서 보살피는 것과 관련된 서비스, 사회적 돌봄과 관련된 서비스, 주거와 관련된 서비스, 교통과 관련된 서비스, 식사와 관련된 서비스, 직업 활동 및 능력 키우기 활동과 관련된 서비스, 도구적 일상생활과 관련된 서비스를 제공하고 있다(European Commission, 2008). 장기요양보험 프로그램에서 제공하는 서비스의 예를 몇 가지 제시하면 다음과 같다(노병일, 2020a; Pieters, 2006).

① 대상자의 집에 사람을 보내서 집을 청소한다.
② 집으로 도시락을 배달한다.
③ 일주일에 일정 시간 동안 전문가가 도와준다.

또한 장기요양보험 프로그램에서 한 가지 형태의 급여만 제공하는 경우는 매우 드물다. 즉, 장기요양보험 프로그램의 경우, 돌봄이 필요한 노인의 욕구를 충족하기 위해 매우 다양한 형태의 급여를 제공하고 있다. 이 경우, 다음과 같은 점을 고려할 필요가 있다(노병일, 2020a; Pieters, 2006).

① 노인이 의존하여야 하는 정도에 따라서, 여러 가지 형태의 급여를 제공하여야 한다.
② 시설에 거주하는 노인과 가정에 거주하는 노인들 사이에는, 제공하는 급여의 형태에서 근본적으로 차이가 난다.

그리고 대개의 경우, 장기요양보험 프로그램에서 제공하는 급여의 양은 보호가 필요한 정도에 근거해 결정하고 있다.

(다) 장기요양보험 프로그램의 운영

장기요양보험 프로그램은 어느 정도의 자율성을 지니는 기관이 운영하고 있다(노병일, 2020a). 우리나라의 경우, 노인장기요양보험 프로그램은 국민건강보험공단에서 운영하고 있다.[9)]

(라) 장기요양보험 프로그램의 재정

장기요양보험 프로그램에 필요한 재정을 확보하는 방식에는 여러 가지가 있을 수 있다. 예를 들어, 사회보험 방식을 취하는 장기요양보험 프로그램에서는 기여금을 통해서 재정을 확보하고 있다.

Point

- 노인과 관련해, 연금은 노령 때문에 퇴직한 때나 사망한 때 노인이나 남은 가족에게 정기적으로 제공하는 현금급여이다. 일반 노인의 기본적 생활과 가장 관련되는 연금 형태는 노령연금이다.
- 노인과 관련해, 의료보험(건강보험)은 노인에게 의료 영역에서 건강과 관련된 급여나 서비스를 제공하는 사회보험 프로그램이다.
- 노인과 관련해, 장기요양보호는 신체적·정신적 장애 때문에 기본적인 일상생활 활동을 하는 데 계속 도움이 필요한 노인에게 장기적으로 제공하는 여러 서비스이다. 장기요양보험 프로그램은 장기요양보호를 제공하는 프로그램이다.

5. 노인과 관련된 공공부조 프로그램[10)]

1) 공공부조 프로그램의 대상

공공부조 프로그램에서 급여를 받기 위해서는 빈곤 상태에 있어야 한다(노병일, 2022a). 따라서 공공부조 프로그램의 대상이 되는 노인은 빈곤한 상태에 있는 노인이다.

폐지를 모으는 노인: 공공부조 프로그램의 대상이 되는 노인은 빈곤한 노인이다. [출처: 저자 촬영©]

일반적으로 공공부조 프로그램의 대상은 자산이 정해진 기준보다 적은 개인이나 가구이다(노병일, 2022a). 따라서 공공부조 프로그램

9) 우리나라의 경우, 빈곤한 노인에 대한 장기요양보호 서비스는 공공부조를 통해서 제공하고 있다. 공공부조에 대해서는 뒤에서 자세히 설명한다.

10) 우리나라에서 대표적인 공공부조 프로그램은 '국민기초생활보장제도'이다.

의 대상이 되는 노인은 자신이나 가족의 자산이 정해진 기준보다 적은 노인이다.

2) 공공부조 프로그램에서 제공하는 급여

공공부조 프로그램에서는 노인에게 현금급여와 기타 급여를 제공하고 있다. 구체적으로 공공부조 프로그램에서 제공하는 급여의 형태로 다음과 같은 것이 있다(노병일, 2022a; Rejda, 1999).

① 현금급여가 있다.
② 의료 서비스가 있다.
③ 사회 서비스가 있다. 사회 서비스의 예로 가족문제에 대해 상담하는 것, 일자리를 얻거나 더 좋은 주택을 얻도록 도와주는 것, 지역사회 자원에 의뢰하는 것이 있다.

그리고 공공부조 급여를 정기적으로 제공하는지에 따라서, 공공부조 급여를 다음과 같이 분류할 수 있다(Pieters, 2006).

① 정기 부조가 있다. 정기 부조는 정기적으로 제공하는 공공부조 급여이다. 일반적으로 정기 부조의 목적은 적절한 생활을 유지하는 데 필요한 자원을 해당 노인에게 제공하는 데 있다.
② 임시 부조가 있다. 임시 부조는 임시로 제공하는 공공부조 급여이다.

의료부조(medical assistance)는[11] 임시 부조의 특별한 형태이다. 의료부조에서는 적절한 의료 서비스가 다른 방식으로 보장되지 않는 노인에게 의료 서비스를 제공하고 있다(노병일, 2022a).

3) 공공부조 프로그램의 운영

일반적으로 공공부조 프로그램은 지방정부 수준에서 운영하고 있

11) 우리나라에서는 의료부조를 '의료급여'라고 부르고 있다.

다(Social Security Administration, 2015). 우리나라의 경우, 공공부조 프로그램은 지방정부(시·군·구)가 운영하고 있다.

4) 공공부조 프로그램의 재정

공공부조 프로그램에 대한 재정은 정부가 걷는 일반 세금을 통해 확보하고 있다(노병일, 2022a).

Point

- 노인과 관련해, 공공부조 프로그램의 대상은 자신·가족의 자산이 정해진 기준보다 적은 노인이다.
- 공공부조 프로그램에서는 노인에게 현금급여와 기타 급여를 제공한다.

6. 노인을 위한 사회수당 프로그램

1) 노인과 사회수당

우리나라에서는 아동에게 아동수당을 제공하고 있다(노병일, 2020a). 이와 마찬가지로, 노인에게는 노인수당을 제공할 수 있다. 이때, 노인수당을 '노인수당'이라고 부를 수도 있고, 기타 명칭(예컨대, 노령연금)으로 부를 수도 있다.

노인이 현금급여를 사회수당 프로그램을 통해서 제공받는 것과 공공부조 프로그램을 통해서 제공받는 것 사이에는 큰 차이가 있다. 예를 들어, 노인이 현금급여를 사회수당 프로그램을 통해서 제공받을 때는 수치스럽지 않다. 그러나 노인이 현금급여를 공공부조 프로그램을 통해서 제공받을 경우, 노인은 수치스러움을 느낄 수 있다. 그러므로 현금급여를 공공부조 형태가 아니라 사회수당 형태로 제공하는 것은, 노인이 존엄을 유지하는 데 중요하다.

2) 사회수당 프로그램의 대상과 급여와 운영 및 재정

(1) 사회수당 프로그램의 대상

노인에게 제공하는 노인수당이 진정한 사회수당이 되기 위해서는, 모든 노인에게 제공하여야 한다. 따라서 노인을 위한 사회수당 프로그램의 대상은 모든 노인이다.[12] 물론 이때, 나이에 제한을 둘 수 있다.

아동의 전시회에 참가한 노인들: 노인을 위한 사회수당 프로그램의 대상은 모든 노인이다. [출처: 최난희 님 제공©]

(2) 사회수당 프로그램에서 제공하는 급여

노인을 위한 사회수당 프로그램에서는 일정한 양의 현금급여를 제공하고 있다(노병일, 2020a).

12) 그러나 언뜻 보기에 노인수당의 성격을 지니는 일부 프로그램에서는 노인의 소득 수준을 따지면서 현금급여를 제공할 수 있다. 이런 프로그램은 사회수당의 성격보다는 공공부조의 성격을 더 지니게 된다.

(3) 사회수당 프로그램의 운영

사회수당을 모든 노인에게 제공하고 또한 이에 필요한 비용을 정부가 걷는 일반 세금을 통해 확보하는 프로그램에서는, 정부의 부서가 노인을 위한 사회수당 프로그램을 운영하는 경우가 많다(노병일, 2020a; Social Security Administration, 2015).

(4) 사회수당 프로그램의 재정

사회수당을 모든 노인에게 제공하는 프로그램의 경우, 필요한 모든 비용을 정부가 걷는 일반 세금을 통해서 확보하고 있다(노병일, 2020a).

Point

- 현금급여를 사회수당의 형태로 제공하는 것은 노인의 존엄과 관련해 중요한 의미를 지닌다.
- 노인을 위한 사회수당 프로그램의 대상은 모든 노인이다.

참고문헌

구본대 · 김신겸 · 이준영 · 박기형 · 신준현 · 김광기 · 윤영철 · 이영민 · 홍창형 · 서상원 · 나덕렬 · 김성윤 · 정해관 · 김도관 · 이재홍 · 김상윤 · 연병길 · 김수영 · 한설희(2011). 한국형 치매임상진료지침 소개. 대한의사협회지, 54(8), 861-875.

국가법령정보센터(2024). http://www.law.go.kr/main.html.

국민건강보험공단(2005). 사회보장과 의료보장. 서울: 국민건강보험공단.

김정근(2018). 요양원 가기 싫은 노인들이 모여 산다, 같이 먹고 놀면서. 중앙일보, 11월 26일.

노병일(2017a). 아동권리와 복지. 경기 고양: 지식공동체.

노병일(2017b). 현대 사회복지의 이해. 경기 파주: 양서원.

노병일(2018). 인구 고령화의 여파 : 베르베르의 <황혼의 반란>을 중심으로. 사회과학논문집, 36(2), 141-167.

노병일(2020a). 사회보장론(제3판). 경기 고양: 공동체.

노병일(2020b). 아동복지론(제4판). 경기 고양: 공동체.

노병일(2021a). 현대 산업복지론(제3판). 경기 고양: 공동체.

노병일(2021b). 사회복지정책론(제3판). 경기 고양: 공동체.

노병일(2022a). 빈곤론(제2판). 경기 고양: 공동체.

노병일(2022b). 사회문제론(제2판). 경기 파주: 양서원.

노병일(2024). 사회복지와 인권(제2판). 경기 고양: 공동체.

노병일 · 김은이(2007). 노인의 사회적 배제와 이에 따른 케어복지적 함의. 대한케어복지학, 7, 5-19.

노병일 · 노대겸(2015). 삶에 대한 세대 연속적 인식: 팀 보울러의 『리버보이』를 중심으로. 사회과학논문집, 33(2), 95-126.

노병일 · 노대겸(2024). 청소년복지론(제2판). 경기 파주: 양성원.

노병일 · 노미향(2018). 요양보호사의 직무만족 결정 요인: 자아존중감과 사회적 지지를 중심으로. 예술인문사회 융합 멀티미디어 논문지, 8(4), 835-846.

노병일 · 모선희(2007). 사회적 지지의 수준과 차원이 노인 우울에 미치는 영향. 한국노년학, 27(1), 53-69.

노병일 · 오영선(2005). 지역 노인의 사회적 지지와 우울. 서울: 도서출판 다운샘.

노용균(2007). 노화의 임상적 평가. 대한의사협회지, 50(3), 221-227.

노인장기요양보험(2008). 자주 묻는 질문(FAQ). www.longtermcare.or.kr/portal/site/nydev/MENUITEM_FAQ.

대한치매학회(2020). 치매 질환 정보. http://www.dementia.or.kr.

류성곤(2016). 완화의학. 서울: 시그마프레스.
문명숙 · 노병일(2020). 자아존중감과 우울이 일자리사업 참여 노인의 생활만족도에 미치는 영향. 사회과학논문집, 38(2), 83-101.
박석돈 · 박순미 · 이경희(2013). 노인복지론(개정판). 경기 파주: 양서원.
보건복지가족부(2008). 노인장기요양보험: 오해와 진실. 서울: 보건복지가족부.
보건복지부 · 국민건강보험공단(2007). 노인장기요양보험제도.
세계보건기구(아셈노인인권정책센터 번역)(2021). 연령주의 국제보고서. 서울: 아셈노인인권정책센터.
송근원 · 김태성(1995). 사회복지정책론. 서울: 나남출판.
양노열 · 정민예(2015). 가정 내 일상생활활동 평가의 신뢰도 및 타당도 연구. 대한작업치료학회지, 23(3), 143-152.
이서영(2009). 일본 개호보험제도의 동향. 보건복지포럼, 10월, 90-99.
질병관리본부(2024). 크로이츠펠트-야콥병(CJD) 및 변종크로이츠펠트-야콥병(vCJD).
http://www.cdc.go.kr/CDC/cms/content/mobile/51/68951_view.html.
중앙노인보호전문기관(2013). 노인학대. http://noinboho.or.kr/index. html.
한국사회복지협의회(1993). 사회복지사전(최신판). 서울, 한국사회복지협의회.
한수미 · 노병일(2016). 근로여건이 요양보호사의 직무만족에 미치는 영향. 예술인문사회 융합 멀티미디어 논문지, 6(12), 357-367.

Adena, M. and Myck, M.(2014). Poverty and transitions in health in later life. Social Science and Medicine, 116, 202-210.
Age In Place(2024). What is aging in place?
https://ageinplace.com/aging-in-place-basics/what-is-aging-in-place/.
Ageing and Aged Care(2019). Charter of Aged Care Rights.
https://agedcare.health.gov.au/quality/single-charter-of-aged-care-rights.
Aging in Place(2023a). Elderly suicide: The risks, detection, and how to help. https://www.aginginplace.org/elderly-suicide-risks-detection-how-to-help/.
Aging in Place(2023b). How to volunteer as a senior.
https://www.aginginplace.org/how-to-volunteer-as-a-senior/.
Alzheimer's Association(2024a). 10 early signs and symptoms of Alzheimer's.
https://www.alz.org/alzheimers-dementia/10_signs.
Alzheimer's Association(2024b). Brain health.

https://www.alz.org/help-support/brain_health.

Alzheimer's Association(2024c). What is dementia? https://www.alz.org/alzheimers-dementia/what-is-dementia.

Andreescu, C. and Varon, D.(2015). New research on anxiety disorders in the elderly and an update on evidence-based treatments. Current Psychiatry Reports, 17, 1-7.

Anxiety and Depression Association of America(2024). Understanding the facts of anxiety disorder and depression is the first step. https://adaa.org/understanding-anxiety.

Aviv, R.(2017). How the elderly lose their rights. The New Yorker, October 9.

Barker, R. L.(2003). Social Work Dictionary(5th ed). Washington D.C.: NASW Press.

Beveridge, W.(1942). Social Insurance and Allied Services. London: Her Majesty's Stationery Office.

Bowling, A.(2005). What is successful ageing and who should define it?. BMJ, 31, 1548-1551.

Brossoie, N.(2015). Social gerontology. In Gerontology for the Health Care Professionals(3rd ed.), edited by R. H Robnett and W. C. Chop. Burlington: MA, Jones & Bartlett Learning.

Canadian Mental Health Association(2016). Seniors' mental health. http://mentalhealthweek.cmha.ca/your-mental-health/seniors-mental-health/.

Carr, D.(2010). Golden years?: Poverty among older Americans. Contexts, Winter: 62-63.

Carrillo, M. C.(2018). Sprint for discovery: New dementia and cardiovascular findings. https://alz.org/blog/alz/july.

Castel, A. D.(2018). Better with Age: The Psychology of Successful Aging. New York: Oxford University Press.

Center for Complicated Grief(2019). Grief is the response to loss of something meaningful. https://complicatedgriefcolumbia.edu/professionals/complicated-grief-professionals/overview/.

Cha, E. J., Moon, Y., Ryu, S.-H. and Jeon, H. J.(2023). Central features in health-related quality of life in older adults: Network analysis using nationwide survey data. BJPsych Open, 9(5).

Cherchye, L., De Rock, B. and Vermeulen, F.(2012). Economic well-being and poverty among the elderly: An analysis based on a collective consumption model. European Economic Review,

56, 985-1000.

Chen, N.(2001). The meaning of aging. Journal of Extension, 39(6), 1-2.

Chen, L. and Zhang, Z.(2022). Community participation and subjective well-being of older adults: The roles of sense of community and neuroticism. International Journal of Environmental Research and Public Health, 19(6).

Cheon, H-S.(2023). 40% of Koreans 66 and up are living in poverty, the highest rate in OECD. Hankyoreh, December 20. https://english.hani.co.kr/arti/english_edition/e_national/1121203

Choi, C. and Bum, C-H.(2019). Physical leisure activity and work for quality of life in the elderly. Journal of Physical Education and Sport, 19(2), 1230-1235.

Chopra, D.(1993). Ageless Body Timeless Mind. (디팍 초프라(이균형 옮김). 양자물리학에 입각한 새로운 불로장생(不老長生) 의학: 사람은 늙지 않는다. 서울: 정신세계사. 1994년).

Conejero, I., Olie, E., Courtet, P. and Calati, R.(2018). Suicide in older adults: Current perspectives. Clinical Interventions in Aging, 13, 691-699.

Cox, C. and Pardasani, M.(2017). Aging and human rights: A rights-based approach to social work with older adults. Journal of Human Rights and Social Work, 2(3), 98-106.

Cubanski, J., Koma, W., Damico, A. and Neuman, T.(2018). How many seniors live in poverty?. Issue Brief, November, https://www.kff.org/medicare/issue-brief/how-many-seniors-live-in-poverty/.

Davey, J., de Joux, V., Nana, G. and Arcus, M.(2004). Accommodation Options for Older People in Aotearoa/New Zealand. New Zealand Institute for Research on Ageing and Business and Economic Research Limited, New Zealand.

Dubin, J. W.(2023). How to recognize abuse in older adults. https://aginginplace.org/finance-legal/guide-to-recognizing-elder-abuse/

Encyclopædia Britannica(2024). Poverty. Encyclopædia Britannica Online.

European Commission(2008). Long-Term Care in the European Union. Bruxelles: European Commission.

Fernandes, L. and Paul, C.(2017). Editorial: Aging and mental health. Frontiers in Aging Neuroscience, 9, 1-3.

Fernandez, A-M., Oliver, A. Sanso, M. and Tomas, M.(2023). The role of social and intellectual activity participation in older adults' cognitive function. Archives of Gerontology and Geriatrics, 107.

Ferguson, C. and Keady, J.(2001). The mental health needs of older people and their carers: Exploring tensions and new directions. In Working with Older People and Their Families: Key Issues in Policy and Practice, edited by M. Nolan, S. Davies and G. Grant. Buckingham: UK, Open University Press.

Figueiredo, A. B., da Silva, R. M., Mangas, R. M., Vieira, L. J., Furtado, H. M., Gutierrez, D. M., de Sousa, G. S.(2012). Impact of suicide of the elderly on their families. Ciência & Saúde Coletiva, 17(8), 1993-2002.

Fox, S., Kenny, L., Day, M. S., O'Connell, C., Finnerty, J. and Timmons, S.(2017). Exploring the housing needs of older people in standard and sheltered social housing. Gerontology and Geriatric Medicine, 3, 1-14.

Freedenthal, S.(2011). Suicide. In Volume 4 of Encyclopedia of Social Work(20th ed). Washington DC. and New York: NASW Press and Oxford University Press.

Genetics Home Reference(2024). Huntington disease. https://ghr.nlm.nih.gov/condition/huntington-disease.

Geriatric Mental Health Foundation(2022). Anxiety and older adults: Overcoming worry and fear. https://www.aagponline.org/index. php? src=gendocs&ref=anxiety.

Gerontological Society of America(2015). What is successful aging? Gerontologists strive to build consensus. https://www.geron.org/ press-room.

Ghilarducci, T.(2018). America's unusual high rates of old-age poverty and old-age work. Forbes, March 2.

Gilbert, N. and Terrell, P.(2014). Dimensions of Social Welfare Policy (8th ed). Essex, UK: Pearson Education, Inc.

Global Alliance for the Rights of Older People(2024). What are older people's rights? https://www.rightsofolderpeople.org/what-are-older-peoples-rights/

Hartman, R.(2020). Where-to woes of retirement: The pros and cons of retirement housing options. U.S. News and World Report, February 6.

Harvard Health Publishing(2020). Treating generalized anxiety disorder in the elderly. https://www.health.harvard.edu/ mind-and-mood.

Harrigan, M. P. and Farmer, R. L.(1992). In Gerontological Social Work:

Knowledge, Service Settings, and Special Populations, edited by R. L. Schneider and N. P. Krope. Chicago: IL, Nelson-Hall Publishers.

Harris, J. and White, V.(2013). A Dictionary of Social Work & Social Care. Oxford, UK: Oxford University Press.

Hernaes, E., Kornstad, T., Markussen, S. and Roed, K.(2023). Ageing and labor productivity. Labour Economics, 82.

International Social Security Association(2008). About social security. www.issa.int/aiss/Topics/About-social-security.

International Social Security Association(2016). 'Stepping it up' for gender equality: Social security's vital role. https://www.issa.int/resources.

Iwasa, H. and Yoshida, Y.(2018). Actual conditions of leisure activity among older community-dwelling Japanese adults. Gerontology & Geriatric Medicine, 4, 1-11.

Jonsson, A.(2018). A Better Environment to Age in: Working towards Age-Friendly Cities in the Nordic Region(2nd ed). The Nordic Welfare Centre, Sweden and Finland.

Global Alliance for the Rights of Older People(2020). What are older people's rights? https://www.rightsofolderpeople.org/what-are-older-peoples-rights/.

Kahana, E., Bhatta, T., Lovegreen, L. D., Kahana, B. and Midlarsky, E.(2013). Altruism, helping, and volunteering: Pathways to well-being in late life. Journal of Aging and Health, 25(1), 159-187.

Kahn, J. R. and Pearlin, L. I.(2006). Financial strain over the life course and health among older adults. Journal of Health and Social Behavior, 47(1), 17-31.

Kasper, J. D., Ensminger, M. E., Green, K. M., Fothergill, K. E., Juon, H., Robertson, J. and Thrope, R. J.(2008). Effects of poverty and family stress over three decades on the functional status of older African American women. The Journals of Gerontology, 63B(4), 201-210.

Kim, Y-R., Choi, K. H., Oh, Y., Lee, H. K. and Kweon, Y-S.(2011). Elderly suicide attempters by self-poisoning in Korea. International Psychogeriatrics, 23(6), 979-985.

Lacher, S., Wettstein, A., Senn, O. Rosemann, T. and Hasler, S.(2016). Types of abuse and risk factors associated with elder abuse.

Swiss Medical Weekly, 146, 1-10.

Lange, J. and Grossman, S.(2018). Theories of aging. In Gerontological Nursing Competencies for Care(4th ed), edited by K. L. Mauk. Burlington, MA: Jones & Bartlett Learning.

LaPonsie, M.(2020). 7 housing options for seniors. U.S. News and World Report, February 13.

Lee, S.(2023). Assessing old-age poverty with income and assets: Generational insights and policy directions. KDI Focus, 126.

Ma, W. and Shen, Z.(2023). Impact of community care services on the health of older adults: Evidence from China. Frontier in Public Health, 11(11).

Matthias, M.(2024). Old age: Human life span. https://www.britannica.com/science/old-age

Mayo Clinic(2024a) Dementia. https://www.mayoclinic.org/diseases-conditions/dementia/symptoms-causes/syc-20352013

Mayo Clinic(2024b). Parkinson's disease. https://www.mayoclinic.org/diseases-conditions/parkinsons-disease/symptoms-causes/syc-20376055.

Mayo Clinic(2024c). Vascular dementia. https://www.mayoclinic.org/diseases-conditions/vascular-dementia/symptoms-causes/syc-20378793.

Megret, F.(2010). The human rights of the elderly: An emerging challenge. https://www.cardi.ie/userfiles/Human%20Rights%20of%20the%20Elderly.pdf.

Menec, V. H.(2003). The relation between everyday activities and successful aging: A 6-year longitudinal study. Journal of Gerontology: Social Sciences, 58B(2), S74-S82.

Ministry of Health and Welfare(Japan)(2008). Social security policies in Japan. www1.mhlw.go.jp.

Morrow-Howell, N., Hinterlong, J., Rozario, P. A. and Tang, F.(2003). Effects of volunteering on the well-being of older adults. The Journals of Gerontology, 58B(3), S137-S145.

Nabili, S. N.(2016). Senior health: Successful aging. https://www. medicinenet.com/senior_health/article.

National Council on Aging(2024). Get the facts on economic security for seniors. https://www.ncoa.org/article/get-the-facts-on-economic-security-for

-seniors

National Institute on Aging(2019). Social isolation, loneliness in older people pose health risks. https://www.nia.nih.gov/news/social-isolation-loneliness-older-people-pose-health-risks.

National Institute on Aging(2022). What is dementia? symptoms, types, and diagnosis. https://www.nia.nih.gov/health/alzheimers-and-dementia/what-dementia-symptoms-types-and-diagnosis

National Institute on Aging(2024a). Elder abuse. https://www.nia.nih.gov/health/elder-abuse.

National Institute on Aging(2024b). Falls and fractures in older adults: Causes and prevention. https://www.nia.nih.gov/health/falls-and-falls-prevention/falls-and-fractures-older-adults-causes-and-prevention

National Mental Health Association(2004). Depression and older Americans. www.nmha.org/ccd/support/factsheet.older.cfm.

Organization for Economic Co-operation and Development(2001). The DAC Guidelines: Poverty Reduction. Paris, France: OECD Publishing.

Paggi, M. E., Jopp, D. and Hertzog, C.(2016). The importance of leisure activities in the relationship between physical health and well-being in a life span sample. Gerontology, 62, 450-458.

Park, E. O.(2019). Most prevalent type of elder abuse and its correlation with elder depression. Acta Paulista de Enfermagem, 32(1), 95-100.

Pieters, D.(2006). Social Security: An Introduction to the Basic Principles (2nd ed). Hague, The Netherlands: Kluwer Law International.

Prus, S. and Brown, R.(2006). Income Inequality over the Later-life Course: A Comparative Analysis of Seven OECD Countries. Luxembourg Income Study Working Paper No. 435.

Psychology Today(2024). Bereavement. https://www.psychologytoday.com/us/conditions/bereavement.

Pynoos, J.(2018). The future of housing for the elderly: Four strategies that can make a difference. Public Policy & Aging Report, 28(1), 35-38.

Radford, T.(2005). Old age starts at 80 as brains keep getting younger. The Guardian, September, 8. https://www.theguardian.com/uk/2005/sep/08/science.research

Rejda, G. E.(1999). Social Insurance and Economic Security(6th ed). Uppler Saddle River, NJ: Prentice-Hall.

Reynolds, E.(2019). Mental health problems don't end with age. The Guardian, April 9.

Rogers, K., Simic, P., and Guarente, L. P.(2024). Aging. https://www.britannica.com/science/aging-life-process.

Rostami, M., Younesi, S. J., Shahboulaghi, F. M., Malakouti, S. K., Foroughan, M.(2018). Models of suicide in elderly: A protocol for a systematic review. BMJ Open, 8, 1-6.

Shiel, W. C.(2020). Medical definition of aging. https://www.medicinenet.com/script/main/art.asp?articlekey=13403.

Smeeding, T., Gao, Q., Saunders, P. and Wing, C.(2008). Elder Poverty in an Ageing World: Conditions of Social Vulnerability and Low Income for Women in Rich and Middle-Income Nations. Luxembourg Income Study Working Paper No. 497.

Social Security Administration(2015). Social Security Programs Throughout the World: Asia and the Pacific. Washington, D.C.: SSA.

Social Security Administration and International Social Security Association(2020). Social Security Programs Throughout the World: The Americas. SSA and ISSA.

Staller, K. M.(2011). Children's rights. In Volume 1 of Encyclopedia of Social Work(20th ed). Washington DC. and New York: NASW Press and Oxford University Press.

Suicide Prevention Resource Center(2024). Older adults. https://www.sprc.org/populations/older-adults.

Tahara, Y.(2016). Cardiopulmonary resuscitation in a super-aging society. Circulation Journal, 80.

The Centre for Volunteering(2024). Why volunteer. https://www.volunteering.com.au/resources-tools/why-volunteer/

Trebicka, E.(2017). Leisure activities are important for seniors and here's why. https://www.homeseniors.org/senior-moments-from-home.

U.S. Department of Justice(2024). Special feature: Elder abuse. https://www.ojp.gov/feature/elder-abuse/overview

United Nations Department of Economic and Social Affairs(2020a). Vienna International Plan of Action. https://www.un.org/development/desa/ageing.

United Nations Department of Economic and Social Affairs(2020b).

International Day of Older Persons 1 October. https://www.un.org/development/desa/ageing.

Verghese, J., LeValley, A., Derby, C., Kuslansky, G., Katz, M., Hall, C., and Lipton, R. B.(2006). Leisure activities and the risk of amnestic mild cognitive impairment in the elderly. Neurology, 66, 821-827.

Vothknecht, M.(2015). Why older women are much more exposed to the risk of poverty than older men. https://ec.europa.eu/social/main.jsp?langId=en&catId.

Walls, B. L.(2016). Aging conference reveals poverty's impact on older adults.
https://www.aarp.org/politics-society/advocacy/info-2016/effect-of-poverty-on-older-adults.html.

Wikipedia(2024a). Prolonged grief disorder. https://en.wikipedia.org/wiki/Complicated_grief_disorder.

Wikipedia(2024b). Dementia. https://en.wikipedia.org/wiki/Dementia#cite_note-WHO2014-2.

Wikipedia(2024c). International Year of Older Persons.
https://en.wikipedia.org/wiki/International_Year_of_Older_Persons.

Wikipedia(2024d). Rights. https://en.wikipedia.org/wiki/Rights.

Wikipedia(2024e). Volunteering. https://en.wikipedia.org/wiki/Volunteering.

Wilensky, H. L. and Lebeaux, C. N.(1965). Industrial Society and Social Welfare: The Impact of Industrialization on the Supply and Organization of Social Welfare Services in the United States. New York: Free Press.

World Health Organization(2002). The Toronto Declaration on the Global Prevention of Elder Abuse. https://www.who.int/ageing/projects/elder_abuse/alc_toronto_declaration_en.pdf.

World Health Organization(2011). Elder maltreatment. http://www.who.int/mediacentre/factsheets/fs357/en/index.html.

World Health Organization(2017). Elder abuse. http://www.who.int/ageing/projects/elder_abuse/en/

World Health Organization(2019). What is healthy ageing? https://www.who.int/ageing/healthy-ageing/en/.

World Health Organization(2021). Global Report on Ageism. Geneva, Switzerland: WHO.

World Health Organization(2022a). Ageing and health.
https://www.who.int/news-room/fact-sheets/detail/ageing-and-health

World Health Organization(2022b). Mental health. https://www.who.int/news-room/facts-in-pictures/detail/mental-health.

World Health Organization(2023). Mental health of older adults. https://www.who.int/news-room/fact-sheets/detail/mental-health-of-older-adults

Worthington, B.(2024). Elder suicide: A needless tragedy. Today's Geriatric Medicine. https://www.todaysgeriatricmedicine.com/news/exclusive_03.shtml.

Wright, J. D.(2010). Poverty among the U.S. elderly under "old" and "new" poverty definitions. Care Management Journal, 11(3), 200-203.

Yunong, H.(2012). Family relations and life satisfaction of older people. Aging and Society, 32(1), 19-40.

Zastrow, C.(2010). Introduction to Social Work and Social Welfare: Empowering People(10th ed). Belmont, CA: Thomson Brooks/Cole.

Zelaya, E.(2023). How to meet the housing needs of older adults aging in place. https://housingmatters.urban.org/articles/how-meet-housing-needs-older-adults-aging-place.

Zhang, W., Feng, Q., Lacanienta, J. and Zhen, Z.(2017). Leisure participation and subjective well-being: Exploring gender differences among elderly in Shanghai, China. Archives of Gerontology and Geriatrics, 69, 45-54.

찾아보기

ㄱ

ㄴ

ㄷ

ㄹ

ㅁ

ㅂ

ㅈ

ㅊ

노병일(盧炳一)

대전 출생
서울대학교 졸업(학사)
공주대학교 대학원 졸업(사회복지학 석사)
미국 뉴욕주립대학교 대학원 졸업(사회학 석사, 사회학 박사)
대전대학교 지역협력연구원장 역임
대전대학교 사회복지연구소장, 지역발전연구소장 역임
중앙공무원 사회복지학 시험문제 출제위원, 시험문제 선정위원 역임
전국 종합사회복지관 평가위원, 전국 지역아동센터 평가위원 역임
사회복지공동모금회 대전광역시지부 배분위원 역임
대전광역시 사회복지위원, 건강가정위원 역임
대전대학교 사회복지학과 교수 역임
정다운 어르신복지관(노인복지관) 운영위원 역임
행복한 어르신복지관(노인복지관) 운영위원 (현)
유섭사회복지연구회 고문 (현)
동그라미발달연구소 사회적협동조합 고문위원 (현)
대전대학교 커뮤니티 칼리지 특임교수 (현)

〈주요 저서〉
『사회복지와 인권』(2024)
『학교사회복지론』(2024, 제2판)
『청소년복지론』(2인 공저, 2024, 제2판)
『사회복지조사론』(2023)
『사회문제론』(2022, 제2판)
『빈곤론』(2022, 제2판)
『청소년문제와 보호』(2022)
『사회복지정책론』(2021, 제3판)
『현대 산업복지론』(2021, 제3판)
『아동복지론』(2020, 제4판)
『사회보장론』(2020, 제4판)
『아동권리와 복지』(2018)
『가족정책론』(2인 공저, 2017) [대한민국 학술원 우수학술도서 선정]
『현대 사회복지의 이해』(2017)
『사회복지조사론』(5인 공저, 2014, 제2판)
『사회복지관련 지역·예술자원의 활용과 취약집단』(편저, 2011)

『취약지역의 사회적 배제』(2006)
『East Asian Cooperation in the Glocal Era』(영문 공저, 2006)
『지역 노인의 사회적 지지와 우울』(2인 공저, 2005)
『주거빈곤층의 삶과 터전』(2인 공저, 2004)

〈주요 논문(노인 관련)〉

"노인의 사회적 배제와 이에 따른 케어복지적 함의"
"사회적 지지의 수준과 차원이 노인 우울에 미치는 영향"
"노인의 우울에 영향을 미치는 요인에 대한 연구"
"자아존중감과 우울이 일자리사업 참여 노인의 생활만족도에 미치는 영향"
"재가 치매노인에 대한 회상활동의 우울 감소 효과"
"평생 교육 프로그램 이용 노인의 자아존중감과 사회적 지지가 생활만속도에 미치는 영향"
"요양보호사의 직무만족 결정 요인"
"농촌 노인의 삶의 질에 영향을 미치는 요인"
"근로여건이 요양보호사의 직무만족에 미치는 영향"
"장기요양보험 등급외자 노인의 우울 유발 요인"
"인구 고령화의 여파 : 베르베르의 <황혼의 반란>을 중심으로"
"문학을 통한 사회문제 이해(3) : 팀 보울러의 『리버보이』에 나타난 세대 연속적 인식"

〈복지 관련 전시회〉

노인의 상실·교류·활동을 담은 사진 이야기: 노병일 사진전(개인, 2023년 7월)
새로운 복지시선: 삶과 휴(休) 사진전(단체, 2024년 3월)

노인복지론 제2판

초 판 1쇄 발행 / 2020년 7월 5일
초 판 3쇄 발행 / 2024년 3월 20일
제2판 1쇄 발행 / 2025년 2월 20일
제2판 3쇄 발행 / 2026년 3월 10일

•

저 자 / 노 병 일
발행인 / 이 중 수
발행처 / **동 문 사**

•

서울특별시 서대문구 홍제원 1길 12
(홍제동 137-8)
Tel : 02)736-3718(대), 736-3710, 3720
Fax : 02)736-3719
등록번호 : 1974.04.27. 제9-17호
가격 : 22,000원

•

ISBN : 979-11-6328-609-7 (93330)
E-mail : dong736@naver.com
www.dongmunsa.com